内生可持续增长理论研究

陈昆亭　周　炎◎著

Research on The Endogenous Sustainable Growth Theory

北京大学出版社
PEKING UNIVERSITY PRESS

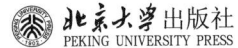

图书在版编目(CIP)数据

内生可持续增长理论研究/陈昆亭,周炎著.—北京:北京大学出版社,2023.1
ISBN 978-7-301-33482-9

Ⅰ.①内⋯　Ⅱ.①陈⋯②周⋯　Ⅲ.①经济增长—研究　Ⅳ.①F061.2

中国版本图书馆CIP数据核字(2022)第193158号

书　　　　名	内生可持续增长理论研究 NEISHENG KECHIXU ZENGZHANG LILUN YANJIU
著作责任者	陈昆亭　周　炎　著
策划编辑	张　燕
责任编辑	闫静雅　王　晶
标准书号	ISBN 978-7-301-33482-9
出版发行	北京大学出版社
地　　　　址	北京市海淀区成府路205号　100871
网　　　　址	http://www.pup.cn
微信公众号	北京大学经管书苑(pupembook)
电子信箱	em@pup.cn
电　　　　话	邮购部 010-62752015　发行部 010-62750672 编辑部 010-62752926
印　刷　者	涿州市星河印刷有限公司
经　销　者	新华书店
	720毫米×1020毫米　16开本　16.5印张　260千字 2023年1月第1版　2023年1月第1次印刷
定　　　　价	58.00元

未经许可,不得以任何方式复制或抄袭本书之部分或全部内容。
版权所有,侵权必究
举报电话:010-62752024　电子信箱:fd@pup.pku.edu.cn
图书如有印装质量问题,请与出版部联系,电话:010-62756370

本书受国家社会科学基金重大项目"推动经济发展质量、效率、动力持续增强的机制研究（22ZDA042）"资助。

前　言

在过去的千年中,人类终于摆脱了马尔萨斯所预测的农业经济时代的天花板效应,进入激动人心的工业化经济时代,特别是在最近 200 年取得了惊人的经济增长和爆炸性的科技成就。因而在世纪之交时人们普遍预测新千年将是更加异彩纷呈、日新月异的时代,甚至预测第三次、第四次科技革命将会接踵而来。

然而今日更多人愈加清晰地意识到在新千年以来的第一个 20 年中,发达经济体金融危机频发和增长动力衰减正成为常态。而在新千年到来之前经济学家们依据内生经济增长理论预测的平衡增长路径所刻画的发展趋势,其可持续性也日益受到怀疑。

这是否意味着既有经济增长理论的局限性？该如何预判未来经济的发展？又该如何书写新时代的经济增长理论？

2008 年以来,经济增长理论研究领域的顶级专家学者们显得格外安静,因为主流经济增长理论的发展陷入停滞,一系列问题需要突破。

第一个直接的问题是,工业革命以来形成的工业化经济未来总体的发展趋势会是怎样的？能否实现可持续发展？如果可以,又需要怎样的条件？这一问题可以归结为:在新千年中,工业经济发展的总趋势是不是可持续的、稳定的？也就是说,当前的"灰暗时刻"是不是暂时的,会不会影响长期总趋势？

第二个问题是,传统的经济增长理论存在哪些根本的缺陷,从而限制了对新时代经济发展现实的解释力？或者反过来思考,新时代的经济发展存在哪些新特质是传统增长理论所忽视但又十分重要的,从而导致传统经济增长理论失去了对经济发展现实的解释和分析能力？

这两个根本性问题可以衍生出很多更具体和更深入的问题。

传统经济增长理论的局限性

1. 当代主流的经济增长理论是在新古典增长理论的基础上逐步发展起来的内生增长理论。其核心结论正向依赖于外生的人口增长率。然而,人类进入 20 世纪后,发达经济体相继出现了人口下降的情况,而这些经济体仍保持了正的收入增长,且同其他经济体间的收入差距呈持续扩大的趋势。为什么人类社会长期以来一直保持的人口增长与生产增长的正向关系会在 20 世纪发生逆转? 20 世纪后期发展起来的将人口增长率作为内生变量的新内生增长理论——统一增长理论(Unified Growth Theory,UGT)能否给出充分的系统性解释?

2. 传统内生增长理论预测的长期平衡增长路径均衡难以解释现实。近年来发达经济体增长率逐渐下降的趋势,显著偏离传统的内生增长理论预测的平衡增长路径,这一现象已经引起许多学者的关注及对传统内生增长理论的思考和质疑。内生增长是否可持续的问题已经不可回避。

3. 长周期现象、规律和特征方面呈现出许多亟待研究的新问题。如对工业革命前后,世界经济分分合合的相对变化趋势中所隐含的内在机制与规律、世界经济长期的"轮动规律"、"倒 V 形"规律、"后发经济周期渐短"规律等,都需要进行探索和研究,也需要恰当的解释。

4. 对短期波动与长期经济增长趋势之间的关联机制的研究需求紧迫。这方面研究的重要性在于金融化发展趋势逐渐成为经济的主要形态,从而在货币金融冲击下被传播放大的金融经济周期机制成为影响长期经济增长的新形态,这是突破传统增长理论的一个重要方向。

5. 在有限需求假设下的增长理论应如何发展。传统增长理论的发展主要沿供给侧要素展开,缺乏对需求侧影响机制与要素变化规律的有效研究。这方面的研究将成为新增长理论的一个重要领域。

6. 长周期观察:文化、人口、制度与长期增长关系方面的研究。观察百年以上的长周期发展轨迹是长期经济增长理论领域的一个重要方向。其中一个典型的问题——近代东西方的"大分流"现象到"大合流"趋势,隐含着怎样的一般化规律和机制——值得持续研究。

本书内容安排

本书针对前述问题尝试在几个重要方向进行拓展,希望抛砖引玉以引发更深入的思考和研究。下面介绍本书的基本内容安排。

第一部分共四章,第 1 章简要介绍内生增长理论的基本分析框架和方法,第 2 至 4 章集中讨论文化、制度、人口政策(人力资本形成)等影响长期经济增长的机制和思想。

第 2 章通过对大分流问题的深入讨论,建设性地构建了两部门模型框架,将资本积累、技术进步、新大陆的发现、资本主义精神(重商主义)、贸易(即彭慕兰强调的"外部关联")全部嵌入一个框架中,研究这些因素在工业革命发展过程中的相互作用机制,分析这些因素的配套作用机理、重要程度、发生作用的先后顺序等。这样有利于明晰人类脱离农业经济时代进入工业化时代的真实原因,并回答相关问题:为什么工业革命发生在 18 世纪 60 年代至 19 世纪中期,而不是之前或之后?为什么首先发生在英国而不是在中国的江南(尽管这两地之前看起来有差不多的发展基础)?

第 3 章的内生人力资本模型机制是内生人力资本理论的重要创新。这一章所建立的人力资本的微观机制是一个重要补充。但其融合到内生框架中的机制仍有待开发。这一章的另一个重要贡献是嵌入了中国实际的计划生育政策的各期版本,并简略讨论了它们对长期人力资本形成机制的影响。这是一个在方法性和思想性上非常具有创新意义的开拓。遗憾的是该逻辑机制需要较好的数学理解力才能融会贯通,这在一定程度上限制了该方法的推广使用。

第 4 章实际上是对前两章内容的一个总结。我们在第 2 章讨论了资本、技术、文化等影响工业化初期发展进程的因素,这些并不一定适用于后工业化阶段。进入后工业化阶段,生产发展更多地需要高技术化的劳动,因而,人力资本的总体水平和劳动的技术结构成为决定工业经济发展水平的核心要素。而劳动的技术结构和人力资本形成主要取决于人口政策及相关的教育政策。西方经济体在进入后工业化阶段后出现的人口出生率下降现象正是这种需求引导的内生人口机制的结果。不同于西方经济体的是,东方经济体,如中国和印度,在进入工业化阶段之前都是人口大国。世界的前期分工使东方经济体承担了更多劳动密集型生产活动,东方经济体于是走上内卷式道路。

第二部分研究内生增长理论的新拓展方向:内生增长理论的可持续性问题。这也是内生增长理论当前急需解决的首要问题。这一部分包含第5章和第6章。第5章介绍了两种发展机制:要素整合机制和技术创新机制,并阐述了经济初始发展过程中两种机制的作用特点。要素整合机制是该章提出的新发展机制,其核心在于强调要素价值在发展中经济体的初始发展过程中得到充分利用所起到的显著作用。关键在于如何确保要素潜能始终能够得到充分发挥,所以落实就业应当被嵌入增长的理念中。社会对全体劳动者的尊重与公平对待是经济各部门之间协调发展的基础,这是经济实现内生可持续增长均衡的前提条件之一。

第6章通过构建三部门的统一增长模型,研究内生增长的可持续性问题,这是该领域最前沿的研究。本章建立了具有典型资源约束意义的多部门增长模型,提出"多高的创新边际贡献率才能恰好补偿经济中社会总生产能力的边际下降,使经济实现可持续的内生增长"的问题。结论指出:(1)人力资本形成的时间成本和知识技术增长率是决定内生增长可持续性的关键参数,存在门槛技术进步增长率。(2)经济实现可持续内生增长的条件为不同主要部门之间的实际资本回报率和实际劳动回报率保持相同。

第三部分研究短期波动性与长期增长趋势之间的关联机制,包括第7章和第8章,前者是基于中国省级数据关于短期波动性与长期增长趋势关联机制的实证与理论研究;后者是这一理论的应用研究,即短期冲击性质的货币政策的短期波动性效应和长期增长效应的综合研究。

第7章运用中国的省级数据研究发现:(1)波动性与平均增长在短期内呈反向关系,但在中长期呈滞后正相关的关系;(2)波动性与平均增长在1978年前大致呈负相关关系,但在1978年后则近似呈正相关或滞后正相关的关系。那么是什么因素导致了波动与增长呈现此种关系?研究认为,人力资本形成机制方面的差异是影响波动与增长关系的核心因素。人力资本形成过程分为自然形成和主观形成,教育投入等决定主观形成过程的因素,是决定波动性如何影响长期经济增长方向的关键。

第8章探索性地研究了利率扭曲形成的冲击对宏观经济的影响,模型预测:(1)实际储蓄利率的负向冲击,只在很短的时间内以很有限的幅度引致经济增长,接着形成远超过增长幅度的大幅度萧条,并导致一般工薪家庭的社会平均消费比例下降,企业家家庭的平均消费比例上升;(2)金融市场摩擦(存贷款利差)的冲击影响经济的稳态解,进而影响中长期的经济发展趋势,试验表明一单位的金融部门的需求中 81% 来自对投资的挤出,18% 来自对一般工薪家庭消费的挤出,1% 来自对企业家家庭消费的挤出。该章结论对共同富裕目标的实现有重要启发意义。

第四部分讨论一个最新的方向:有限需求与增长理论。这一方向极具价值,极有可能发展成为对现代主流宏观经济学理论的重要突破。这一部分包含第 9 章和第 10 章。

第 9 章提出的有限需求假设展现了非常新的思想。该章建立了产业结构分类发展的动态经济模型,引入了纵向和横向两类技术进步的内生机制,由此形成了不同于传统模型的增长和周期波动的机制方法,同时该模型能够较好地解释增长和周期理论领域主要的典型事实,产生了一些基于实际和模型理论的认识。长期经济增长归根结底取决于社会需求。需求是推动生产的根本动力,没有需求的创新无法获得支持,无法实现;超过需求的供给不能通过市场出清而获得社会的"认同/承认",同样无法实现。创新和生产无法实现,经济增长就会停滞。

第 10 章介绍了欧美经济的一种负向螺旋机制。该机制包括三个逻辑环节:(1)长期或中长期的(向下)有偏的货币政策对长期经济增长存在显著的负向效应;(2)长期经济增长的持续衰减是金融危机的基础原因;(3)应对危机的政策手段存在向下有偏的依赖性和惯性。由此我们理解到美国近年的衰落本质上是结构、制度基础等多方面因素综合造成的,一方面,其遵从工业从繁荣到饱和的一般化周期律,另一方面,其内在的制度体系造成财富过度聚集,社会对极端聚集的私人财富缺乏有效管理,使得大量聚集于少数人手中的社会资本不能产生广泛的社会需求。这构成实体经济逐渐衰落的微观基础,由此诱发系统性错误并引发金融危机。

长期发展的竞争归根到底落实在基础性人才、总体教育水平等方面。我国有优秀的文化基础、先进的制度基础、高效为民的组织体系,长期可持续发展的条件是最好的。只要能够有效发挥这些优势,相信我国一定可以打破传统周期律的制约!

目 录

第一部分 内生增长理论的基本框架和方法

1 内生增长模型的基本方法 ··································· 3
   1.1 引 言 ··································· 3
   1.2 内生增长模型的方法比较 ··································· 5
   1.3 一般化的内生增长模型 ··································· 13
   1.4 小 结 ··································· 15

2 统一增长理论及大分流 ··································· 17
   2.1 引 言 ··································· 17
   2.2 模型构建 ··································· 20
   2.3 东西差别与贫富分流 ··································· 26
   2.4 文化影响的证据 ··································· 33
   2.5 小 结 ··································· 33

3 内生人力资本机制与人口政策效应 ··································· 35
   3.1 引 言 ··································· 35
   3.2 模型的建立 ··································· 37
   3.3 模型分析 ··································· 41
   3.4 人口政策与人力资本 ··································· 48
   3.5 小 结 ··································· 50

4 长期增长与计划生育政策的宏观总评 ··································· 51
   4.1 引 言 ··································· 51
   4.2 文献简述与问题讨论 ··································· 52

4.3 计划生育政策的得与失 ……………………………………… 58
4.4 人力资本的度量和内生机制 …………………………………… 61
4.5 基于内生人力资本模型的理论 ………………………………… 63
4.6 拓展思考 ………………………………………………………… 65

第二部分 内生增长的可持续性

5 内生可持续增长理论及我国当前增长问题分析 ……………… 69
5.1 引言 ……………………………………………………………… 69
5.2 长期经济增长的阶段性及内生增长理论的发展 ……………… 71
5.3 新思考:长期经济增长的阶段性与一致性理论分析 ………… 79
5.4 结合内生可持续增长理论对我国现阶段发展的思考 ………… 89
5.5 小结 ……………………………………………………………… 92

6 创新补偿性与内生可持续增长理论研究 ………………………… 94
6.1 引言 ……………………………………………………………… 94
6.2 经济模型及动态分析 …………………………………………… 97
6.3 多重均衡的可能性 ……………………………………………… 106
6.4 内生增长均衡实现的条件 ……………………………………… 110
6.5 模型经济的均衡解与参数化分析 ……………………………… 113
6.6 对长期经济增长的解释 ………………………………………… 115
6.7 小结 ……………………………………………………………… 118

第三部分 波动与增长

7 短期经济波动如何影响长期增长趋势 …………………………… 129
7.1 引言 ……………………………………………………………… 129
7.2 中国省级年度波动性与平均增长的关系 ……………………… 132
7.3 模型建立与求解 ………………………………………………… 133
7.4 长期增长 ………………………………………………………… 138
7.5 波动与增长 ……………………………………………………… 139

7.6 参数敏感性分析 ………………………………………… 141
7.7 小　结 …………………………………………………… 143

8 利率冲击的周期与增长效应 …………………………………… 149
8.1 引　言 …………………………………………………… 149
8.2 金融经济周期模型的建立 ……………………………… 153
8.3 稳态均衡解与分析 ……………………………………… 157
8.4 动力系统与参数校正 …………………………………… 162
8.5 1979—2013年中国经济周期特征的描述 ……………… 165
8.6 模型经济的波动特征及与实际经济波动特征的比较 … 167
8.7 冲击反应实验与结果分析 ……………………………… 169
8.8 相关的研究综述与说明 ………………………………… 174
8.9 小　结 …………………………………………………… 176

第四部分　有限需求理论

9 有限需求假设下的经济动态研究 ……………………………… 181
9.1 引　言 …………………………………………………… 181
9.2 周期与增长的事实 ……………………………………… 185
9.3 产业结构分类发展的动态经济模型 …………………… 194
9.4 平衡增长均衡 …………………………………………… 211
9.5 讨论和总结 ……………………………………………… 213

10 需求约束、货币政策体系与经济增长 ………………………… 219
10.1 引　言 …………………………………………………… 219
10.2 需求有限性对增长的制约机制 ………………………… 220
10.3 金融化趋势、危机策略与增长关联机制 ……………… 222
10.4 我国的发展方针和政策取向 …………………………… 229

参考文献 ………………………………………………………… 233

第一部分
内生增长理论的基本框架和方法

1

内生增长模型的基本方法

1.1 引 言

内生增长模型是指长期人均产出增长率由模型内部变量决定的模型,而不是像新古典增长模型那样,由外生技术进步率决定。内生增长理论(也称新增长理论)是在20世纪对新古典增长理论的批评中逐渐发展起来的。在新古典增长模型中,长期经济增长由外生假定的技术进步率和劳动增长率决定。这被批评为没有真正解释增长的根源。内生增长理论试图克服这一不足,首先把技术进步内生化(最近的研究已经把人口增长也内生化了,如 Lucas, 1998; Galor & Moav, 2006 等)。内生技术进步主要有两种途径,一种途径是内生知识增长,创始性研究属于 P. Romer(1986);另一种途径是内生人力资本积累,代表性研究为 Lucas(1988)。基于创新的内生增长模型还有 Aghion & Howitt(1992); Grossman & Helpman(1991); Segerstrom, Anant & Dinnpoulos(1990); Corriveau(1991); Howitt(1999, 2000, 2002);等等。其中, Aghion & Howitt(1992)基于熊彼特的创造性破坏思想的一系列研究建立了创新增长理论的分支。熊彼特的理论假定创新在改进产品质量和生产能力的同时,使得旧有产品过时。这一过程被熊彼特称为"创造性破坏"。

内生增长理论有很好的微观基础。其微观思想源于对实际的观察:技术进步源于创新,而创新活动发生于经济活动之中。实际上,所有新产品、新工艺、新领域的形成和发展都是经济活动的结果,或者是经济活动的间接产物。无论生产活动的发展来自"干中学",还是来自研发投资行为,都无不是经济利益驱动的结果,反过来,又无不对经济利益产生影响。因而,任何影响经济活动的政策都对创新活动产生影响,从而影响长期增长。简单来说,内生增长理论的微观基础是:公司或个人为了在市场竞争中拥有更多超出对手的竞争优势,而有强烈的动力不断革新或升级其自身生产能力(厂商行为表现为技术创新,个人行为表现为知识增长)。这意味着技术创新实际上是经济活动本身可以内生决定的事情。

内生增长理论同新古典增长理论有很大不同。最关键的区别表现在:(1)从基本理论假设看,按照 Hulten 的说法,内生增长理论与新古典增长理论的不同在于前者假定(广义)资本边际产出是常数,而后者通常假定资本边际产出是减少的。广义资本包括研发投入的资本。(2)从模型功能看,内生增长理论预测,越高的储蓄率意味着越高的经济增长率。但新古典增长理论预测储蓄不会影响长期增长,只会改变收入水平。另外,内生增长理论预测政策对长期经济增长有影响(即使不改变总储蓄率),例如,教育和研发补助金的增加,将会刺激创新,促进技术进步,从而提高长期经济增长率。但新古典增长理论的一般结论是,政策对长期经济增长没有影响。

一些研究(Mankiw, Romer & Weil, 1992; Evans, 1996; Barro & Sala-i-Martin, 1995)认为,内生增长理论的一个主要问题是不能很好地解释国家间的收入差距。根据内生增长理论模型的预测,所有国家都应当走到相同的增长道路上来。但实际上,世界上一部分国家正变得越来越富,而另一部分国家则变得越来越穷。而且,近代世界经济高速增长的同时,一个显著的现象就是时下的研究热点——大分流问题①。就解释大分流问题而言,内生增长理论被认为并不比新古典增长理论更成功。但 Howitt(2000)以及 Howitt & Foulkes(2002)的研究指出,多国框架下的内生增长模型可以解释大分流问题。而且,从 20 世纪 80 年代内生增长理论被提出到现在,已经得到很大发展,已逐步被确立为主流的宏观经济模型框架。最新的研究改进了原始的内生增长模型框架,以便更好地解释分流问题。如 Lucas(1998)、Galor & Weil(2000)

---

① 关于大分流问题的研究如 Pomeranz(2000); Howitt & Foulkes(2002); Galor & Moav(2006); Galor & Mountford(2003,2004);陈昆亭和周炎(2008)等。

等的统一增长模型,都建立在内生框架基础上,之后进一步发展为内生人口的增长模型(Galor 还充分考虑了贸易的影响),并提出了大分流的成因和工业革命的形成机制。

总之,内生增长模型已经成为最合理、最有力地解释现代增长现象的理论工具。因而,深入研究内生增长模型求解方法的意义是不言而喻的。在方法上,内生增长模型的数学复杂性要比新古典增长模型高很多。已有的内生增长模型大多采取简化措施以降低复杂性(我们将在下一节中说明这一点),但这样做必然会导致无法准确描述现实以及解释能力不足。本章拟建立标准模型,在不简化的情况下,研究模型求解问题。

1.2　内生增长模型的方法比较

内生增长模型可以简单理解为在新古典框架中引入技术进步增长方程或人力资本积累方程。本节我们将介绍几个常用的内生增长模型。为了方便比较和理解,我们对所有模型进行了改写,使符号统一、结构简单,但保持原思想内涵不变。

1.2.1　一般新古典增长模型

一般新古典增长模型表示如下:

$$\max \int_0^\infty e^{-\rho t} \frac{c^{1-\sigma}-1}{1-\sigma} N(t) \mathrm{d}t$$

$$Y = AK^\alpha N^{1-\alpha}, \frac{\dot{A}}{A} = \mu \tag{1.1}$$

$$\dot{K} \leq Y - \delta K - cN \tag{1.2}$$

其中,c 是人均消费,ρ 是折现率,假定生产部门以小写字母表示人均量,则物质资本 k 为投入因素,y 是生产产出;α 是资本的份额,A 测定平均总生产技术水平,按平均不变的比率 μ 增长;δ 为资本折旧率,σ 为跨期替代弹性的倒数。另外,定义 v 为人口增长率。

这里假定技术进步的增长率是外生给定的常数,在这种情况下模型求

解比较简单。定义小写变量为人均劳动占有量,例如,$k = K/N$。建立汉密尔顿方程并求解如下:

$$H = \frac{c^{1-\sigma} - 1}{1-\sigma} + \lambda [Ak^\alpha - (\delta+v)k - c]$$

最优条件为:

$$c^{-\sigma} = \lambda \tag{1.3}$$

$$\dot{\lambda} = \lambda(\rho - A\alpha k^{\alpha-1} + \delta + v) \tag{1.4}$$

整理式(1.3)和式(1.4),得到欧拉方程:

$$\frac{\dot{c}}{c} = \frac{1}{\sigma}[A\alpha k^{\alpha-1} - (\delta + v + \rho)] \tag{1.5}$$

式(1.2)和式(1.5)一起构成模型的动力系统。

定义局部均衡解(假定技术短期不变)为 $\dot{k} = 0$ 和 $\dot{c} = 0$。由此得到局部稳态解是技术水平、人口增长率、折旧率和折现率的函数:

$$k^* = \left(\frac{A\alpha}{\delta + v + \rho}\right)^{\frac{1}{1-\alpha}}, c^* = [A\alpha(k^*)^{\alpha-1} - \delta - v]k^* \tag{1.6}$$

由局部均衡解可以看到,长期平衡增长路径完全由技术增长率决定。

定义长期均衡为使得经济变量长期增长率是常数的路径。记 $\theta_k = \hat{k} = \dot{k}/k, \theta_c = \hat{c} = \dot{c}/c$(注:本章后文也都用尖号表示增长率)。由式(1.2)和式(1.5)解得:

$$\frac{c}{k} = \rho - (\theta_k - \sigma\theta_c) \tag{1.7}$$

在长期平衡增长路径上,θ_k 和 θ_c 都是常数,则由式(1.7),c/k 也是常数。从而,在平衡增长路径上,人均消费与资本积累同比增长(即有相同的增长率,记为 θ)。结合式(1.5)和式(1.7)得到:$A\alpha k^{\alpha-1} = \sigma\theta + (\delta+v+\rho)$,此式右端为常数。所以有:$d(Ak^{\alpha-1}) = 0$。由此得到:

$$\theta_c = \theta_k = \theta = \frac{1}{1-\alpha}\mu \tag{1.8}$$

由此我们看到,在新古典增长模型中,长期均衡增长率完全由外生给定的技术进步率决定。

1.2.2 人力资本积累模型(Lucas,1988)

用 h 表示人力资本水平,假定其中用于生产的比率为 u,剩余 $(1-u)$ 的部分用于人力资本的积累。人力资本和物质资本的积累方程分别为:

$$\dot{h} = bh(1-u) \quad (1.9)$$

$$\dot{k} = Ak^\alpha(uh)^{1-\alpha} - c - (\delta+v)k \quad (1.10)$$

其中 b 为常数。(注:Lucas 原文中的生产函数还包含总平均人力资本水平的贡献,考虑到依据原文假设的话,生产函数就是规模报酬递增的。为了一致和避免使用规模报酬递增的技术,我们将其修改为现在的形式,这不会改变我们当前要讨论的方法性问题的实质。)模型其余部分和第 1.2.1 节的设定一样。求解方法仍为建立汉密尔顿函数求解:

$$H = \frac{c^{1-\sigma}-1}{1-\sigma} + \lambda_1[Ak^\alpha(uh)^{1-\alpha} - (\delta+v)k - c] + \lambda_2 bh(1-u) \quad (1.11)$$

最优条件:

$$c^{-\sigma} = \lambda_1 \quad (1.12)$$

$$bh\lambda_2 - \lambda_1 Ak^\alpha(1-\alpha)(uh)^{-\alpha}h \quad (1.13)$$

$$\dot{\lambda}_1 = \lambda_1[\rho - A\alpha k^{\alpha-1}(uh)^{1-\alpha} + \delta + v] \quad (1.14)$$

$$\dot{\lambda}_2 = \lambda_2[\rho - \delta(1-u)] - \lambda_1 Ak^\alpha(1-\alpha)(uh)^{-\alpha}u \quad (1.15)$$

利用式(1.13)使式(1.15)简化为:

$$\dot{\lambda}_2 = \lambda_2[\rho - \delta(1-u) - bu],\text{或}\hat{\lambda}_2 = \rho - \delta(1-u) - bu \quad (1.16)$$

整理式(1.12)和式(1.14),得到欧拉方程:

$$\frac{\dot{c}}{c} = \frac{1}{\sigma}[A\alpha k^{\alpha-1}(uh)^{1-\alpha} - (\delta+v+\rho)] \quad (1.17)$$

式(1.9)、式(1.10)、式(1.16)和式(1.17)一起构成模型的动力系统,该系统是四维的。但实际上式(1.16)和式(1.9)都是独立的,在长期平衡增长路径上,u 被视为常数,所以式(1.9)可以表示为:$\hat{h}=b(1-u)$,这样系统又降为二维问题,也就很容易求解了(具体解法可以参照第 1.2.1 节的分析或直接参考 Lucas 原文)。

这里我们关心的问题是,为什么可以把四维问题降为二维问题?这是不是这类问题的一般特征?我们的回答是:不是的。这里之所以可以做到这一点,主要依赖于模型特定的假设:(1)人力资本积累仅依赖于人力资本自身的贡献,而实际上人力资本积累所需要的主要因素,如教育等,最需要的是资金投入和受教育时间的投入。虽然人力资本自身的投入是人力资本积累的一个重要因素,但具有直接且显著贡献的还是物质资本等实际要素的投入。(2)人力资本中用于生产的份额 u 被假设为固定的常数,这是使模型简单化的一个关键因素。但在长期平衡增长路径上,这一参数应当是内生的,不一定是常数。例如,可以证明在包含农业生产的两部门模型中,在土地总量供给刚性的条件下,长期劳动在部门之间的供给比例是变化的。① 如果没有这一简单化的特定假设,模型计算的复杂性将会很高。那么,为什么一定要把模型搞复杂呢?如果有简单又可以解决问题的模型,不是很好吗?问题在于简单的模型是否能很好地或至少同样地解决问题。有分析指出,Lucas 模型的预测结果实际上不及 Solow 模型的预测结果。我们当然不能由此得出结论说内生增长模型的预测能力不如新古典增长模型,只不过 Lucas 模型太过简化而已。所以,模型简单是有成本的。

1.2.3 知识增长模型(P. Romer,1986)

P. Romer 的模型可以改写为如下形式:

$$\max \int_0^\infty e^{-\rho t} \frac{c^{1-\sigma}-1}{1-\sigma} dt \tag{1.18}$$

$$\frac{\dot{A}}{A} = g\left(\frac{f(A, NA) - c}{A}\right) \tag{1.19}$$

其中,$g(0)=0, g'>0, g''<0, g'(0)=1, g$ 有上界 α。生产函数 f 定义为技术水平 A 和总技术水平 NA 的函数,N 为消费者人数。

P. Romer 原文中使用的函数形式为 $g(z) = \alpha z/(\alpha+z)$,$f(A,NA) = A^v (NA)^\gamma = A^{v+\gamma} N^\gamma$。这实际上是一个二维问题,因为这里没有考虑资本的贡献。

---

① 这一讨论在陈昆亭和周炎(2008)中可以找到。

换句话说,这实际上是通过简化对资本、劳动以及人口增长的假设,降低问题的复杂性。正如我们在第1.2.2节中看到的,即使仅增加对资本积累假设的复杂性,问题也马上会升级为四维问题。相比较而言,P. Romer使用了比Lucas更大力度的简化措施,以至于连资本都不考虑了。这对于单独探讨技术知识积累的研究而言,在理论意义上是可以说明一些问题的。但如果要模拟和讨论实际问题并希望对实际经济进行较好的预测,这样的模型则太过简略了。这一模型的求解方法是常规的,可以参照第1.2.1节。

1.2.4 Aghion & Howitt(1992)的内生增长模型

Aghion & Howitt(1992)细致刻画并深入分析了知识创新的过程,从而成为描绘创新过程的经典文献。假定存在人数固定的三类人口:非技术工人 M,专门生产终端消费品;技术工人 N,可以生产中间产品,也可以进行技术创新;专业研究人才 R,专门从事研发工作。终端消费品的生产技术为 $y=AF(x)$,x 为中间产品的供应量,A 代表技术水平,因为劳动 M 是常数,所以在生产函数中没有直接表示出来。中间产品的生产技术为 $x=L$,L 为从事中间产品生产的技术工人数量,设从事研究的技术工人数量为 n,则有 $N=L+n$。假设研发获得成功的概率为 Poisson 到达率 $\lambda\phi(n,R)$,即研发是否成功依赖于专业研究人员的投入,λ 为常数。假定终端产品的技术进步服从 $A_t=A_0\gamma^t$,其中 t 表示第 t 个发生的创新(而非时间 t),γ 为常数,表示每个中间产品创新带来相同的终端产品的技术增长比率。原文主要讨论的是创新的最优投入问题,即最优的 n,以及最优的收益,同样不考虑资本的贡献。由于终端产出等于消费,所以模型可以等价地改写为社会最优问题:

$$\max \int_0^\infty e^{-\rho\tau} \sum_{t=0}^\infty \pi(t,\tau) AF(N-n) d\tau \tag{1.20}$$

其中,$\pi(t,\tau)=[\lambda\varphi(n)\tau]^t e^{-\lambda\varphi(n)\tau/t!}$,表示在到达时间 τ 时已经有 t 个创新发生的概率。这实际上只是一个简单的最优化问题,详细求解方法见 Aghion & Howitt(1992)原文。

该模型深入研究了创新形成的机制和过程,同时也在其他方面做了大刀阔斧的简化,从而使得模型保持在可以简易求解的程度。该模型至少有几个特征是值得注意的:一是假设没有资本的投入;二是劳动被固化;三是产品的生产技术都被过度简化。过度的简化同样使模型仅有相对的理论研究意义,不具有总体的研究和预测实际经济的能力。

1.2.5 其他内生增长模型

AK 模型通常被认为是最简单的内生增长模型,最早由 Frankel(1962)提出。AK 模型提出知识资本创造技术进步,可以抵消物质资本边际产出递减的趋势,从而使总资本的边际产出为规模不变或递增的。在假定边际产出为常数的情况下,总产出 Y 同总资本 K 成比例,即 $Y=AK$,其中 A 是常数,从而长期增长依赖于资本积累,即依赖于储蓄率 s。总投资为 $dK/dt = sY-\delta K$,增长率 g 可以表示为:$g \equiv (1/Y)dY/dt = sA-\delta$。所以,储蓄率的上升会引致更高的经济增长率。这一模型的主要思想是:资本积累是增长的源泉,储蓄引发持续增长。但这个模型本质上只是一个单部门问题,不是建立在一个均衡框架下的,且关键要素(比如储蓄或资本)均没有被内生化,所以只有在增加了需求部门并使储蓄内生化之后,该模型才会成为一个内生增长模型。

参照 Peter Howitt 的经典假设,假定技术进步率 $(dA/dt)/A$ 以概率 u 为正增长率 $r-1$,以概率 $1-u$ 为 0 增长率,并且 u 和 r 均为常数。用公式可以表示为:

$$\frac{dA/dt}{A} = \begin{cases} r-1 & \text{以概率 } p_1 = u \\ 0 & \text{以概率 } p_2 = 1-u \end{cases} \quad (1.21)$$

这样,技术进步的期望增长率为 $E(g)=u(r-1)$。假定创新发生的概率与 R/A 成正比,其中 R 表示研发支出,即存在常数 b 使得 $u=bR/A$,从而有:$E(g)=b(r-1)R/A$。由于假设诸多比例为固定的,此处得到的结果很简单。虽然在这里技术进步的期望增长率被理解为随机发生的,但由于假定研发支出比例固定,进而技术进步的期望增长率也是固定的,这实际上与外生给定平均增长率无异。

Jones(1995)总结了 P. Romer(1990)、Grossman & Helpman(1991)、Aghion & Howitt(1992)的模型,指出其共同特征是假定技术进步率是同从事研发工作的人数规模成正比的。但 Jones 认为,许多从事研发工作的公司之间会存在工作上的重复,从而提出了修正模型:①

$$\max \int_0^\infty e^{-\rho t} \frac{c^{-\sigma} - 1}{1 - \sigma} dt \quad (1.22)$$

s.t. $Y = K^\alpha (AL_y)^{1-\alpha}, \dot{K} = Y - C - \delta K, \dot{A} = bL_a^\lambda A^\phi, L_a + L_y = L, \dot{L}/L = v$。

其中,L_y、L_a 分别代表从事物质生产和研发的劳动力人数,L 为总人数,v 为人口增长率。同样用小写字母表示人均对应量,记 $u = L_y/L$,则有:

$$\dot{k} = k^\alpha (uA)^{1-\alpha} - c - (\delta + v)k \quad (1.23)$$

$$\dot{A} = b(1-u)^\lambda L^\lambda A^\phi \quad (1.24)$$

建立汉密尔顿方程:

$$H = \frac{c^{1-\sigma} - 1}{1 - \sigma} + \lambda_1 [k^\alpha (uA)^{1-\alpha} - (\delta + v)k - c] + \lambda_2 b(1-u)^\lambda L^\lambda A^\phi$$

$$(1.25)$$

最优条件为:

$$c^{-\sigma} = \lambda_1 \quad (1.26)$$

$$b\lambda_2 \lambda (1-u)^{\lambda-1} L^\lambda A^\phi = \lambda_1 k^\alpha (1-\alpha)(uA)^{-\alpha} A \quad (1.27)$$

$$\dot{\lambda}_1 = \lambda_1 [\rho - \alpha k^{\alpha-1}(uA)^{1-\alpha} + \delta + v] \quad (1.28)$$

$$\dot{\lambda}_2 = \lambda_2 [\rho - b(1-u)^\lambda L^\lambda \phi A^{\phi-1}] - \lambda_1 k^\alpha (1-\alpha)(uA)^{-\alpha} u \quad (1.29)$$

类似于第 1.2.2 节 Lucas 模型中的情形,该系统是一个由式(1.23)至式(1.29)构成的四维问题。但不同的是,它不像 Lucas 模型那样可以轻易地

---

① Jones 原文中假定不存在资本折旧,这里为保持一致性加上了资本折旧。另外,Jones 是在分散经济模型中、在假设中间产品连续生产的框架下进行的研究,而本章采用中央计划经济模型求解,简化了中间产品的生产过程,这样使得求解过程简单且容易理解,也更便于比较。

降为二维问题。下面给出另一种分析方法。

利用式(1.27)将式(1.29)简化为：

$$\hat{\lambda}_2 = \rho - bL^\lambda A^{\phi-1}(1-u)^{\lambda-1}[(1-u)\phi + \lambda u] \quad (1.30)$$

整理式(1.26)和式(1.28)，得到欧拉方程：

$$\hat{c} = \frac{\dot{c}}{c} = \frac{1}{\sigma}[\alpha k^{\alpha-1}(uA)^{1-\alpha} - (\delta + v + \rho)] \quad (1.31)$$

由式(1.23)和式(1.24)得到：

$$\hat{k} = \left(\frac{Au}{k}\right)^{1-\alpha} - \frac{c}{k} - (\delta + v) \quad (1.32)$$

$$\hat{A} = b(1-u)^\lambda L^\lambda A^{\phi-1} \quad (1.33)$$

在平衡增长路径上，增长率为常数，所以，对式(1.33)进行微分可以得到：

$$\hat{A} = \frac{\lambda}{1-\phi}v \quad (1.34)$$

类似地，由式(1.31)和式(1.23)以及式(1.26)和式(1.27)分别得到：

$$\hat{c} = \hat{k} = \hat{A} = \frac{\lambda}{1-\phi}v \text{ 和 } \hat{\lambda}_1 = \hat{\lambda}_2 = -\hat{c}\sigma \quad (1.35)$$

再由式(1.24)和式(1.30)可以解出平衡增长路径上的劳动分配比例为：

$$\frac{u^*}{1-u^*} = \frac{1}{\lambda}\left[\sigma - \phi + \frac{\rho(1-\phi)}{\lambda v}\right] \quad (1.36)$$

就本质而言，Jones(1995)的模型比 P. Romer(1990)、Grossman & Helpman(1991)、Aghion & Howitt(1992)的模型都更具有内生性质。式(1.24)表示技术进步增长率不仅依赖于人口总规模、技术积累总水平，而且，更重要的是还依赖于研发劳动投入的比例，这需要在总体上权衡劳动产出和研发劳动的投入，做出最优选择。这一点类似于 Lucas 的人力资本积累过程。但总体来看，这些模型都没有真正考虑到技术积累需要物质资本投入的事实。Aghion & Howitt(1992)等一系列研究，重在研究研发过程的投入成本与产出收益的最优问题，没有把问题拓展为整体经济的平衡增长问题。如 Aghion & Howitt(1992)虽然考虑了物质资本的研发投入问题，但假定其为常比例投入，因而在本质上并没有内生意义。在下一节中，我们将建立一个更加完备的内生增长模型。

1.3 一般化的内生增长模型

本节我们考虑最一般化的内生增长模型。假定社会物质资源和劳动被分配到两种部门:生产部门和研发部门。生产部门以物质资本 K_m、劳动 L_m 为投入要素,生产产出 Y,研发部门的投入要素分别为 K_t 和 L_t:

总的劳动分配为:$L_m + L_t = L$ 或 $(1-n)L + nL = L$ (1.37)

物质资本分配为:$K_m + K_t = K$ 或 $(1-n)k_m + nk_t = k$ (1.38)

生产技术服从规模报酬不变:$Y = K_m^\alpha (AL_m)^{1-\alpha}$ (1.39)

其中,A 表示平均的总生产技术水平,n 表示劳动分配份额。此处采用 Jones (1995) 的改进型假设:社会技术进步依赖于研发投入——研发部门物质投入 K_t,人力资本投入 L_t 以及现有的技术水平,即

$$\dot{A} = bK_t^\gamma L_t^\zeta A^\phi \qquad (1.40)$$

由 $K_t = \frac{K_t}{L_t} L_t = k_t n L$,有 $\dot{A} = b k_t^\gamma (nL)^\lambda A^\phi$,$\lambda = \gamma + \zeta$。

假定人口增长率为:$\dot{L}/L = v$ (1.41)

物质资本积累方程为:

$$\dot{K} = Y - \delta K - C \qquad (1.42)$$

或 $\quad \dot{k} = (k - nk_t)^\alpha [A(1-n)]^{1-\alpha} - (\delta + v)k - c$ (1.43)

假定偏好函数仍然如前。代表性家庭最优化问题为:

$$\max \int_0^\infty e^{-\rho t} u(c) \, dt \qquad (1.44)$$

使得式(1.37)至式(1.42)以及适当初始条件得到满足。

建立汉密尔顿方程:

$$H = \frac{c^{1-\sigma} - 1}{1 - \sigma} + \lambda_1 \{ (k - nk_t)^\alpha [(1-n)A]^{1-\alpha} - (\delta + v)k - c \}$$
$$+ \lambda_2 b k_t^\gamma (nL)^\lambda A^\phi \qquad (1.45)$$

最优条件为：

$$c^{-\sigma} = \lambda_1 \tag{1.46}$$

$$b\lambda_2 \gamma k_t^{\gamma-1}(nL)^\lambda A^\phi = \lambda_1 \alpha (k - nk_t)^{\alpha-1} n [(1-n)A]^{1-\alpha} \tag{1.47}$$

$$b\lambda_2 k_t^\gamma \lambda n^{\lambda-1} L^\lambda A^\phi = \lambda_1 \{\alpha (k - nk_t)^{\alpha-1} k_t [(1-n)A]^{1-\alpha}$$
$$+ (k - nk_t)^\alpha A^{1-\alpha}(1-\alpha)(1-n)^{-\alpha}\}$$
$$\tag{1.48}$$

$$\dot{\lambda}_1 = \lambda_1 \{\rho - \alpha(k-nk_t)^{\alpha-1}[(1-n)A]^{1-\alpha} + \delta + \upsilon\} \tag{1.49}$$

$$\dot{\lambda}_2 = \lambda_2 [\rho - bk_t^\gamma(^nL)\lambda \phi A^{\phi-1}]$$
$$- \lambda_1(k-nk_t)\alpha(1-\alpha)[(1-n)A] - \alpha(1-n)$$
$$\tag{1.50}$$

该模型系统是一个由式(1.40)、式(1.42)和式(1.46)至式(1.50)构成的四维问题，而且该系统比 Jones 模型中的系统更加复杂。因为该系统增加了一个平衡方程(1.48)。该模型同样无法像 Lucas 模型那样可以轻易地降为二维问题。我们仍用类似上一节中的分析方法。

利用式(1.47)和式(1.48)得：$k_t = \varphi(n)k$ \hfill (1.51)

其中，
$$\varphi(n) = \frac{1-\alpha}{\alpha(1-n)}\left(\frac{1-\alpha}{\alpha}\frac{n}{1-n} + \frac{\lambda}{\gamma} - 1\right)^{-1} \tag{1.52}$$

在长期平衡增长路径(如果存在的话)上，n 为常数，从而由式(1.51)得：

$$\hat{k}_t = \hat{k} \tag{1.53}$$

利用式(1.46)使式(1.49)简化为：

$$\hat{c} = \frac{\dot{c}}{c} = \frac{1}{\sigma}\left[\widetilde{\varphi}(n)\left(\frac{A}{k}\right)^{1-\alpha} - (\delta + \upsilon + \rho)\right] \tag{1.54}$$

其中，$\widetilde{\varphi}(n) = \alpha\left[\dfrac{1-n}{1-n\varphi(n)}\right]^{1-\alpha}$。在平衡增长路径上，增长率为常数，所以在式(1.54)中 A/k 也是常数。因此有：

$$\hat{k} = \hat{A} \tag{1.55}$$

由式(1.42)得到：$\hat{k} = \xi(n)\left(\dfrac{A}{k}\right)^{1-\alpha} - \dfrac{c}{k} - (\delta + \upsilon)$ \hfill (1.56)

其中,$\xi(n) = [1-n\varphi(n)]^\alpha (1-n)^{1-\alpha}$。式(1.56)意味着 c/k 在平衡增长路径上是常数,即:

$$\hat{c} = \hat{k} \qquad (1.57)$$

在平衡增长路径上对式(1.46)和式(1.47)微分,可以得到:

$$\hat{\lambda}_1 = \hat{\lambda}_2 = -\sigma\hat{c} \qquad (1.58)$$

由式(1.40)得到:$\hat{A} = bk_t^\gamma (nL)^\lambda A^{\phi-1}$ \qquad (1.59)

在平衡增长路径上,左端为常数,微分得到:

$$\hat{A} = \frac{\lambda}{1-\phi-\gamma} v \qquad (1.60)$$

最后把式(1.47)代入式(1.50),并根据以上结果得到:

$$\chi(n^*) = \frac{\rho + (\sigma-\phi)\hat{A}}{\gamma\hat{A}} \frac{\alpha}{1-\alpha} \qquad (1.61)$$

其中, $$\chi(n) = \frac{1-n\varphi(n)}{n\varphi(n)} \qquad (1.62)$$

综合以上结果可知:在平衡增长路径上 $\hat{c} = \hat{k} = \hat{k}_t = \hat{A} = \frac{\lambda}{1-\phi-\gamma} v$, $\hat{\lambda}_1 = \hat{\lambda}_2 = -\hat{A}\sigma$, $n^* = \chi^{-1}\left[\frac{\rho+(\sigma-\phi)\hat{A}}{\gamma\hat{A}} \frac{\alpha}{1-\alpha}\right]$。

结论:在一般化的内生增长模型中,当经济处于平衡增长路径上时,长期经济增长率与劳动人口规模的增长率成正比,同时物质资本、劳动以及技术水平积累本身对于技术积累的贡献参数弹性越大,长期经济增长率越高。

和 Jones(1995)的模型相比,本模型增加了对资本的平衡利用的考虑,如果令参数 $\gamma=0$,则意味着不考虑资本在技术研发中的作用,模型结果也退化为与 Jones(1995)模型一致的结果。

1.4 小 结

内生增长理论是解释现代经济增长现象的重要利器。不同的内生增长模型(如在本章中介绍的几个代表性模型)有不同的应用,在特定目标下都是有意义的。但并不是每个模型都适合作为基本模型量化地分析和预测实际经济。本章在对现有的内生增长模型进行比较的基础上，建立了一个完备的内生增长框架，并给出分析求解高维动力系统均衡解的一套完整方法。这一框架既简单，又具有一般性，适合作为一般预测目的的基本模型，同时也容易升级或变形为近似的相关模型。本章中给出的模型及求解方法主要为方便读者分析此类问题，并理解复杂的内生增长文献。

2

统一增长理论及大分流

2.1 引 言

穷国如何变富？富国会不会变穷？长期经济增长问题一直是人们最关注的问题，经济学家、政治家和大众都很有兴趣，人们都希望能够找到影响长期经济增长的因素，使自己的国家实现长期繁荣，使人类总体生活水平不断提高。因此，长期经济增长可以说是经济学中研究最多的领域之一。研究人类长期的经济发展历程（见图2.1），人们发现，在人类漫长的发展道路上，人均产出水平和人口在大部分时间内几乎都是零增长（经济学家把这一阶段称为马尔萨斯时代），人类经历人口和产出的高速增长只是最近两百多年的事情（一般称之为现代增长时代）。在不同时代，经济学家们提出了可以解释各自时代观察到的经济现象的理论。古典的马尔萨斯理论解释了早期经济长期平稳的事实，但无法解释现代增长。以Solow模型、Ramsey模型、Diamond模型等为代表的新古典增长模型，以及后现代的内生增长模型，如P. Romer(1990)的知识增长模型、Lucas(1988)的人力资本模型、Aghion & Howitt(1992)与Segerstrom, Anant & Dinnpoulos(1990)的创新模型等，对现代增长现象给出了合理的解释，但不能解释早期的增长现象。于是Lucas(1998)、Galor & Weil(2000)相继提出了内生人口增长模型下的统一增长理论，希望能够同时解释工业革命前后显著不同的经济增长现象。但Lucas的策略是在不同时期不断调整具体模型的结构和参数（总体模型的思想不变),因而,严格地讲,有违一致性的初衷。而且,这两个模型都没有考虑到贸易等其他因素在增长过程中的贡献。而关于现代增长的一般理论认为,贸易、客观地理条件、文化社会背景(包括社会制度)以及技术进步都是非常关键的因素。因此,本章拟建立统一模型综合考虑多种因素的影响,从促使现代增长的基本诱因开始,系统地解释和分析工业革命的发生,以及逐渐形成的国际经济体之间的大分流等经济现象,并最终探索性地研究后进国家的致富之路以及全球和谐发展之路。

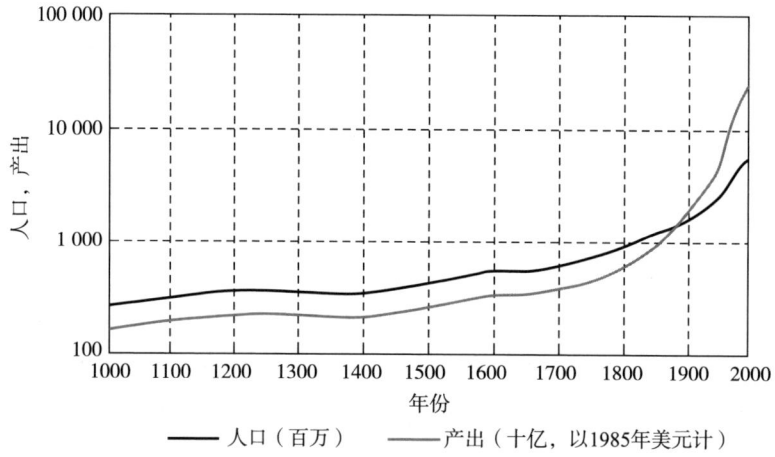

图 2.1　人口与产出水平的历史发展(1000—2000)

资料来源:Lucas(1998)。

本章的基本思想是:社会文化背景的差异是导致东西方经济在近代发展不平衡的初始原因。最初,农业经济是社会经济的主体,东西方工业发展和资本积累都处于很低的水平。但 14—16 世纪欧洲发生的文艺复兴运动大大推动了欧洲社会文化的变革,直接激励了重商主义(Weber 称之为资本主义精神)的兴盛。资本主义精神的增强,辅以外部客观条件,成为推动西方经济原始资本积累的初始动力。在西方经济资本积累达到较高水平后,技术进步持续提升和国际贸易充分发展的基础条件逐渐成熟。一方面,只有资本积累达到充分的水平,相应的人力资本投资(如高等教育、医疗卫生等)以及对技术研发的大力投资才有可能;另一方面,也只有在充分的资本积累下,公路、铁路、大型轮船等交通设施的建设才有可能。因而,技术和贸易的基本条件都依赖于初始资本的充分积累。当西方经济资本积累达到较高水平之后,技术进步的持续增长推动了西方经济走向工业化道路。但与此同时,贸易的作用是双向的,它促使具有工业化倾向的国家进一步走向高技术发展的工业现代化道路,也使具有农业化倾向的国家进一步走向低技术发展和劳动密集的农业贫困化道路。相比之下,东方文化背景不激励资本主义精神或重商主义,因而,在相当长的时期内一直未能形成足够的初始资本。此后,在世界贸易基础条件逐渐成熟之后,西方工业品的输入进一步压制了本土工业的发展,从而使东方经济陷入愈加贫困的农业化劳动密集型道路。东西分流,由此相距越来越远。

在后工业时代,发达工业化国家客观上逐渐形成对高技术劳动力的需求,劳动成本的提高促使家庭优化生育选择,因而人口数量减少但人口质量提高。相反,在劳动密集型的农业国家,客观上对低技术的劳动需求增加,对高技术的劳动需求较低,从而导致人口增长而人均收入下降的情形(Galor & Mountford,2004)。

随着经济的进一步发展和全球经济体的进一步分化,发达国家人口的供给将不能支持其劳动需求,吸收欠发达国家的优秀劳动力成为发达国家的首选政策(因为成本低)。发达国家人口减少,且国内农业现代化水平随工业技术进步而不断提高,国内生产的农产品逐渐产生剩余,无须再从国外进口。另一方面,可以预期,欠发达国家随着人口的不断增长,在有限的土地资源的制约下,终将无法生产出足够的食物,人口增长达到极限,而除了自然资源,欠发达国家已经没有可用于贸易的物品。

本章建立模型来分析上述思想,并进一步探讨发展中国家的致富之路,以及全球和谐发展之路。本章所建立的两部门模型,吸收了 Aghion & Howitt(1992)等的熊彼特主义的创新型内生增长理论的思想。同时,基于东西方文化背景的基本差异,该模型可以演化出从马尔萨斯经济到现代增长型经济的整体过程。本章下面的安排为:第 2.2 节建立模型,并分析模型结论;第 2.3 节是东西方比较,分析分流的形成机制;第 2.4 节给出一些文化对于经济影响的证据;最后,第 2.5 节给出一些基于模型结论的发展建议。

2.2 模型构建

2.2.1 基本模型

本节建立基本模型。假定经济中代表性家庭同时参与农业和工业(最初是家庭手工业)生产。经济中的总人口为 N,分配于两个部门:农业劳动 N_a,工业劳动 N_m。用 n_a 和 n_m 分别表示农业劳动和工业劳动的份额,则有:

$$n_a + n_m = 1 \tag{2.1}$$

(1) 农业生产

农业生产包括两种要素投入,土地 L_a 和劳动 $n_a N$,$l_a \equiv L_a/N$。农业产出为 Y_a,农业生产函数为:

$$Y_a = B(L_a)^\beta (n_a N)^{1-\beta} \tag{2.2}$$

其中 B 表示农业技术测度。假定农业技术水平同社会工业总技术水平 A 成正比,令 B/A 等于常数 ξ。

将式(2.2)表示为人均量形式:

$$y_a = \xi (l_a)^\beta n_a^{1-\beta} \tag{2.3}$$

(2) 工业生产

工业生产以及下面关于创新的描述和处理①,都采用类似于 Aghion & Howitt(1992,1998) 和 Ha(2003) 的方法,假定利用连续的中间产品生产出单一的终端产品:

$$Y = (n_m N)^{1-\alpha} \int_0^1 A_i x_i^\alpha \, di \tag{2.4}$$

其中, x_i 是第 i 个中间产品, A_i 是 i 产品的生产技术。

中间产品由创新垄断公司生产,生产函数为 $x_i = k_i/A_i$。效益函数为 $\pi_i = p_i x_i - r k_i$,其中 r 为利率,中间产品的均衡价格等于其边际产出 $p_i = (n_m N)^{1-\alpha} A_i \alpha x_i^{\alpha-1}$。最大化效益流为 $\pi_i = (1-\alpha)(n_m N)^{1-\alpha} A_i \alpha x_i^\alpha$。定义 A 为平均技术水

---

① 限于篇幅,工业生产和创新过程部分的公式推导和说明从简。式(2.4)到式(2.9)类似于 Aghion & Howitt(1998) 原文中的推导过程。

平，K 为总资本：$A = \int_0^1 A_i \mathrm{d}i, K = \int_0^1 A_i x_i \mathrm{d}i$。由中间产品的对称性可知，均衡时，所有中间产品生产相同的量 x，从而有：

$$r = \alpha^2 \left(\frac{K}{A n_m N}\right)^{\alpha-1} \quad (2.5)$$

因此，总生产函数为 $Y_m = (n_m N)^{1-\alpha} \int_0^1 A_i x_i^\alpha \mathrm{d}i = K^\alpha (A n_m N)^{1-\alpha}$，垄断利润为：

$$\Pi_m = \alpha(1-\alpha) K^\alpha (A n_m N)^{1-\alpha} \quad (2.6)$$

用生产力调整的人均项表示为：

$$\pi_m = \alpha(1-\alpha) k^\alpha (n_m)^{1-\alpha} \text{ 和 } y_m = k^\alpha (n_m)^{1-\alpha} \quad (2.7)$$

(3) 创新过程

中间产品生产者通过创新激励来增加其竞争能力。创新出现服从 Poisson 分布，到达率为 λn，因此技术进步率为 $\dot{A}/A = \lambda n \equiv g$，其中 λ 是关于研发的生产力参数，n 为研发的投入强度，定义为 G/A，G 表示研发成本。

创新的价值决定于资产定价方程：

$$rV = \pi_m - \lambda n V \quad (2.8)$$

其中 V 表示创新的价值。上式的含义为：创新的预期收入等于在新的创新技术下产生的效益流减去被下一个创新替代时的期望损失。被替代的概率为 λn，解之得到：

$$V = \frac{\pi_m}{r + \lambda n} \quad (2.9)$$

按照 Howitt(1999,2000) 的思想，创新的最优供给取决于无套利条件，即每增加一单位研发的边际成本需等于其边际期望效益。如果研究花费的补贴/资助率为 ψ，增加一单位研发投入强度的边际成本就是 $\mathrm{d}(1-\psi)G/\mathrm{d}n = (1-\psi)A$，边际期望收益为 λV。从而有

$$1 - \psi = \lambda \frac{\widetilde{\pi}_m}{r + \lambda n} \quad (2.10)$$

其中 $\widetilde{\pi}_m = \pi_m/A$。

消去负的研发的可能性，结合式(2.5)、式(2.7)和式(2.10)有

$$g = \lambda n = \max\left\{0, \frac{\tilde{\pi}_m}{1-\psi} - r\right\} = \max\left\{0, \alpha\left(\frac{k}{n_m}\right)^{\alpha-1}\left(\frac{\lambda(1-\alpha)}{1-\psi}k - \alpha\right)\right\}$$
(2.11)

式(2.11)表明存在门限水平 $\tilde{k} = \alpha(1-\psi)/[\lambda(1-\alpha)]$，当 $k<\tilde{k}$ 时，没有研发发生。

引理 1(Ha，2003)：当且仅当 $k>\tilde{k}$，研发创新发生。

（4）贸易

假定农产品是易腐的，农产品不足时可以用工业品交换。人均农产品消费以及农产品进口分别表示为 c_a 和 i_a，从而有

$$c_a = y_a + i_a \quad (2.12)$$

假定贸易是依边际福利改进的。假设存在固定参数 $\tau \in [0,1]$，①使

$$x_m = (1-\tau)i_a \quad (2.13)$$

其中 x_m 是用以交换不足的农产品的出口工业品。对于农业经济，当用农产品交换工业品时，只需将进出口项的符号改变即可。

（5）资本积累

资本积累方程为：

$$\dot{k} = y_m - x_m - (\delta + \nu + g)k - c_m - \frac{g}{\lambda} \quad (2.14)$$

其中，δ 是资本折旧率，ν 是人口增长率，$g/\lambda = n$ 是研发消耗的物质财富。

（6）偏好

类似于 Cole，Mailath & Postlewaite(1992)，Bakshi & Chen(1996) 和 Zou(1994,1995,1998) 等把财富引入偏好函数中，本章把 Weber(1958) 的思想"个人积累财富不仅是为了消费，也是为了利己"，转化为代表性个人对资本积累的关注引入效用函数中，$u(c_a, c_m, k)$ 表示农产品消费 c_a、工业产品消费 c_m 和资本的财富积累 k 会共同影响偏好，并采用如下形式的效用函数：

$$u(c_a, c_m, k) = \ln c_a + T_1 \ln c_m + T_2 \ln k \quad (2.15)$$

---

① 这一假设引自 Stokey(2002)，其中 τ 表示贸易增值率。

其中,T_1 表示代理人对工业品相比于农产品的重视程度,T_2 表示对资本积累的相对重视程度,即表示资本主义精神的强度。

2.2.2 模型动态

代表性个人的最优化问题可以表示为:

$$\max \int_0^\infty e^{-\rho t} u(c_a, c_m, k) \, dt \tag{2.16}$$

约束条件为:式(2.3)、式(2.7)、式(2.12)至式(2.14)及初始条件。

用优化方法解得最优条件为:

$$u_1' - (1-\tau)\lambda_1 = 0 \tag{2.17}$$

$$u_2' - \lambda_1 = 0 \tag{2.18}$$

$$u_1'(1-\beta)\xi(l_a)^\beta n_a^{-\beta} = \lambda_1(1-\alpha)k^\alpha n_m^{-\alpha} \tag{2.19}$$

$$\dot{\lambda}_1 = -u_3' + \lambda_1[\rho - \alpha k^{\alpha-1} n_m^{1-\alpha} + (\delta + v + g)] \tag{2.20}$$

其中,λ_1 是汉密尔顿乘子。

整理式(2.15)至式(2.20),得到:

$$c_m = (1-\tau)T_1 c_a = (1-\tau)T_1(i_a + y_a) \tag{2.21}$$

$$(1-\tau)(1-\beta)\xi\left(\frac{l_a}{n_a}\right)^\beta = (1-\alpha)\left(\frac{k}{n_m}\right)^\alpha \tag{2.22}$$

$$\frac{\dot{c}}{c} = \alpha\left(\frac{n_m}{k}\right)^{1-\alpha} - (\delta + v + \rho + g) + T_2 \frac{c_m}{k} \tag{2.23}$$

由式(2.14)得到:

$$\frac{\dot{k}}{k} = \left(\frac{n_m}{k}\right)^{1-\alpha} - (\delta + v + g) - \left(1 + \frac{1}{T_1}\right)\frac{c_m}{k} - \frac{g}{\lambda k} + (1-\tau)\frac{n_a}{k}\left(\frac{l_a}{n_a}\right)^\beta \tag{2.14'}$$

(1) 均衡稳态

稳态时 $\dot{k} = \dot{c} = 0$,由式(2.23)和式(2.14')有

$$0 = \alpha\left(\frac{n_m}{k}\right)^{1-\alpha} - (\delta + v + \rho + g) + T_2 \frac{c_m}{k} \tag{2.24}$$

$$0 = \left(\frac{n_m}{k}\right)^{1-\alpha} - (\delta + \nu + g) - \left(1 + \frac{1}{T_1}\right)\frac{c_m}{k} - \frac{g}{\lambda k} + (1-\tau)\frac{n_a}{k}\left(\frac{l_a}{n_a}\right)^{\beta} \tag{2.25}$$

注意到 $n_m = 1 - n_a$，因此式(2.22)可写成

$$k = s_1 \left(\frac{l_a}{n_a}\right)^{\beta/\alpha}(1-n_a) \equiv k(l_a, n_a) \tag{2.26}$$

其中，$s_1 = \left[\dfrac{(1-\tau)(1-\beta)\xi}{1-\alpha}\right]^{1/\alpha}$。

把式(2.26)代入式(2.24)，得到：

$$c_m = \frac{1}{T_2}[\delta + v + \rho + g - r(l_a, n_a)]k(l_a, n_a) \tag{2.27}$$

其中，$r(l_a, n_a) \equiv \alpha\left[\dfrac{1-n_a}{k(l_a, n_a)}\right]^{1-\alpha}$。

然后把式(2.26)和式(2.27)代入式(2.25)，得到关于 n_a 的方程

$$0 = \left[\frac{1-n_\alpha}{k(l_\alpha, n_\alpha)}\right]^{1-\alpha} - (\delta + \nu + g) - \left(1 + \frac{1}{T_1}\right)\frac{c_m(l_\alpha, n_\alpha)}{k(l_\alpha, n_\alpha)}$$

$$- \frac{g}{\lambda k(l_\alpha, n_\alpha)} + (1-\tau)\frac{n_a}{k(l_\alpha, n_\alpha)}\left(\frac{l_\alpha}{n_\alpha}\right)^{\beta} \tag{2.28}$$

由于 $l_a = L/N$，稳态时，假定 N 是常数，则 l_a 是常数，从而 n_a 可以由式 (2.28)解出，进而由式(2.26)解出 k^*，由式(2.27)解出 c_m^*。最后，由式 (2.11)得到均衡时的技术增长率：

$$g^* = \max\left\{0, \alpha\left(\frac{k^*}{1-n_a^*}\right)^{\alpha-1}\left[\frac{\lambda(1-\alpha)}{1-\psi}k^* - \alpha\right]\right\} \tag{2.29}$$

按照引理1，我们得到以下命题：

命题 1 模型均衡技术进步率水平为 $g^* = \begin{cases} >0 & \text{当 } k^* > \tilde{k} \\ =0 & \text{当 } k^* \leq \tilde{k} \end{cases}$。

（2）动态分析

将式(2.23)和式(2.14′)重写为

$$\frac{\dot{c}}{c} = \alpha\left(\frac{n_m}{k}\right)^{1-\alpha} - (\delta + v + \rho + g) + T_2\frac{c_m}{k} \tag{2.23′}$$

$$\dot{k} = k^\alpha (n_m)^{1-\alpha} - (\delta + \nu + g)k - \left(1 + \frac{1}{T_1}\right)c_m - \frac{g}{\lambda} + (1-\tau)y_a$$

(2.14″)

当 $T_2 = 0$ 时,式(2.23)退化为 Ramsey 模型中的欧拉方程。模型动态如图 2.2 所示。

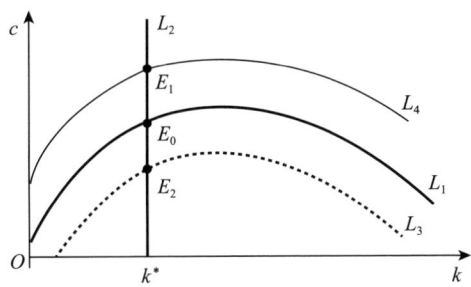

图 2.2 工业部门在没有资本主义精神偏好引入时的均衡动态

在图 2.2 中,L_2 表示 $\dot{c} = 0$,L_1 表示的是 $\dot{k} = 0$ 的曲线。E_0 是 Ramsey 均衡。正如我们所熟知的那样,长期均衡稳定在永远不可能超过黄金率点的水平。各种冲击可能从上下或左右改变均衡的位置,但都仅有水平效应,没有长期增长效应。

相比之下,当 $T_2 \neq 0$ 时,消费平衡方程 $\dot{c}_{new} = 0$ 为一个抛物线,如图 2.3 所示,新的均衡 E_3 从 k^* 跳到了 k^{**}。这是一个飞越,超越了 Ramsey 模型中的黄金率水平。

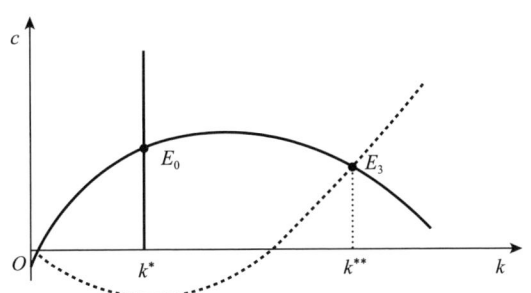

图 2.3 工业部门在有资本主义精神偏好引入时的均衡动态

上述分析得出结论如下:

命题 2　当初始均衡的资本积累水平相对较低时，即当 $k^* < \tilde{k}$ 时，如果农业劳动边际产出 w_a 满足

$$w_a > \frac{1-\alpha}{1-\tau}\left(T_2 \frac{\alpha}{\delta+\rho}\right)^{\alpha/(1-\alpha)}, \quad (2.30)$$

则 $\dfrac{\mathrm{d}k^*}{T_2} > 0$；反之，$\dfrac{\mathrm{d}k^*}{T_2} \leqslant 0$，其中 $w_a \equiv (1-\beta)\left(\dfrac{l_a}{n_a}\right)^{\beta}$。

命题 2 意味着，当存在的资本积累水平尚处于较低水平时，农业劳动的边际产出水平高于一个固定水平，资本主义精神对于资本积累是正效应的。越强的资本主义精神，意味着越高的均衡资本积累水平。但同时，由式(2.30)可知，过强的资本主义精神会逆转对资本积累的影响方向，因而并不意味着资本主义精神不断增强就一定会导致资本积累的无限膨胀。

2.3　东西差别与贫富分流

Pomeranz(2000)研究认为，工业革命之前的 14 世纪前后，中国的江南地区同英国基本的经济发展状况几乎没有任何差异。英国的优势主要来自外部，如新大陆的发现促使它走向工业革命之路。实际上，Pomeranz 只说对了一半，单纯的外部优势是不充分的，我们将证明这一点。

第一，社会文化环境会影响偏好。东西方文化有很大差异。欧洲 14—16 世纪的文艺复兴运动使欧洲的社会文化发生了重大变革，特别是在新教徒中，重商主义日益兴盛，资本主义精神增强。但在东方文化中，在以形而上为特征的价值背景下，对商业发展的重视相对不足，因而我们做以下假设：

假设 1　西方经济有比东方更强的资本主义精神，即 $T_2^w > T_2^e$。

第二，早期经济中，资本积累水平是很低的，而且英国同中国江南地区最初的繁荣程度也差不多，为研究方便，我们假定：

假设 2　东西方经济的初始资本水平有 $k_0^w = k_0^e = k_0 < \tilde{k}$。

另外，新大陆的发现和开发的确给予英国很大帮助，改变了本来同中国江南地区类似的劳动密集、土地承载负荷沉重的局面。大批移民去到新大

陆,空前减小了本土的人口土地比例,这使英国的农业劳动边际产出出现了跳跃式的增长。由于新大陆非常辽阔,农业劳动的边际产出的增加幅度是足够大的,从而我们假定:

假设 3 新大陆的发现使得英国满足式(2.30)所要求的条件。

下面讨论东西方代表性经济分流的过程。我们把这一过程依技术进步率是否为零,分为两个阶段:原始资本积累阶段(技术进步率为零)和现代增长阶段(技术进步率大于零)。

2.3.1 原始资本积累阶段

在这一阶段,按照假设 2 和命题 1,最初两个经济中都没有技术增长[①],即技术进步率为 0。在没有技术进步的情况下,经济长期在稳定的马尔萨斯均衡水平运行:生产增长率接近于 0,人口增长率接近于 0。人类经历这种经济状态已经很久,但是两件事情的发生使得情况有了根本的变化。一个是在欧洲文艺复兴(大约 14—16 世纪)后重商主义的盛行,一个是新大陆的发现(1492 年)。这两件事的发生是各自独立的偶然事件,但凑巧的是两者发生在同一历史时期的同一个地区——西欧。这两件事情的结合带来了本质的变化。前者被广泛地认为有利于资本主义精神的形成和加强,后者是资本主义精神能够促进均衡资本积累的条件。在假设 3 的条件下,欧洲的重商主义开始形成促进资本原始积累的原动力。资本主义精神的增强导致资本积累水平的大大提高(如图 2.3 所示,也是命题 2 结论的内涵)。此后我们将会阐述,原始资本积累对促进经济向现代增长阶段的飞跃是非常必要的。为什么说这两件事同时发生很重要呢?因为这两件事情中的任何一件单独发生都不足以使资本积累达到更高的水平,下面将论证此观点。

东西方经济的差异主要体现在两个方面:一是社会文化环境方面的差异,二是外部条件的差异。文化环境的不同具体体现在资本主义精神的强弱。由假设 1 以及命题 2,可以推论:谁能够满足式(2.30)的条件,谁就可以发展到更高资本积累水平的均衡。

---

① 这里主要讨论理论意义,并非指绝对没有发明创造的发生,而是说社会平均的生产力水平没有显著增长,这是符合工业革命前的实际情况的。

情况 1 如果两个代表性国家都不能满足式(2.30)的条件,则资本主义精神是负效应的,因而都无法实现高水平资本积累而只能停留在马尔萨斯经济状态。

情况 2 如果两个代表性经济都满足式(2.30)的条件,但因为假设1,西方经济会更早实现高水平资本积累。

所以,综合情况1和2有:

命题 3 在只有文化差异而其他条件相同的情况下,东方经济不会先于西方经济跨入现代经济增长阶段(即工业革命不会首先发生在东方)。

命题3否定了Pomeranz(2000)的一个推测:如果没有新大陆以及其他外部条件,中国有可能先于欧洲进入工业革命时代。实际上,这里问题的关键是式(2.30)的条件如何被满足,即农业劳动的边际产出水平如何超越一个特定的门限水平,我们把这一水平理解为保证基本生活(即温饱)的平均的社会均衡条件。只有在温饱问题得到解决的基础上,工业和资本积累的发展才有可能。这是易于理解的。由 w_a 的定义可以知道,有两种办法可以提高 w_a,一种是降低农业劳动的份额 n_a,另一种是增加人均土地。前者很容易找到实例,很多国家或地区在工业化过程中都会经历人口从农业向工业转化的过程。后者的实例则很少。但新大陆的开发对英国的影响显然是一个很好的例子。新大陆的开发,不仅直接增加了总体的土地数量,而且由于人口迁移,减少了本土的人口。

接下来的一个问题是,如果没有资本主义精神,结果会怎样?实际上,由图2.2,我们可以清楚看到,在没有资本主义精神的情况下,即便有新大陆的帮助,经济仍将停留在不超过黄金率点的稳态状态下,并不会产生充足的资本积累。根据命题1,均衡的技术进步率就不会为正,因而就不可能进入现代增长阶段。另外,如果没有新大陆的出现,式(2.30)的条件就很难实现,因为根据以彭慕兰、黄宗智等为代表的加州学派的重要结论,没有外部条件,英国只能重复内卷式的农业发展之路。从本章命题2可以看到,如果式(2.30)不满足,也无法实现资本积累。综合上面分析,我们有:

命题 4 资本主义精神和外部条件(如新大陆的发现)都是实现现代增长的必要条件;虽然每个条件单独来看都不是实现现代增长的充分条件,但这些条件结合在一起就是充分的。

2.3.2 现代增长阶段

本节研究欧洲经济向现代增长阶段转化的过程。现代增长阶段的主要特征是技术进步、资本积累、产出和人口都有显著正的增长率,经济持续增长,人均生活水平大大提高。

根据命题1,只有当原始资本积累水平超越门限水平 $\tilde{k}$,技术进步率才会大于零。在第2.3.1节,我们已经证明,英国作为工业革命的领袖,已经具备积累充分资本的条件。它实现充分的资本积累之后,会超越门限水平而跳跃到现代增长阶段——拥有正的技术进步率。

(1) 技术进步

按照Galor & Moav(2004)和Galor(2005)的研究,在工业革命初期,物质资本是经济增长的主要引擎,早期工业技术含量低,技术研发和人力资本投入的效益不明显,因而得不到有效发展。但在工业革命后期,人力资本和知识技术进步成为主导经济增长的动力源。因而,在工业革命中后期,技术进步和人力资本投入开始变得划算(cost-effective),经济得到持续发展。这也与本章模型分析的结论相一致,即技术进步率在早期阶段是零,在后期阶段则大于零。关于技术进步如何驱动现代经济增长的研究在此不再赘述。

(2) 贸易

现在来考虑贸易的影响。首先,我们假定没有贸易发生,则代表性个人的最优化问题退化为:

$$\max \int_0^\infty e^{-\rho t} u(c_a, c_m, k) \, dt \tag{2.31}$$

在不等式约束非紧的情况下,满足: $c_a = y_a = l_a^\beta n_a^{1-\beta} \geqslant \tilde{c}_a \equiv l_a^\beta \tilde{n}_a^{1-\beta}$

此时的均衡条件为:

$$0 = \alpha \left(\frac{n_m}{k}\right)^{1-\alpha} - (\delta + v + \rho + g) + T_2 \frac{c_m}{k} \tag{2.32}$$

$$0 = \left(\frac{n_m}{k}\right)^{1-\alpha} - (\delta + \nu + g) - \frac{c_m}{k} - \frac{g}{\lambda k} \tag{2.33}$$

$$c_m = T_1 \frac{1-\alpha}{1-\beta} \left(\frac{k}{n_m}\right)^\alpha n_a \tag{2.34}$$

由式(2.32)、式(2.33)和式(2.34)得到：

$$k = n_m \left(\frac{\alpha + T_1 T_2 \frac{1-\alpha}{1-\beta} n_a n_m^{-1}}{\delta + v + \rho + g} \right)^{1/(1-\alpha)} \quad (2.35)$$

$$k^\alpha n_m^{1-\alpha} = s_2 k + \frac{g}{\lambda} \quad (2.36)$$

$$s_2 \equiv \left(1 + \frac{1}{T_2}\right)^{-1} \left[\left(1 + \frac{1}{T_2}\right)(\delta + v + g) + \rho\right]$$

由式(2.35)和式(2.36)可知均衡解不唯一,但资本积累与劳动分配唯一对应。

另一种情况是不等式约束为紧,此时,$n_a = \tilde{n}_a$,从而 n_m 也确定。此时,代理人没有劳动分配的选择问题,均衡条件完全由式(2.31)和式(2.32)确定,所以资本同样由式(2.36)确定。

所以在两种情况下都会出现两个均衡的资本积累水平。假定均衡的劳动份额已确定,由式(2.36)可确定出资本存量。式(2.36)左端为实际的均衡工业产出(定义为方程 $l_2 : y = k^\alpha n_m^{1-\alpha}$),而右端则显示了调整后的两种用途,一个是达到平衡点的资本积累需求,另一个是技术研发的投入消耗(右端定义为方程 $l_1 : y = s_2 k + g/\lambda$)。如图 2.4 所示,对应两个均衡水平,其中低水平的均衡是不稳定的,要么发展到较高的均衡状态,要么趋向于零(极度贫困的状态)。

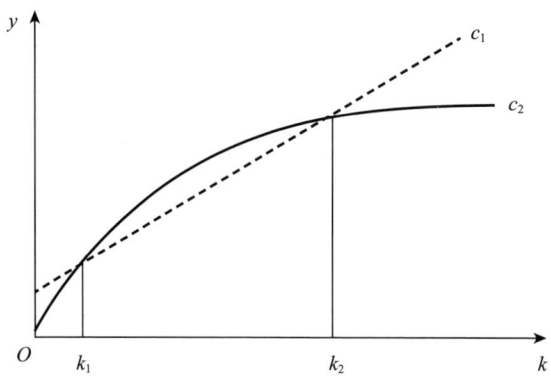

图 2.4　在没有贸易的条件下,工业部门双均衡动态

在没有贸易的情况下,工业国既不能出口本国过剩的工业品,也不能进口农产品,因而其食品只能自己生产,不能集中发展工业。同时,在土地有限的前提下,农业产出在每个经济中最终都会成为制约人口增长的因素。因而,在没有贸易的情况下,工业化国家发展到高水平均衡的条件并不充分,最终只能退化到贫困的均衡状态。这一演化过程可以更直观地表述为如下所示的流程:

$N \uparrow$

$(1) \Rightarrow l_a \downarrow$

$(2) \Rightarrow n_a \uparrow$

$(3) \Rightarrow n_m \downarrow$

$(4) \Rightarrow n_m = 0$

$(5) \Rightarrow N = \widetilde{N}, c_a = \widetilde{c}_a, c_m = y_m = k = 0$

(1) 自然的人口增长导致人均土地占有量下降;(2) 人均食品消费量不能低于最低生存线水平 $\widetilde{c}_a$,为此,唯一途径是增加农业劳动的份额 n_a;(3) 这直接导致工业劳动的份额 n_m 下降;(4) 最终导致工业劳动的份额下降到 0;(5) 当 $n_m = 0$ 时,农业产出达到极限,人口无法进一步增长,长期均衡保持在稳态的人口水平 $\widetilde{N}$,人均食品消费水平也维持在最低生存水平 $\widetilde{c}_a$,工业产出、消费和资本积累均为 0。这是典型的马尔萨斯经济状态。

在没有贸易的情况下,上述流程可以解释长期马尔萨斯经济现象。但在有外部条件变化的情况下,情形则不同,如新大陆的发现使得农业劳动的边际产出水平大增,从而农业劳动有充分的剩余,同时上述过程(1)(2)中箭头方向就会反转。由此导致(3)中箭头方向反转,进而出现工业繁荣的局面,因此存在引致高资本积累的可能性。

因而综合地,我们有:

命题 5 贸易是资本主义经济进行原始资本积累的辅助条件,但非必要条件。①

(3) 一致性解释

在工业革命之前的大部分时间里,工业相对落后,人们主要从事农业劳

---

① 这一结论与现有的一些研究结论不同,如 Galor & Mountford(2003) 等认为贸易对大分流有非常重要的贡献,但本章模型预测贸易仅起辅助作用。

动,商业、工业以及知识创新等不受重视,经济长期徘徊于马尔萨斯均衡状态。工业生产和资本积累水平低下,因而国际贸易所需的基础设施得不到发展(铁路、公路、飞机、轮船的建设和制造都需要耗费巨大社会资本)。没有贸易条件,农产品需求只能自己解决,不能靠生产工业品来交换,因此没有足够的激励刺激工业的发展,进而导致技术进步的动力不足。同时,当资本积累不足时,社会对于教育、科技等的投入也较少,因而技术进步缓慢。

欧洲文艺复兴之后,重商主义兴盛,同时新大陆的发现使农业劳动的边际产出水平空前提高,农业劳动出现剩余,资本主义经济开始蓬勃发展,资本积累日益增多,社会公共产品(如教育、医疗、道路、研发等)的投资不断增加,社会生产力水平不断提高,工业发展迅速,技术持续进步,贸易条件日益成熟。

当欧洲经济进一步繁荣,贸易条件逐渐成熟时,用工业品交换农业品得以实现。处于垄断创新地位的工业品具有比农业产品更高的利润,因此早先具有工业优势的国家更加倾向于进行工业生产,而依赖进口来补充农产品的不足,这促进了欧洲国家工业化程度的进一步提高。另一方面,东方国家,如中国,当时的土地人口密度其实并没有过高,向其他地方迁移的空间还是存在的,但其传统的文化价值观不激励重商主义,所以一直在以劳动密集的农业为主的经济中发展。而西方工业产品的进入,使本土原本就薄弱的工业受到进一步打击,进而陷入停滞状态。东西方发生分流,并且差距逐渐加大。

进入工业革命后期,工业化国家客观上需要的劳动是高技术含量的,因而劳动的供给部门(家庭)在子女培养方面会更重视其受教育的程度,这样自然形成少育优育的倾向,从而形成人口下降但人力资本水平不断提高的趋势。相比之下,具有农业倾向的国家主要集中于劳动密集型的生产,客观上需要数量更多的劳动力,但对劳动者的质量要求不高,因此人口虽然众多,但以科技水平衡量的人力资本水平却落后。另一方面,由于工业化国家人口数量下降,并且农业的工业化水平不断提高,农产品开始有剩余。而农业国人口过多,土地承载超负荷,农产品供给自身尚且不足。这些因素造成了不同国家的贸易特征的不同,工业国不再需要进口粮食,而农业国除了自然资源,已无产品可以用于交换所需的工业品和粮食。

本章提供了一个可以解释东西方分流问题的一致性理论框架,并通过模型分析系统地论证了东西方分流的形成过程。

2.4 文化影响的证据

关于大分流的一种理论认为,两方面的文化发展对欧洲早期的发展有重要影响:一个是建立在活字印刷术基础上的标准写作范本的流行,这使得低成本的信息流通成为现实;另一个是一系列旨在改革文化的革命。至少,很多学者相信印刷技术对于欧洲文艺复兴起到了关键的促进作用。相比之下,东方文字系统的不同限制了活字印刷的流行和应用。

不少研究认为西方早期很多领域的创新,如经济、信息、金融等,都直接受到文化发展的影响。现有的实证研究指出,经济发展同价值观的转移(从绝对的规范和价值观向更加理性、宽容、信任、合作的价值取向的转移)有显著关系(Inglehart,1994,1996)。

关于东方经济文化关系的研究也不少,如 Weber 在 1951 年出版的 *Confucianism and Taoism* 中指出伦理系统重视裙带关系,将其作为基本的社会关系,因而诱发了经济的无效性(也可参见 Fukuyama,2001)。

2.5 小 结

本章基于内生增长理论构建的模型,可以系统地解释长期经济增长,特别是大分流的演化过程。本章研究认为,社会文化背景对长期经济增长有重要影响,它同其他几个因素(外部条件、贸易、技术进步)一起决定了现代经济进化的过程。

根据本章模型的结论,我们粗略地提出了对发展中国家的发展建议。发展中国家的发展之路在于:(1)促进传统落后文化的变革,使社会环境向有利于经济发展的方向发展。改革开放之后,我国民众的价值观发生了很大的变化,特别是在发达地区,传统观念已有很大改变,这也为我国近年的高速发展创造了良好的社会文化背景条件。但文化发展不平衡的问题严重,部分地区发展水平仍有待提高。(2)大力促进农村劳动力转移以提高本国农业的边际劳动产出(即本国劳动的工资收入),同时适当控制人口增长,实现优生优育,走科技强国之路。根据本章模型的结论,在实现向现代增长飞跃的过程中,一个重要条件就是,农业劳动的边际产出的充分提高,劳动输出和人口增长控制都是有效实现这一条件的举措。(3)大力发展特色出口工业,逐步缩小同发达国家的工业化差距,提升工业化水平。发达国家在工业升级换代、结构调整的过程中,把落后的、低效益的产业推向落后国家,成为新时期贸易的一个新特征。发展中国家在接受对本国而言技术含量仍有引进价值的低端工业时,应注重技术的引进和吸收,努力促进本国技术水平的快速进步,并在此基础上进一步创新和提升。日本的早期发展是很好的例子,引进外国技术之后研制出更好的产品,再出口引进国,最终实现技术反超。(4)走科技强国的自强之路。贸易的作用是两面的,始终引进他国的先进产品也并非好事,这可能会限制自身能力的发展。反过来说,他国的技术封锁也未必是坏事,关键是要有决心走自强之路。

3

内生人力资本机制与人口政策效应[①]

3.1 引 言

现代增长理论近二十年中最重要的发展当属内生增长理论。内生增长理论主要沿着两个方向发展,一个是 Lucas(1988)所倡导的人力资本积累过程,另一个是 P. Romer(1990)倡导的知识与技术进步的内生过程。Aghion & Howitt(1992)对后者做了进一步的研究。他们根据熊彼特的创造性破坏思想,通过详细刻画和模拟创新机制,使知识技术发展的内在规律变得非常清晰。这一领域的相关理论已发展得非常成熟。但是相比之下,前一个方向并没有得到很好的发展。人力资本作为增长的重要源泉之一,其内生机制仍很不清楚。

首先涉及的问题是人力资本的度量[②]问题。传统的对人力资本的度量常与教育相关联。如 Mankiw, Romer & Weil(1992)用国家平均的高中受教育年限作为度量指标;Sala-i-Martin(1997)则使用初中升学人数来度量。还有一些研究,如 Barro & Lee(1996),也是用受教育年限等作为人力资本的度量指标。Lynn & Vanhanen(2002)、Jones & Schneider(2006)对传统的教育型度量方法提出了挑战,认为传统方法过于粗糙,不能准确描绘人的实际能

[①] 本章的写作得益于布朗大学 Peter Howitt 教授的良好建议,在此表示感谢。
[②] 这里指国家总体的宏观人力资本水平的度量,不同于企业意义上的人力资本的度量。

力。他们认为智商(intelligence quotient，IQ)是合适的人力资本度量指标。因为 IQ 作为度量指标有显著的可操作性，也有充分的数据。而且，关键是国家间平均的 IQ 水平同国民收入有很高的正相关关系。[①] 但这一思路同样受到质疑，因为一般认为 IQ 显示的是一个人的潜在能力，并不直接等价于工作能力。持这种反对意见的研究有 Volken(2003)等。

其次还涉及人力资本的内在形成机制问题，这方面还没有很好的研究。但许多研究指出，人力资本应当包含两个方面的基本内容：一是被考察对象先天或潜在的领悟、反应、学习等多方面的综合能力，二是后天接受教育的程度。这两方面的作用共同形成该个体的实际能力，当然健康也被认为是一个重要因素。因此，在刻画人力资本的形成过程时，需要融合两方面的因素综合考虑。

基于上述问题，本章构造内生人力资本的模型，希望做好两个方面的工作：一是给出一种人力资本内生形成机制的模型化解释，二是探索测度人力资本的量化指标。对于第一个问题，我们构造模型的基本思路是，人的能力来源于两个部分，一部分来自先天遗传，另一部分来源于后天环境影响、家庭培养和教育，最终形成劳动。劳动力可以划分为不同的技术水平，本章仅粗略地划分为两种，即增长理论领域常用的技术型劳动力和非技术型劳动力。[②] 对于第二个问题，我们用两种劳动力人数的加权平均来刻画一个国家平均的人力资本水平。基本思路是，IQ 不等于实际工作能力，也不能简单认为受教育年限越长，实际工作能力越强，这还涉及教育是否成功的问题。一个接受 10 年中学教育的人是否比一个接受常规 6 年中学教育的人获得更大的教育成就呢？不一定，前者可能是留级多年不能通过者，恰恰表明其能力很差。真正可以准确描绘能力的指标，可以是技术职称，比如工程师人数、教授人数、技师人数等；学位或学历，比如博士、硕士、学士、专科学生的人数，也是不错的指标，但不如前者准确。两者配合使用会更合理一些，但这

[①] 这方面的研究有 Lynn & Vanhanen(2002)、Miller(2002)、Ervik(2003)、Nechyba(2004)等。最近的研究 Jones & Schneider(2006)和 Jones(2005)指出，国家间 IQ 的差异可以解释国家间人均收入水平差异的 60%。

[②] 这一划分虽然粗糙，但就宏观理论意义而言，是足够说明问题的。

不是本章的重点。

其实,人力资本从长远来看,归根到底就是人口的问题。这自然牵涉到人口政策的影响问题。作为本章模型的一个应用,我们还将简单分析人口政策的影响。

本章研究的主题——内生人力资本——涉及内生人口增长的模型。关于内生人口模型的文献主要有 Becker & Barro(1988);Benhabib & Nishimura(1993);Becker, Murphy & Tamura(1990);Tamura(1994);Lucas(1998);Galor(2011);Galor & Mountford(2003)等。Lucas(1998)讨论工业革命和统一增长理论,假定家庭的最优化行为包括对子女数量的选择。Galor(2011)、Galor & Mountford(2003)建立两期模型,研究代理人通过对于子女预期收入和本期自身收入与消费行为的跨期抉择,而直接选择生育子女的数量。综合来看,现有的内生人口模型都是简单地内生选择人口数量,而对人口质量的关注较少;虽然如 Galor 等也讨论到人口质量与人口数量之间的权衡问题,但他们并没有给出人力资本形成的内在机制。本章不同于已有研究之处在于,我们给出的是一个人力资本的内生模型;我们也注意到已有从健康和教育的综合角度出发的内生人力资本的模型,本章则从教育和 IQ 综合的角度出发。

3.2 模型的建立

在这一部分,我们分两个阶段描述人力资本的最终形成。第一个阶段是 IQ 的形成。基本思想是,承认人与人之间存在 IQ 水平的实际差异。一方面,IQ 源于先天的不同,根据生物遗传变异理论,基因遗传服从正态分布,本章对这一思想进行了简化处理。另一方面,IQ 发展受后天环境等因素的影响。第二个阶段考虑个体在家庭最优行为的基础上进行生育选择,从而系统内生决定人力资本的形成和长期发展。

假定在社会经济中,每个个体存活两期,称为儿童期和成人期。儿童不参与劳动,其生活和教育费用由父母的收入支付。每个成人有 1 单位的时间禀赋用于劳动和子女抚养。成人是社会劳动力的主体,分为技术型和非技术型两类。技术型劳动力比例为 x_t^s,非技术型劳动力比例为 $x_t^u = 1 - x_t^s$,下标 t 表示第 t 期。

3.2.1 阶段 I:IQ 的形成过程

根据社会学家的研究,最早从 Jensen(1969)、Beckwith(1971)、McGowan & Johnson(1984)开始,都认为父母特别是母亲,对孩子未来的综合智能和动能(动作能力)有重要贡献。因而,IQ 的形成分为两个部分:一是出生前母亲在孕期的行为影响(包括遗传信息);二是在婴儿出生后,家庭环境、营养、外界接触等都对婴儿智力以及总能力的进一步形成有重要贡献。统计研究证实,母亲花费在婴儿养育上的时间有助于提高孩子的 IQ,环境和营养条件改善也有利于 IQ 的提升。因此,我们模拟 IQ 形成过程如下。

先天遗传过程:假定每一个家庭只有一个成人(母亲)和 n^i 个孩子构成($i = s$ 或 u,代表家庭的类型,即母亲的类型)。每一个孩子随机地从母亲那获得先天的 IQ 量,记为 $\widetilde{\lambda} q_t^i$,其中 q_t^i 表示母亲的 IQ,$\widetilde{\lambda}$ 为服从正态分布的随机因子。统计研究的结果指出,IQ 服从标准正态分布,但为简便起见,我们假定其分布为离散的:

$$\widetilde{\lambda} = \begin{cases} \lambda_1 = 0.5, \text{以概率 } p_1 = 1/4 \\ \lambda_2 = 1, \text{以概率 } p_2 = 1/2 \\ \lambda_3 = 1.5, \text{以概率 } p_3 = 1/4 \end{cases}$$

后天养育过程:假定孩子成长到一定阶段,IQ 水平逐渐固定为一个相对不变的常数,后天教育可以增加孩子的知识但不改变其 IQ 水平。定型的 IQ 表示为 q_{t+1}^i,假定其依赖于母亲在养育孩子上花的时间 t^i,以及综合的养育环境指标 γ,并服从如下关系:

$$q_{t+1}^i = \phi(t^i)\gamma(\widetilde{c}^i)\widetilde{\lambda} q_t^i, \tag{3.1}$$

其中 γ 与孩子的物质消费 $\widetilde{c}$ 相关,①且 $\gamma'(c) > 0, \gamma''(c) < 0, \gamma \in (1-\varepsilon, 1+\varepsilon)$,$\varepsilon$

---

① 实际上,按照社会学和心理学的研究结果,影响孩子后天 IQ 形成的环境因素有很多,营养水平是一个重要因素,而城市交通造成的空气含铅量过高可以造成小儿 IQ 下降,较多地接触多姿多彩的外界环境可以增加小儿 IQ,等等。但限于研究的复杂性,这里仅宏观地假定其依赖于单一的物质投入。

是一个微小的常数。时间投入 t^i 的贡献通过函数 ϕ 实现,且满足 $\phi \in (0, 1)$,$\phi'(t)>0, \phi''(t)<0, 0<t<1$。①

3.2.2 阶段 Ⅱ:教育与人力资本形成

家庭将依据具体情况决定子女是否接受教育,主要因素为家庭对子女的影响以及子女自身的倾向。为简单起见,假定当类型为 i 的母亲以努力程度 τ_1^i 来影响子女对是否接受教育的选择时,子女接受教育的概率为 τ_1^i。如果子女不接受教育(概率为 $1-\tau_1^i$),则直接成为非技术型劳动力。如果接受教育,家庭为每个孩子支付固定的教育成本 D。如果教育成功,则孩子成为技术型劳动力,假定成功的概率为 IQ 的函数,定义为 $\tau_2(q_{t+1}^i)$;若不成功则仍为非技术型劳动力,概率为 $1-\tau_2(q_{t+1}^i)$,其中 $\tau_2'(.)>0, \tau_2''(q) \geqslant 0$,$0 \leqslant \tau_2(q) \leqslant 1$。②

根据上面的描述,不同家庭会有不同的选择,子女也就有不同的发展。下面是不同家庭子女发展成各种劳动力类型的转移概率:

技术型家庭子女成为技术型劳动力的概率为: $p^{ss} = \tau_1^s \tau_2(q_{t+1}^s)$;

技术型家庭子女成为非技术型劳动力的概率为: $p^{su} = 1 - \tau_1^s \tau_2(q_{t+1}^s)$;

非技术型家庭子女成为技术型劳动力的概率为: $p^{us} = \tau_1^u \tau_2(q_{t+1}^u)$;

非技术型家庭子女成为非技术型劳动力的概率: $p^{uu} = 1 - \tau_1^u \tau_2(q_{t+1}^u)$。

劳动份额的动态方程为:

$$x_{t+1}^s = (p^{ss} n^s x_t^s + p^{us} n^u x_t^u) \frac{N_t}{N_{t+1}};$$

$$= (p^{ss} n^s x_t^s + p^{us} n^u x_t^u) \frac{1}{(n^s x_t^s + n^u x_t^u)} \quad (3.2a)$$

---

① 这一假设隐含了社会学的研究结果:孩子的潜在智能只有得到充分的后天培育,才能被开发到最大水平;而且当其达到一定水平后,进一步增加时间投入,并不能增加其智能潜力(McGowan & Johnson, 1984),因而我们模拟时间贡献函数为边际递减的。同样的道理,我们假定环境关于物质消费的函数也是边际递减的。

② 实证研究的结果比较支持 IQ 与教育成就有近似线性的正相关关系(Hauser & Palloni, 2011),这里我们更一般性地将其假定为下凸的增函数关系,以表示 IQ 越高越容易成功的基本理念。

$$x_{t+1}^u = (p^{su}n^s x_t^s + p^{uu}n^u x_t^u)\frac{N_t}{N_{t+1}}$$

$$= (p^{su}n^s x_t^s + p^{uu}n^u x_t^u)\frac{1}{(n^s x_t^s + n^u x_t^u)} \quad (3.2b)$$

人力资本指数定义为两种技术类型的劳动力的加权平均：

$$h_{t+1} = \theta x_{t+1}^s + (1-\theta)x_{t+1}^u$$

$$= (2\theta - 1)x_{t+1}^s + (1 - \theta) \quad (3.3)$$

若取 $\theta = 1$，即忽略基本劳动技能对于人力资本积累的贡献，而把人力资本理解为完全由技术型劳动力带来，则有：

$$h_{t+1} = x_{t+1}^s \quad (3.4)$$

总的人力资本积累水平定义为 $H_{t+1} = h_{t+1}N_{t+1}$，其中 $N_{t+1} = (n^s x_t^s + n^u x_t^u)N_t$，表示社会总劳动人数的动态。

3.2.3 家庭的最优化选择

家庭选择 $n^i, \tilde{c}, t^i$ 和 $\tau_1^i (i=s, u)$ 来最大化其跨期效用。

$$\max_{\{c^i, t^i, n^i, \tau^i\}} \mathrm{E}[\ln c_t^i + \beta \ln(n^i V_{t+1}^i)] = [\ln c_t^i + \beta \ln(n^i \mathrm{E}V_{t+1}^i)]$$

$$\text{s.t.} \quad \bar{c} \leq c_t^i \leq w_t^i(1 - n^i t^i) - n^i \tilde{c}^i - \tau_1^i n^i D \quad (3.5)$$

其中 $\mathrm{E}V_{t+1}^i = p^{is}w^s + p^{iu}w^u$ 表示生育一个孩子的期望效用，w^s 和 w^u 分别表示外生的技术型劳动力和非技术型劳动力工资，$w^s > w^u$。

我们首先不考虑最低消费约束，则最优化条件可以表示为：

$$(c_t^i)^{-1} = \lambda \quad (3.6)$$

$$\beta(n^i)^{-1} = \lambda(w_t^i t^i + \tilde{c}^i + \tau_1^i D) \quad (3.7)$$

$$\lambda w_t^i n^i = \beta(\mathrm{E}V_{t+1}^i)^{-1}(w_t^s - w_t^u)\tau_1^i \frac{\partial \tau_2(q_{t+1}^i)}{\partial t^i} \quad (3.8)$$

$$\lambda n^i D = \beta(\mathrm{E}V_{t+1}^i)^{-1}(w_t^s - w_t^u)\tau_2(q_{t+1}^i) \quad (3.9)$$

$$\lambda n^i = \beta(\mathrm{E}V_{t+1}^i)^{-1}(w_t^s - w_t^u)\tau_1^i \frac{\partial \tau_2(q_{t+1}^i)}{\partial \tilde{c}^i} \quad (3.10)$$

家庭的最优决策就由式(3.5)至式(3.10)组成的系统来决定。

3.3 模型分析

由式(3.8)和式(3.9)可以得到：

$$\tau_1^i = w_t^i \tau_2 \left(\frac{\partial \tau_2}{\partial t^i}\right)^{-1} D^{-1} \tag{3.11}$$

由式(3.8)和式(3.10)得到：$\dfrac{\partial \tau_2}{\partial \tilde{c}^i} w_t^i = \dfrac{\partial \tau_2}{\partial t^i}$ (3.12)

这一方程表述了将对孩子的物质投资和时间投资折算成实物价值的关系。如果式(3.12)两边乘以微小的时间单位 Δt^i，则右边表示多投入 1 单位时间所能增加的教育成功的概率；左边则表示在相同时间内，如果将增加的劳动收入全部用于子女物质条件的改善所能带来的教育成功的概率的增加额。在均衡状态下，二者应当是相同的。

由式(3.11)和式(3.12)，有：

$$\tau_1^i = \tau_2 \left(\frac{\partial \tau_2}{\partial \tilde{c}^i}\right)^{-1} D^{-1} \tag{3.13}$$

由式(3.7)和式(3.8)，可以得到决定养育孩子的最优时间投入的方程：

$$EV_{t+1}^i = \frac{w_t^s - w_t^u}{w_t^i}(w_t^i t^i + \tilde{c}^i + \tau_1^i D) \tau_1^i \frac{\partial \tau_2(q_{t+1}^i)}{\partial t^i}$$

可以将其化简为：

$$D \left\{\tau_2[q_{t+1}^i(t^i)]\right\}^{-1} = \eta(w_t^i t^i + \tilde{c}^i) \tag{3.14}$$

其中 $\eta \equiv \dfrac{w_t^s - w_t^u}{w_t^u}$ 表示技术型劳动力比非技术型劳动力的工资高出的百分比。

由式(3.5)和式(3.7)得到：

$$n^i = \frac{\beta}{1+\beta} \frac{w_t^i}{w_t^i t^i + \tau_1^i D + \tilde{c}^i} \tag{3.15}$$

由式(3.5)有：

$$c_t^i = w_t^i - n^i(w_t^i t^i + \tilde{c} + \tau_1^i D) \tag{3.16}$$

式(3.12)至式(3.16)共同决定了家庭的最优行为 $\{\tau_1^{i*}, t^{i*}, n^{i*}, c_t^{i*}, \tilde{c}^{i*}\}_{i=s,u}$, 依赖于父母的 IQ q_t^i, 外生的工资水平 $w_t^i (i=s,u)$, 教育成本 D, 以及几个相关函数 $\tau_2(.)$、$\phi(.)$ 及 $\gamma(.)$ 的具体性态。

为进一步说明问题,我们依据实际的微观基础选取几个特殊的函数形式:

$$\tau_2(q) = \frac{q^{1+\sigma_1}}{1+\sigma_1}, 0 < \sigma_1 < 1, \phi(t) = \frac{t^{1-\sigma_2}}{1-\sigma_2}, 0 < \sigma_2 < 1,$$

$$\gamma(c) = \frac{c^{1-\sigma_3}}{1-\sigma_3}, 0 < \sigma_3 < 1 \tag{3.17}$$

从而有:

$$s_1 \equiv \frac{D}{\eta} \frac{\tau_2' q_{t+1}^i}{\tau_2} = \frac{D}{\eta}(1+\sigma_1), s_2 \equiv \frac{\phi \phi''}{\phi'^2} = -\frac{\sigma_2}{1-\sigma_2},$$

$$s_3 \equiv \frac{\gamma \gamma''}{\gamma'^2} = -\frac{\sigma_3}{1-\sigma_3} \tag{3.18}$$

式(3.12)首先简化成为 $\frac{\phi(t^{i*})}{\phi'(t^{i*})}w_t^i = \frac{\gamma(\tilde{c}^{i*})}{\gamma'(\tilde{c}^{i*})}$, 然后成为 $\frac{\phi}{\phi' t^{i*}}w_t^i t^{i*} = \frac{\gamma}{\gamma' \tilde{c}^{i*}}\tilde{c}^{i*}$, 再由式(3.18)得到:

$$(1-s_2)w_t^i t^{i*} = (1-s_3)\tilde{c}^{i*} \tag{3.19}$$

由式(3.15)和式(3.16)得到:

$$c_t^{i*} = \frac{1}{1+\beta}w_t^i \tag{3.20}$$

结论 3.1 最优的家庭消费正向依赖于工资收入,负向依赖于主观折现率,与其他因素无关。

定义 $G \equiv w_t^i t^i + \tau_1^i D + \tilde{c}^i$, 表示养育一个孩子的综合成本(时间成本、预期教育成本和直接的物质成本)。稳态时, $G^{i*} = G(t^{i*}, \tau_1^{i*}, \tilde{c}^{i*})$, $i=s,u$, 则式(3.15)可重写为: $n^{i*} = \frac{\beta}{1+\beta}\frac{w_t^i}{G^{i*}}$ \hfill (3.21)

结论 3.2 最优的子女生育数量与工资收入正相关，与综合养育成本负相关。

这一结论是显而易见的。

养育子女最优的时间投入和物质投入取决于下面的两个方程：

$$D\tau_2^{-1} = \eta(w_t^i t^{i*} + \tilde{c}^{i*}) \tag{3.22}$$

$$(1-s_2)w_t^i t^{i*} = (1-s_3)\tilde{c}^{i*} \tag{3.23}$$

对这两个方程关于 q_t^i 微分得到：

$$\left(s_1\frac{\phi'}{\phi} + \tau_2 w_t\right) t'_q + \left(s_1\frac{\gamma'}{\gamma} + \tau_2\right)\tilde{c}'_q = -s_1\frac{1}{q_t^i} \tag{3.24}$$

$$(1-s_2)w_t t'_q = (1-s_3)\tilde{c}'_q \tag{3.25}$$

由式(3.23)至式(3.25)得到：

$$\left(s_1\frac{\phi'}{\phi} + \tau_2 w_t\right)\left(1 + \frac{1-s_2}{1-s_3}\right) t'_q = -s_1\frac{1}{q_t^i} \tag{3.26}$$

因为 $s_1>0, s_2<0, s_3<0$，所以 $t'_q<0$。再由式(3.25)，可知 $\tilde{c}'_q<0$。

由式(3.13)，有：

$$\tau_1 = \frac{1}{D}\frac{\tau_2}{\tau'_{2\tilde{c}}} = \frac{1}{D}\frac{\tau_2}{\tau'_2\phi\gamma'q} = \frac{1}{D}\frac{\tau_2}{\tau'_2 q_{t+1}}\frac{\gamma}{\gamma'\tilde{c}}\tilde{c} = \frac{1}{D}\frac{1}{1+\sigma_1}\frac{1}{1-\sigma_3}\tilde{c} = \frac{1}{D}\frac{1-s_3}{1+\sigma_1}\tilde{c} \tag{3.27}$$

所以，$\tau'_{1q} = \frac{1}{D}\frac{1-s_3}{1+\sigma_1}\tilde{c}'_q < 0$。

然后由式(3.27)和式(3.23)推导：

$$\begin{aligned}
G &= w_t t + \tilde{c} + D\tau_1 \\
&= w_t t + \left(1 + \frac{1-s_3}{1+\sigma_1}\right)\tilde{c} \\
&= w_t t\left[1 + \left(1 + \frac{1-s_3}{1+\sigma_1}\right)\frac{1-s_2}{1-s_3}\right] \\
&\equiv w_t t\zeta
\end{aligned} \tag{3.28}$$

其中，$\zeta = 1 + \left(1 + \dfrac{1-s_3}{1+\sigma_1}\right)\dfrac{1-s_2}{1-s_3}$。

现在由式(3.21)有：

$$n = \frac{\beta}{1+\beta}\frac{w_t}{G} = \frac{\beta}{(1+\beta)\zeta}\frac{1}{t} \tag{3.29}$$

从而有 $n'_q > 0$。再由式(3.20)，有 $c'_q = 0$。

综合以上结果有下面**结论**：

结论 3.3 $t'_q < 0, \widetilde{c}'_q < 0, \tau'_{1q} < 0, n'_q > 0, c'_q = 0$。

以上结论表明，父母 IQ 越高，子女的养育成本越低，可以养育的子女数量越多，但父母的消费与其 IQ 无关。这一结论应该是合理的。IQ 越高的家庭，子女遗传的 IQ 平均而言也比较高，家庭有条件同时也有能力养育更多的子女。

这一结果表明子女养育的固定成本是父母 IQ 的下凸函数，即边际递增。下面考察父母的决策随工资收入 w_t 的变化情况，同样为了简便，我们在下标处用 w 替代 w_t。将式(3.22)和式(3.23)关于 w_t 微分，可以得到：

$$\left(s_1\frac{\phi'}{\phi} + \tau_2 w_t\right)t'_w + \left(s_1\frac{\gamma'}{\gamma} + \tau_2\right)\widetilde{c}'_w = -\tau_2 t \tag{3.30}$$

$$(1-s_2)w_t t'_w + \frac{\phi'}{\phi} = (1-s_3)\widetilde{c}'_w \tag{3.31}$$

结合式(3.23)、式(3.30)和式(3.31)，得到：

$$\left(s_1\frac{\phi'}{\phi} + \tau_2 w_t^i\right)\left(1 + \frac{1-s_2}{1-s_3}\right)w t'_w = -\left[w\tau_2 t^i + \left(s_1\frac{\phi'}{\phi} + \tau_2 w\right)\frac{\phi'}{\phi}\frac{1}{1-s_3}\right]$$

上式表明 $t'_w < 0$。

定义 $\Delta_1 \equiv s_1\dfrac{\phi'}{\phi} + w\tau_2, \Delta_2 \equiv 1 + \dfrac{1-s_2}{1-s_3}$，则由式(3.31)得到：

$$\widetilde{c}'_w = \frac{1}{1-s_3}\left[\frac{\phi'}{\phi} - \frac{1-s_2}{\Delta_1\Delta_2}\left(\frac{\Delta_1}{1-s_3}\frac{\phi'}{\phi} + tw\tau_2\right)\right]$$

$$= \frac{1}{1-s_3}\frac{\phi'}{\phi}\left[1 - \frac{1}{\Delta_2}\left(\frac{1-s_2}{1-s_3} + \frac{w\tau_2}{\Delta_1}\right)\right]$$

$$> \frac{1}{1-s_3}\frac{\phi'}{\phi}\left[1 - \frac{1}{\Delta_2}\left(\frac{1-s_2}{1-s_3} + 1\right)\right]$$

$$= 0.$$

依定义，$Eq'_{t+1w} = \phi'\gamma q t'_w + \phi\gamma' q \tilde{c}'_w$

$$= \phi\gamma q \left[\frac{\phi'}{\phi} t'_w + \frac{\gamma'}{\gamma} \tilde{c}'_w\right]$$

$$= \phi'\gamma q \frac{1}{w}\left[w t'_w + \tilde{c}'_w\right]$$

$$= -\phi'\gamma q t \tau_2 \frac{1}{\Delta_1} < 0.$$

由式(3.27)，$\tau'_{1w} = \frac{1}{D}\frac{1-s_3}{1+\sigma_1}\tilde{c}'_w > 0$；

根据式(3.29)，$n'_w = -\frac{\beta}{(1+\beta)\zeta}\frac{1}{t^2}t'_w > 0$。

结论 3.4 $\tilde{c}'_w > 0, t'_w < 0, \tau'_{1w} > 0, n'_w > 0, Eq'_{t+1w} < 0$。

上述结论表明，父母工资收入越高，则养育子女的物质投入就会越高，但同时子女养育的时间投入则会越少，因而同样数量情况下子女可能接受教育的机会增加。但由于父母收入增加也会带来子女数量的增加，从而综合的子女期望 IQ 水平会随父母收入水平下降。这一判断看起来很颠覆我们直观的感觉和惯常的认识。但下面结合社会平均 IQ 水平的讨论也许会有助于理解。实际上，发达国家的平均 IQ 水平也并没有表现出与他们经济水平增速相一致的显著的改变。

下面再来看一下社会平均的 IQ 动态。

由式(3.1)，$Eq_{t+1}^i = \phi(t^{i*}(q_t^i))\gamma(\tilde{c}^{i*}(q_t^i))q_t^i$，因此有：

$$\frac{d(Eq_{t+1}^i)}{dq_t^i} = \phi\gamma\left(1 + \frac{\phi'}{\phi}q_t^i t'^i_q + \frac{\gamma'}{\gamma}q_t^i \tilde{c}'^i_q\right)$$

$$= \phi\gamma\left[1 + \frac{\phi'}{\phi}q_t^i\left(1 + \frac{1-s_2}{1-s_3}\right)t'^i_q\right]$$

$$= \phi\gamma\left(1 - \frac{s_1\phi'/\phi}{s_1\phi'/\phi + \tau_2 w_t^i}\right)$$

$$= \phi\gamma\frac{\varepsilon}{1+\sigma_1+\varepsilon} > 0,$$

$$\frac{d^2(Eq_{t+1}^i)}{d(q_t^i)^2} = (\phi'\gamma t'_q + \phi\gamma'\tilde{c}'_q)\frac{\varepsilon}{1+\sigma_1+\varepsilon} < 0$$

其中 $\varepsilon \equiv \dfrac{(1-s_2)(1-s_3)}{1-s_2+1-s_3}$。在上面的推导中,我们引用了式(3.18)、式(3.19)和式(3.22)。从而我们有下面结论:

结论 3.5 在外生条件(如工资和教育成本等)不变时,社会平均的 IQ 水平如果存在均衡,则是唯一且稳定的。

图 3.1 显示了几种可能的情况。在情形Ⅰ中,有唯一稳定的均衡,而在后面两种情况下没有均衡存在。在情形Ⅱ中,零点是不稳定的,因而没有均衡存在,动态结果为发散到无穷,这种情况不符合实际。在情形Ⅲ中,零点是稳定的,动态结果为收敛到零点,这也不符合人类长期发展的实际情况。因而,比较可能的是在短期外生条件相对不变时,维持情形Ⅰ所示的稳定的均衡,但在长期中,由于外生条件的不断改善,社会平均 IQ 均衡水平则随之逐渐提高。这是比较符合实际情况的,据统计显示,人类社会总体平均 IQ 水平基本上是不断进步的,但非常缓慢,因而,可以理解为短期均衡稳定的。

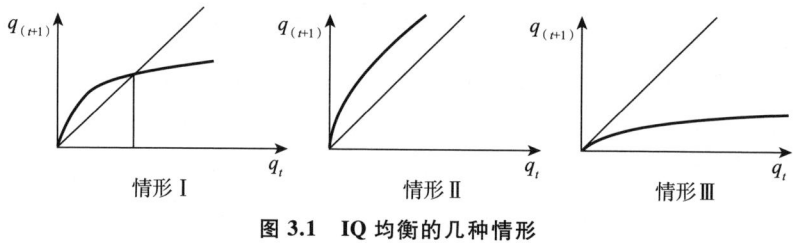

图 3.1　IQ 均衡的几种情形

有了以上关于智能演化形成的规律,就可以讨论人口发展结构与人力资本形成的一般规律了。

由劳动转移概率的定义以及式(3.27)、式(3.23)和式(3.22)有:

$$\begin{aligned}
p^{is} &= \tau_1^i \tau_2(q_{t+1}^i) \\
&= \frac{1}{D}\frac{1-s_3}{1+\sigma_1}\frac{1-s_2}{1-s_3}w_t^i t^i \tau_2(q_{t+1}^i) \\
&= \frac{1}{D}\frac{1-s_3}{1+\sigma_1}\frac{1-s_2}{1-s_3}\frac{D}{\eta \Delta_2} \\
&= \frac{1}{1+\sigma_1}\frac{(1-s_2)(1-s_3)}{1-s_2+1-s_3}\frac{1}{\eta} \\
&\equiv \nu \frac{1}{\eta},\ (i=s,u)
\end{aligned} \qquad (3.32)$$

其中:

$$\nu = \frac{1}{1+\sigma_1} \frac{(1-s_2)(1-s_3)}{1-s_2+1-s_3} \quad (3.32')$$

ν 是一个仅与函数参数有关的常数。而社会劳动转移概率是一个仅依赖于收入差的常数。社会平均收入差越大,向高技术型劳动力转移的概率或比率越低。反之,社会平均收入差越小,则向高技术型劳动力转移的比率越高。在工资结构外生的假设下,社会平均的收入差是不变的,因而社会劳动人口维持一个相对稳定的结构,与收入水平、教育成本和 IQ 的动态变化无关。具体如下:

劳动份额的动态方程为:$x_{t+1}^s = (p^{ss}n^s x_t^s + p^{us}n^u x_t^u)\frac{1}{(n^s x_t^s + n^u x_t^u)} = \frac{\nu}{\eta}$,$x_{t+1}^u = (p^{su}n^s x_t^s + p^{uu}n^u x_t^u)\frac{1}{(n^s x_t^s + n^u x_t^u)} = 1 - \frac{\nu}{\eta}$。

结论 3.6 在长期均衡状态下,经济中的技术型和非技术型劳动的比例是常数,唯一的决定因素是社会收入差;收入差越大,技术型劳动占比越小,非技术型劳动占比越大。

依据定义,人力资本指数为两种技术类型的劳动的加权平均:

$$h_{t+1} = \theta x_{t+1}^s + (1-\theta)x_{t+1}^u = (2\theta-1)x_{t+1}^s + (1-\theta)$$

若取 $\theta = 1$,即把人力资本理解为完全由技术型劳动带来的,则有 $h_{t+1} = x_{t+1}^s = \nu/\eta$。

总人力资本积累水平定义为 $H_{t+1} = h_{t+1}N_{t+1}$,其中 $N_{t+1} = (n^s x_t^s + n^u x_t^u)N_t$,表示社会总劳动人数的动态方程,则人力资本的增长率为:

$$g_H \equiv \frac{H_{t+1}-H_t}{H_t} = \frac{N_{t+1}-N_t}{N_t} = n^u\left[\left(\frac{n^s}{n^u}-1\right)\frac{\nu}{\eta}+1\right]-1 \quad (3.33)$$

这一结论表明,在教育和智能潜力的发展都通过理性的最优选择决定时,长期人力资本的增长率主要取决于人口结构的相对变化(n^u, n^s)和社会收入的结构性差异 η,与通常认为的教育、IQ 等因素没有直接联系,主要是因为这些因素实际上已经被内生化了。而人口结构的变化在本章模型中也是内生决定的,由式(3.21)、$n^{i*} = \frac{\beta}{1+\beta}\frac{w_t^i}{G^{i*}}$ 决定,从而在完全不受人口政策影响的情况下,系统内生决定的长期人力资本增长最终仅依赖于社会收入差 η、相对于综合养育成本的实际收入水平 $\dfrac{w_t^i}{G^{i*}}$,以及主观折现率 β。由式(3.32′)知,v 由式(3.17)和式(3.18)中的基本参数确定,这反映了更深层的社会偏好行为的影响。在长期均衡状态下,人力资本积累水平的进一步影响,需要在一般均衡框架下展开。本章的重点任务——人力资本内生机制的模拟——已经完成。在第3.4节中,我们将在本章模型的框架下分析人口政策的影响。

3.4 人口政策与人力资本

人口政策会影响长期人力资本的形成,这一点我们深信不疑。但它是如何影响的,其内在机制和原因还没有很好的解释,本章模型则在一定程度上给出了一种解释。由式(3.33),在没有人口政策影响和制约的情况下,有:

$$g_H = n^u \left[\left(\dfrac{n^s}{n^u} - 1 \right) \dfrac{v}{\eta} + 1 \right] - 1 \tag{3.34}$$

上式表明,在教育和智能潜力的发展都是通过理性最优选择来决定的情况下,长期人力资本的增长率内生地取决于人口结构的相对变化(n^u, n^s)和社会收入的结构性差异 η。而人口结构的变化内生决定时,由结论3.1,$n^{i*} = \dfrac{\beta}{1+\beta} \dfrac{w_t^i}{G^{i*}}$,其中 w 和 G 分别表示对应不同下标的工资和综合教育成本。假定社会平均的总教育成本是固定的,则在完全不受人口政策影响的情况下,有:

$$g_H = n^u(v+1) - 1 \tag{3.35}$$

这意味着长期的人力资本增长率取决于非技术型劳动家庭的生育率 n^u。只要社会福利能够保证非技术型劳动家庭有一定的生育水平,如一对夫妇至少生2个孩子,则 $n^u = 1$,人力资本增长率 $g_H = v > 0$。

但是在现实社会中,人口并非完全是内生决定的,几乎每个国家都有自己特定的人口政策,如欧洲的鼓励生育的政策(直接或间接补助生育)、中国的计划生育政策等。这里仅简单讨论中国的计划生育政策的效应。在计生育政策发生作用的情况下,人口并不是内生决定的,式(3.34)不能简化为式(3.35)。

中国的人口政策实际上是变化的,国外的一些学者简单称之为一个孩子的政策(one-child policy)其实是不准确的。中国于1978年前后开始的家庭计划生育政策主要是鼓励晚婚晚育。第一个版本的正式计划生育政策是从1978年开始实施的,允许一对夫妇生育一个孩子。第二个版本的政策来源于第一版政策,从大约1986年开始实施,允许农村人口在第一胎是女儿的情况下生二胎(Qian,2009)。此后依地区不同而有微小变化,2007年7月的版本是:除河南省外,如果父母都是独生子女,则允许生二胎。本章称之为第三版政策。下面分析这三个版本的计划生育政策对人力资本的影响。

第一版政策的影响:这一版本的政策对中国经济的影响最为深远。如果每对夫妇只生一个孩子,对应于我们的模型,即 $n^u = 1/2$,$n^s = 1/2$,由式(3.34),长期人力资本增长率为 $g_H = -1/2$,所以我们有:

推论1 一个孩子的政策使长期的人力资本增长为负。

第二版政策的影响:第二版政策在第一版政策的基础上,允许农村家庭在第一胎是女儿的情况下生育第二胎,农村家庭第一胎为女儿的概率为1/2,因此假定有一半的农村家庭生育二胎。这样对应于我们的模型,有 $n^u = 3/4$,$n^s = 1/2$,仍由式(3.34)可得,长期人力资本增长率为 $g_H = \frac{3}{4}\left(\frac{2}{3}\frac{\nu}{\eta}+1\right)-1$,其中 ν/η 是技术型家庭子女成为技术型劳动的转移概率,标示为 x,略估计应不大于1/2,在2000年之前的平均水平大约为1/3,所以,x 在1/3和1/2之间。于是有 $g_H = \frac{3}{4}\left(\frac{2}{3}x+1\right)-1 \leq 0$,因而,有:

推论2 第二版计划生育政策仍然对应负的长期人力资本增长。

第三版政策的影响:第三版计划生育政策在第二版政策的基础上,增加了当夫妻都是独生子女时,可以生育二胎(除河南省)的条款。在这一政策下,农村家庭有不超过1/4的比例可以生育二胎,而且其中相当一部分人口已经转移成为技术型劳动。同时城市人口基本上都可以在新政策下生育二胎,因为新政策主要影响的是第三代人口,而城市的第二代人口基本都是在第一版的计划生育政策之后出生,多为独生子女。这样对应于我们的模型,可以粗略估算 $n^u = 3/4$, $n^s = 1$。再由式(3.34), $g_H = \frac{3}{4}\left(\frac{4\nu}{3\eta} + 1\right) - 1$,仍然考虑 $x = \nu/\eta$ 的取值范围在 1/3 到 1/2 之间(实际上,在 2000 年之后,这一数据已经显著提高,因为高考升学率已经大大提高,但实际上大学生的质量存在下降,加之大学生就业率下降,所以我们假设转移概率不变),则有 $g_H = \frac{3}{4}\left(\frac{4}{3}x + 1\right) - 1 > 0$。由此我们有以下推论:

推论 3 在第三版的计划生育政策下,长期的人力资本增长率为正。

3.5 小 结

本章通过引入父母对于子女生育和教育的最优选择行为,建立了内生人力资本的模型。这一模型具有良好的微观基础,给出了对人力资本内生形成机制的一种解释。利用此模型,我们可以得到非常贴近现实的结论,这也从一个方面证明了模型的可靠性和合理性。但这一工作是探索性的,不可避免地会存在一些问题,比如:(1)我们使用了相对特殊的函数形式,脱离了这些特殊的函数形式,相应的结论会很难得到,至少模型解的复杂程度会大大提高。但我们认为,在有利于降低复杂性和不影响总体基本事实及理论研究意义的前提下,基于宏观的视角,函数的形式应当是越简单越好。(2)我们没有给出充分的实证检验。虽然我们引用了一些学者的相关实证研究结果,但作为一个新的模型,充分的实证支持是有益的。(3)关于人口政策效应的分析比较粗浅。我们分析得出的结论显示,第三版的计划生育政策对于人力资本的长期增长效应已经是正的,不必再过分担心生育政策是否能够满足长期经济增长的需要。(4)本章的模型主要聚焦于人力资本的形成过程,因此仅孤立地考虑家庭部门的最优化行为,割裂了其最优行为决策同厂商和政府等其他部门的联系。模型在引入多部门之后是否会有不同的结果,还有待研究。我们直观的判断是,假定生产部门是垄断性连续生产的,劳动需求和工资都取决于厂商,那么模型的结论不会有太大的不同。

4

长期增长与计划生育政策的宏观总评

4.1 引 言

人口与增长之间的关系一直是宏观经济学研究的核心问题之一。早期的马尔萨斯理论预测,人口与人均产出水平将长期保持在相对稳定的范围之内,并呈交替波动之势。人口上升,则人均消费水平下降,当人均消费下降到生存底线时,生存之战等诸多因素又会引起人口下降;而人口下降之后,人均消费的增加又会重新刺激人口的增长,如此反复。这一理论大体解释了早期(1700年以前)的经济发展现象。但最近两三百年,世界上许多经济体都发生了不同于马尔萨斯理论所预示的情况,人口和人均产出水平都指数级地飞速增长。先是1750—1850年期间工业革命在西欧蓬勃兴起,此后逐步传播到其他地区。但"上帝之手"似乎并不公平,人们发现,在工业革命之前,世界各国富裕程度差距不大的局面被打破了。一些国家在工业革命过程中逐步走向繁荣富强,而另一些国家似乎朝着相反的方向发展,由此造成世界各国经济差距逐步加大。这就是近代宏观经济学中最主要的两个问题,即纵向和横向的收入差问题。对于这些问题的研究,形成了现代宏观经济理论不同的分支,如新古典增长理论(如 Solow 模型、Ramsey 模型、Diamond 模型等)、内生增长理论[如 P. Romer(1990)的知识积累模型理论、Lucas(1988)的人力资本积累模型、Aghion & Howitt(1992)的创新理论等],

以及与大分流问题相关的理论(Galor & Mountford,2003)等。① 工业革命的发展如此迅速,以至于经济学家们还没有真正弄懂这一变革时,又有新的现象出现了:西方发达国家在人均财富水平随着工业革命而大大提高的同时,并没有出现人口不断增长的现象,相反,西方发达国家的人口在增加到一定水平后,不约而同地出现了减少的趋势,相对应的是贫困的东方大国(中国、印度等)的人口却持续增加。这被称为后工业革命时代的现象。这一现象持续发展的结果将是富国愈富、穷国愈穷。为了遏制这种不利局面,印度于1950年、中国于1979年先后采取了控制人口过度增长的计划生育措施。同时,中国的改革开放等政策初见成效。在持续高速增长了三十多年后,最近这个新兴东方经济大国的发展趋势又一次引起了人们的广泛关注:中国到底能持续增长多久?中国的人均收入需要多长时间才能达到发达国家的水平?中国与印度谁未来发展会更强劲?中国的计划生育政策是否应当继续?等等。诸如此类的问题归根到底是中国持续增长的内在潜力的可持续性问题,即人力资本的积累问题。

基于对上述问题的考虑,本章综合现有的研究结论,结合前沿的内生增长理论,形成对人力资本积累的判断,并对计划生育政策的效应等做出理论判断。本章的研究将证明计划生育政策在实施初期是必要的,是阻止经济继续走向贫穷的一个有效途径。但持续执行计划生育政策将导致长期人力资本积累的负增长。从长远来看,这项政策是否应继续是需要深入考虑的,同时需要进行进一步的量化分析。

4.2 文献简述与问题讨论

近二十年来,现代经济增长理论最重要的发展当属内生增长理论。和新古典增长理论相比,内生增长理论不再依赖外生技术进步或外生储蓄率来解释长期经济增长,而是通过假定家庭和企业的最优行为实现储蓄的内

---

① 主流经济学对纵向增长问题很早就非常关注,但对于大分流问题,最初主要是历史学家和社会学家们在研究,直到最近才引起经济学家的关注。

生。内生增长理论沿两个方向实现技术或人力资本的内生发展过程。其一是 Lucas(1988)所倡导的人力资本积累的过程。其二是 P. Romer(1990)提出的知识与技术进步的内生过程。P. Romer 的理论最初假设技术的规模报酬是递增的,这招致了一些批评。Benhabib & Farmer(1994,1996,1999)关于周期波动问题的研究指出,可以在两个部门的模型中,假定创新产品部门的生产技术是规模报酬递增的,而传统部门的生产技术不需要假设递增的规模报酬。这种假设似乎更合理一些。那么这一思想能否用于增长理论呢?很少有研究沿这一方向深入下去。而 Aghion & Howitt(1992)以及同期的其他研究者们却在另一个方向找到了突破口。他们根据熊彼特的创造性破坏思想,通过详细刻画和模拟创新机制和过程,使知识技术发展完全内生化(与这种内生技术进步的处理相比,Romer、Lucas 以及 Jones 等的原始方法都只能算是半内生增长模型)。此后沿此方向的更深入的研究使相关理论逐步成熟。除了完全竞争的假设,也有不少内生增长模型允许部分垄断假设的存在(例如,在创新产品部门)。其不同于新古典理论的另一个重要特征是允许政策对于长期增长的贡献,比如可以通过激励创新的补贴性政策,起到促进长期增长的作用。但是相比之下,在 Lucas 之后,沿内生人力资本方向的研究仍停留在最初的研究状态下,并没有得到实质性的理论发展。

其实,人力资本积累应当是影响长期增长的另一个重要的方面,其影响甚至是超过技术积累的贡献的。这是因为:一方面,劳动在生产中占有更大的份额;另一方面,无论一般物质生产还是技术研发,都在根本上依赖于人。很早就有人指出,贫困国家之所以贫困,并非因为缺乏知识技术,而是因为没有掌握这些知识技术的人,这实际上可以理解为不能形成有效的人力资本。所以,从人力资本积累的角度出发,研究内生增长应当是有可以预见的前途的。这将使我们可以通过直接的人口政策影响长期人力资本积累的形成过程,进而影响长期增长。其理论发展将可以从两个方向拓展,并对现实做出解释:一是从内生生育的角度同现有内生生育发展模型接轨(现有模型仅是采取内生人口的方式以解释人口和长期增长问题,基本没有深入到将内生人口转化为内生人力资本);二是考虑在刚性人口生育政策(如中国的计划生育政策)的背景下,在外生给定人口增长的模式下,研究长期人力资本形成机制,进而探讨长期经济增长规律。这方面深入的研究不但能够解释后工业革命时代西方发达国家人口增长的下降,而且可以解释东方国家同期人口自然暴增的成因,因而理论意义是巨大的。下面我们从内生人口模型出发展开讨论。

内生人口模型:现代增长理论发展的轨迹可以看作不断内生变量的过程。从最初的储蓄的内生(Ramsey 模型,实际上等价于物质资本积累或者说是投资的内生行为),到技术(P. Romer,1990)和人力资本(Lucas,1988)的内生,再到人口的内生,如 Becker & Barro(1988);Benhabib & Nishimura(1993);Becker,Murphy & Tamura(1990);Tamura(1994);Lucas(1998);Galor & Mountford(2003)。至此,Solow 模型中的变量全部被内生化了。较新的人口内生理论模型如 Lucas(1998)讨论工业革命和长期统一增长理论的文章假定家庭最优化行为包括子女数量的直接选择。类似的研究,如 Galor(2011)、Galor & Mountford(2003),建立了两期模型,研究代理人通过对子女预期收入和本期自身收入与消费行为的跨期最优选择,而直接选择子女数量。该文的中心在于解释大分流的成因,强调贸易的作用。其思想是:工业革命初期的国际贸易行为是一把双刃剑,当工业化倾向的国家把它们的工业产品出口给农业化倾向的国家,并从农业国换回农业品的时候,一方面激励了工业化国家进一步向深度工业化的方面发展,另一方面也打击了农业化国家最初的民族工业,并促进了农业化国家继续向劳动密集型农业或低端工业发展。工业化国家的工业化程度越深,其工人素质要求就越高,知识化程度越高,科技进步率和人力资本水平就朝向越高的方面发展。对于工人这样高要求的趋势客观上限制了家庭子女生养数量,因为家庭必须投入更多的时间成本以及更多的物质成本,来塑造一个能够被社会所需要的后代。因而,虽然工业化趋势的加深使西方发达国家的总体人均收入水平提高了,但理性家庭的最优子女数量反而下降了(见图 4.1)。Galor 的逻辑可以简单归结为:

贸易→工业国:工业产品需求↑+农产品生产需求↓→工业化程度↑→劳动成本↑→人口↓

贸易→农业国：农产品需求↑＋工业产品生产需求↓→劳动密集化↑→劳动成本↓→人口↑

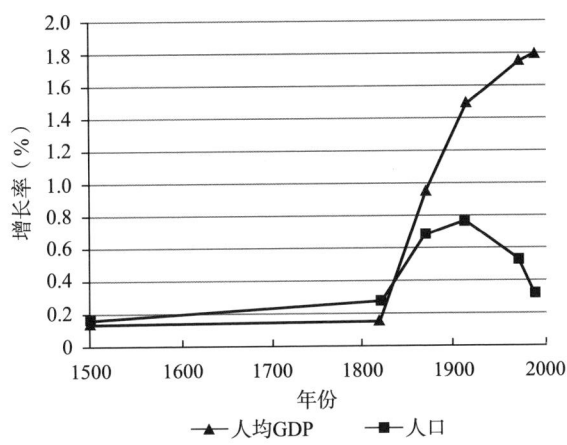

图 4.1　西欧人口和人均 GDP 的增长率（1500—2000）

资料来源：Galor & Mountford（2003）。

另外，农业国朝向劳动密集型产业发展，客观上形成了对低端劳动的需求，而对高素质劳动的内在需求不足，这样就内生地决定了技术知识水平和人力资本水平不高，但人口总量增长。图 4.2 给出了中国、印度和英国在工业革命初期的人口变化趋势。对于东方国家在后工业革命阶段的人口暴涨，Galor 的理论似乎可以给出一个客观上比较合理的解释。

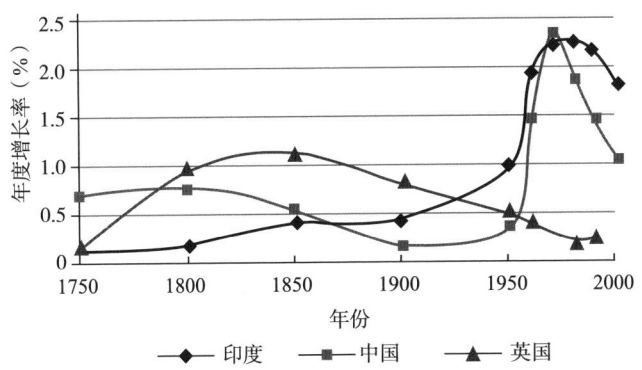

图 4.2　中国、英国和印度的人口增长率（1750—2000）

资料来源：Galor & Mountford（2003）。

上述内生生育模型可以根据人力资本和物质资本积累对于子女生育和投资的不同效应被分为两类。一是强调物质资本效应的研究:物质财富越多,生育孩子越多,但孩子多又会分散家庭财富。强调这一效应的研究如 Becker & Barro(1988)、Benhabib & Nishimura(1993)等。二是人力资本效应:养育孩子需要父母的时间,人力资本的提高增加养育孩子的机会成本,因而生育与收入负相关。这类研究有 Becker,Murphy & Tamura(1990)和 Tamura(1994)等。这两类模型都通过对于孩子质和量之间的权衡而产生了生育问题的内生机制。思路是异质的家庭会有不同的选择,从而形成不同的收入。因而,财富和收入分配问题在这里被内生决定于对孩子的投资决策。但这一理论实际上是与 Galor 的国际贸易引致国家间差距的理论一致的。因为发达国家工业化程度越深,对于高素质劳动的需求越多,人力资本效应优于物质资本效应,从而人口出现下降势态。但在劳动密集型国家,人力资本需求较弱,物质资本效应优于人力资本效应,从而人口增加。

当然,除了这些内生原因,文化也是一个影响人口乃至长期增长的重要因素。

文化与长期增长:也许我们会联想到,为什么当初首先走上工业化道路的是欧洲,而不是东方国家?是偶然的"上帝之手",还是必然的内因使然?东方国家在进入工业化轨道之后,会不会出现像西方国家那样的人口自然减少的情形呢?会不会即使没有推行计划生育政策,中国人口也一样不会超过目前预测的峰值呢?这些问题的深究涉及文化背景因素的影响。Chen(2012)的研究指出,由于文化的差异,工业革命首先发生在中国的可能远小于欧洲。其实我们看到,文化因素也会导致在工业化过程中可能采取不同的路径。西方文化中,科学与务实的精神更多。这种背景下,行为人的行事更加理性化,更加形而下,因而更符合 Lucas 和 Galor 所描述的逻辑。但这种逻辑其实并不完全应用于东方文化背景下的行为方式。我们并不是说传统中国文化排斥理性,而是想说实际上更加形而上罢了。Ashraf & Galor(2007)最新的关于文化传播机制的研究指出:一个文化,在受到新思潮冲击和同其他外来文化融合的过程中,越是古老,越是庞大,就越难以改变或被同化。中国因为特殊的地理环境(西部高山,东部大海)而形成一个得天独厚的大独立文化经济体,客观上限制了受到外部文化影响的概率。因而,当

工业革命逐渐从西方传播到中国时,西方文化却很难像技术那样被接受。这样,同样是工业化过程,在西方文化背景下,有:

理性行为+社会劳动成本提高→子女数量的减少

注:社会劳动成本指子女转化为社会需求的有效劳动的全部成本。

而在东方文化背景下,就有不同结论。分为两种情况:

(1)首先很难自发脱离朝向劳动密集型产业发展的道路,这一点前面已经分析,在国际贸易和分工的影响下,只会朝着越来越穷的方向发展。[①] 这种情况下,无论假定代理人是理性的还是受传统多子思想影响的非理性行为(下面简称为非理性行为),其最优选择都是生育更多孩子,供给低水平养育,维持低水平生产循环。因而这样的道路上,必将是人越来越多,家庭越来越穷。这种情况下有以下路径:

理性行为/非理性行为+社会劳动成本较低→子女数量的增多

由此可以看到,没有强制性外力的作用,我们只能期待文化和价值观的逐渐变革,然后再慢慢趋同于工业化经济发展的路径。但那样的话,可能中国实现工业化的道路还很长。

(2)即便走上工业化道路,如果没有文化价值观的变革,则在东方传统的多子多孙的价值观体系下,代理人偏好函数中,子女价值比重过大必将导致子孙数量的增加,继而人均家庭消费水平的降低。简单路径为:

非理性行为+社会劳动成本提高→子女数量的增多→经济返回到低水平均衡

一方面,父母工作时间的减少造成家庭总收入的减少;另一方面,家庭人口增加降低人均占有量,子女培养质量也随之下降,个体人力资本水平下降。这样造成的结果是不能形成向深度工业化路径发展所需要的人力资本准备。同时家庭很难形成物质资本剩余,难以形成社会大资本积累,从而不具备深度工业化进程中所需要的大物质资本积累条件。其结果必将是重新返回到低水平的均衡状态——马尔萨斯经济状态。

那么怎么样才能改变这种尴尬局面,改变经济发展方向,趋向于工业化之路呢?文化变革自是必要的。这是治标治本的所在。但这种"中药"效力

[①] Chen(2012)给出了详细的模型分析和证明。

甚慢。毕竟传统大国文化,革之谈何容易?① 另一"快药"虽然生猛,但效果甚快,那就是计划生育。由此我们看到,计划生育政策其实是一个非常特殊的背景下的产物,在某种意义上来说,有其客观必要性。

4.3 计划生育政策的得与失

本章认为,计划生育政策最主要的贡献在于强行扼制朝向贫困恶性发展的趋势。首先,强行限制人口进一步扩展,客观来看在一定程度上阻断了劳动密集型产业继续发展的可能性。其次,在重视子女价值的文化背景下,重视子女教育、大力发展子女教育成为必然。结果,个体人力资本水平大大提高。有统计指出,"80后"中从事低端产业生产的人群大大减少。特别是城市"80后",平均高等教育水平已大大提高。这从客观上形成了追赶发达国家必要的高等人力资本准备。再次,家庭人口的减少使得家庭收入剩余成为可能。资本社会积累水平大大提高(以广东顺德为例,仅顺德地区居民在2005年储蓄水平已经达到600亿元,发达地区社会资金规模已经非常可观)。最后,基本硬件建设得到加强,基础设施得以完善。进而,科技、高等教育、医疗等才能得到发展。综合来看,计划生育政策是扭转局面的一步好棋。

然而,事情总是有两个方面的。我们可以做一个比喻:计划生育政策就仿佛把一辆朝着危险前途奔驰的刹车失灵的汽车的油突然放掉,这车就自然可以停下了,危险解除了。这是好事。但问题是油也没有了。计划生育政策在强制扭转经济走向的同时,也可能造成人口不足,从而在数量上影响人力资本的形成。

关于计划生育政策的研究已经很多了。大多数研究指出了中国正在出现的人口老龄化过快(高于正常工业化国家人口老龄化的速度)、人口性别比例过于失调等问题。基本的看法似乎都倾向于支持放松已经实行三十多

---

① 五四运动以来,中国传统文化已经发生巨大变化,但传统思想和价值体系仍有显著深刻影响。

年的计划生育政策。但这些研究中,多数注重局部问题或表面的分析,很少给出较全面而深刻的理论和量化分析。值得注意的是 Cai & Wang(2006)的研究,从理论和观点上更接近于我们的认识。

第一,Cai 和 Wang 相信在内生增长的假设下,技术进步变化反应于人口变化,经济增长将不再受制于人口增长,在人口内生的条件下,技术变化和经济增长引起的人口结构的变化,又会反过来影响长期经济增长。因而,内生人口和技术假设(的模型)可以提供不同发展阶段、不同制度背景下对不同现实的解释。这一观点是正确的,是对目前正发展迅猛的内生增长理论的肯定。我们完全赞同。

第二,他们认同:社会由三种人口——儿童、青壮年、老年——构成,不同的人群有不同的消费、储蓄、劳动参与率,因而不同的结构人口比例对经济增长有不同影响。较高的社会负担人群率(儿童和老人)对经济增长有负效应,较高的工作人群率对经济增长有正效应。这一点,我们基本赞同,但不完全同意。

一般说来,上述观点是正确的,但并不准确。这里我们可以做一个简单比较。家庭 A 有 2 个老人、4 个工作年龄的成人和 2 个儿童,则这个家庭结构情况为 1 个成人负担 1 个老人和 1 个儿童。另有家庭 B,同样 2 个老人 2 个儿童,但只有 2 个工作年龄的成人。如果我们的描述到此为止,则我们可以得出结论:家庭 B 的情况必不如 A。但如果我们进一步假定 A 中 4 个劳动力是低技术工人,B 中 2 个劳动力是高技术工人,情况又当如何呢？当社会收入差距(在高技术工人与低技术工人之间)较大时,很可能家庭 B 的情况就更好了。而实际上也常常如此。日本、法国、英国、美国总人口都不如中国多,可总产值都不少。这些国家都具备以较少的劳动人口养活更多人的能力。为什么呢？因为这些国家的个体工人具有更高的人力资本水平。因而,我们判断社会劳动生产力不能简单看劳动人数的多少,而应当考虑社会综合人力资本水平。也就是说,判断社会劳动供给是否匹配经济发展需求,要看有效人力资本水平。毕竟,10 个农民的生产能力可能不及 1 个高级工程师(我们这里没有轻视农民的意思)。从这一点出发,也许我们没有必要太担心新生人口的减少,而应该注重少而精的教育培养。当然,这里仍然有一个最低限度的问题。新生人口太少是一定会有问题的。但我们估计,考虑到这个因素之后,Cai & Wang(2006)估计的人口红利到2013年将完全消失的判断至少可以推后。(中国人口增长率及不同层面对比变化表见表4.1。)

表4.1　中国人口增长率及不同层面对比变化表　　　　单位:%

时期	世界	发达国家	欠发达国家	发展中国家	亚洲	中国
1950—1955	5.02	2.34	6.17	6.64	5.89	6.22
1955—1960	4.96	2.82	6.02	6.67	5.64	5.59
1960—1965	4.97	2.69	6.03	6.72	5.64	5.72
1965—1970	4.91	2.37	6.02	6.71	5.69	6.06
1970—1975	4.49	2.12	5.44	6.61	5.08	4.86
1975—1980	3.92	1.91	4.65	6.44	4.18	3.32
1980—1985	3.58	1.35	4.15	6.33	3.67	2.55
1985—1990	3.38	1.83	3.84	6.05	3.40	2.46
1990—1995	3.04	1.68	3.41	5.75	2.96	1.92
1995—2000	2.79	1.55	3.10	5.35	2.67	1.78
2000—2005	2.65	1.56	2.90	5.02	2.47	1.70

资料来源:Cai & Wang(2006)中的表1。

至此,我们至少明白一点。那就是,最初没有计划生育政策的强制作用是不行的,即生育太多不行。当然,我们也明白,人口出生率过低肯定也不行,因为那样就没有持续发展的可能了。现在的问题是,计划生育政策是否会引起人力资本总体积累水平不足,以及人口出生率到底控制在什么水平,或者生育多少是合适的?要回答这一问题,不能简单地估计或类比,不能简单地靠其他国家的历史经验。我们总能发现简单类比对象之间存在着不能忽视的不同。因而,我们只能依赖自身的实际情况,具体问题具体分析。我们的逻辑是,人力资本积累是否充足要依据自身发展需要来判断。此外,还要看发展趋势和发展阶段。在工业化进程日益加深的过程中,高水平人力资本需求必然占较大比例,而且该比例必然会进一步增加。但如果在发展的早期阶段,工业化水平仍限于主要的劳动密集型产业,则劳动需求层次就会集中于中低层次。这种情况下,社会和政策制定的倾向应以适当的劳动结构比例为好(这一问题不仅涉及人口政策,还涉及教育政策规划)。问题是如何确定合适的劳动需求的层次和比例呢?这绝不是一个简单的计量问题。这首先是一个理论问题。我们必须先从理论上弄清,然后才能进行计量分析。本章仅试探性研究这一理论问题。我们的理论将建立在最具备微观基础的动态随机一般均衡(DSGE模型)框架下,同时嵌入最前沿的内生增长理论成就,聚焦于人力资本的内生机制,并提出一种初步的计量人力资本的方法。本章下面部分就重点集中于人力资本形成相关问题的讨论。

4.4 人力资本的度量和内生机制

人力资本作为增长的重要源泉的思想,在宏观经济学领域不是新概念,但其度量和内生机制问题仍很不清楚。首先看人力资本的度量问题。传统的人力资本的度量常以教育水平为指标,如 Mankiw, Romer & Weil(1992)用国家平均高中教育年限,Sala-i-Martin(1997)使用初中升学人数。还有一些其他研究如 Barro & Lee(1996),也基本上都是用教育年限等来作为人力资本的测度。其基本理论依据是教育可以增长知识,从而提高劳动者的劳动效率和生产能力。但问题是,教育水平是不是合适的人力资本的度量指标呢?Lynn & Vanhanen(2002)、Jones & Schneider(2006)对传统教育型度量方法提出了挑战,认为传统方法过于粗糙,不能准确描绘人的实际能力。例如,一个接受10年中学教育的人是否比一个接受常规6年中学教育的人获得更大的教育成就呢?不一定,前者可能是留级多年不能通过者,恰恰表明其能力很差,而不是年限越多越好。不同于此,他们认为IQ可以是合适的人力资本的度量指标。因为IQ测度有显著的可操作性,也有充分的数据。而且,关键是一国的平均IQ同国民收入有很高的正相关关系。[①] 他们还通过统计分析工具,得出结论:IQ同收入的正相关关系中,收入增长不是IQ增长的因,而是IQ增长的果。这一思路显然也有其内在道理,因为IQ的确也反

[①] 这方面的研究有 Lynn & Vanhanen(2002)、Miller(2002)、Ervik(2003)等。Jones & Schneider(2006)和 Jones(2005)指出,国家间IQ水平的差异可以解释国家间人均收入水平差异的60%。

映了一个人处理问题的能力。但对此也有不少质疑。因为 IQ 一般被认为是表示一个人的潜在能力,并不直接等价于工作能力。一个没有受过相应教育和必要培训的人,IQ 可能很高,但工作能力可以很低,可能不如一个受过培训的低 IQ 者。持这种反对意见的研究如 Volken(2003)等。

其次是人力资本的内在形成机制问题,这一问题实际上还是落脚于什么是合适的人力资本度量指标。前面我们指出,在 Lucas(1988)之后,关于人力资本内生机制问题并没有很好的研究。结合上面关于人力资本度量问题的讨论,陈昆亭、周炎和姜神怡(2008)提出了一种将上述两种度量方法结合的思路,并由此从微观实际出发,建立了一个内生人力资本的模型。其基本思想是:人的能力来源于两个部分,一部分先天遗传于父母,另一部分来源于后天环境影响,如家庭培养和教育,最终形成有效劳动能力。工人可以划分为不同的技术水平,但为简便,仅粗略地划分为两种,即技术劳动和非技术劳动。① 该模型的基本假设为:

1. 子女以正态分布的概率随机地从父母遗传获得基本 IQ;

2. 父母花费在子女身上的时间、环境和营养(物质生活水平)影响子女后天 IQ 增量;

3. 父母偏好影响子女接受教育的兴趣,简化为父母选择主观概率作为子女接受教育的概率,不接受教育者直接进入社会成为非技术工人;

4. 接受教育者若成功,则成为技术工人;若不成功,仍成为非技术工人。成功概率依赖于其 IQ 水平。

他们还提出了一种易于测算的人力资本的度量方法,即用社会上两种劳动人数的加权平均来刻画一个国家的平均人力资本水平。这种度量方法的好处除了易于测算,还有机地结合了两种传统计量人力资本方法。IQ 水平高,必然接受教育成本低,成功概率高,但 IQ 不再成为人力资本的直接度量指标;另一方面,受教育成为获得知识和技术的必要条件,但非充分条件,只有获得成功,才能成为技术工人,这样还避免了传统教育年限作为人力资本度量指标的弊端。

---

① 这一划分虽然粗糙,但就宏观理论意义而言,是足以说明问题的。具体操作中,比如计量分析研究中,可以细化劳动分类,再进行度量。这一问题应属劳动经济学的问题了。

这一模型不但使得人力资本度量问题获得一种有待检验的度量方法，还给出了一种具有充分微观基础的内生人力资本的途径，使人力资本内生形成机制有了一个清晰的轮廓。

其实，从长远观点看，人力资本问题归根到底就是人口的问题。这自然牵涉到人口政策的影响。

4.5 基于内生人力资本模型的理论

根据陈昆亭、周炎和姜神怡（2008）（下简称 CZJ）的结论 1，在没有计划生育政策作用的纯市场行为下，最优子女生育数量正向依赖于工资收入，负向依赖于综合养育成本。这一结论一致于我们前面提到的物质资本效应解释，同时也一致于 Galor(2011) 关于后工业革命时代人口变化趋势的理论。CZJ 中引理 3 指出，父母工资收入与子女平均（期望）IQ 呈负相关关系。同时，子女最终 IQ 水平并不仅仅依赖于父母收入。最有意思的是这一内在机理给出了一种长期平衡的理论依据。这就是说，长期内，存在穷富转化、交替的潜在趋势，从而形成每一个相对独立的文化经济体内部，智能水平存在趋同和差异两种动力。两种力量的共同作用形成长期均衡（见 CZJ 结论 3）。直观的解释是：在纯市场行为经济中，父母收入越高，子女人数越多，但养育时间投入越低，这可能导致子女 IQ 水平越低。同实际情况联系起来分析，上述结论应当是正确的。因为我们并没有在任何经济中观察到，不同人群智力显著无限分散的趋势。

依照 CZJ 的推导，社会劳动转移概率是一个仅依赖于收入差的常数。社会平均收入差（贫富差距）越大，低技术型劳动力转向高技术型劳动力的概率越低。反之，社会平均收入差越小，则低技术型劳动力转向高技术型劳动力的概率就越高。如果社会收入差维持不变，则社会劳动人口维持一个常比例结构，与绝对收入水平、教育成本和 IQ 动态无关。具体如下：

技术型劳动力占总人口份额为：$x_{t+1}^s = v/\eta$，

非技术型劳动力占总人口份额为：$x_{t+1}^u = 1 - v/\eta$。

其中，v 是一个由社会偏好参数合成而来的参数变量。η 是用百分数表示的社会收入差。由此可见，收入差越大，则社会内生的技术型人才份额越小。

依据定义,人力资本指数定义为两种技术型劳动力的加权平均:

$$h_{t+1} = \theta x^s_{t+1} + (1-\theta) x^u_{t+1} = (2\theta - 1) v/\eta + (1-\theta)$$

其中 θ 为常数,可以定义为两种劳动力的边际产出弹性比。

总人力资本积累水平定义为 $H_{t+1} = h_{t+1} N_{t+1}$,其中 $N_{t+1} = (n^s x^s_t + n^u x^u_t) N_t$,表示下一代社会总劳动人数。其中,$n^s$ 和 n^u 分别表示技术型和非技术型家庭子女数量。人力资本增长率为

$$g_H = n^u \left[\left(\frac{n^s}{n^u} - 1 \right) \frac{v}{\eta} + 1 \right] - 1 。 \tag{4.1}$$

这一结论表明,在教育和智能发展都被假定在理性最优选择的框架下时,长期人力资本增长率内生地决定于人口结构的相对变化(n^u, n^s)和社会收入的结构性差异 η。而人口结构的变化内生决定时,由 CZJ 结论 1,$n^{i*} = \frac{\beta w^i_t}{1+\beta G^{i*}}$, $(i=u,s)$,其中 w 和 G 分别表示对应不同下标的工资和综合教育成本。假定社会平均总教育成本是固定的,则在完全不受计划生育政策影响的情况下有

$$g_H = n^u (v+1) - 1 \tag{4.2}$$

这意味着长期人力资本增长率决定于非技术型家庭的子女数量 n^u。只要社会福利能够保证非技术型家庭生育平衡,即 1 对夫妇生 2 个孩子,则 $n^u = 1$,则人力资本增长率 $g_H = v > 0$。

在初期的计划生育政策作用情况下,人口非内生决定,式(4.1)不能简化为式(4.2)。这样的计划生育政策虽然长期内有一定变化,但总体上是稳定的,比如城市实行 1 对夫妇 1 个孩子的政策,农村实行 1 对夫妇 2 个孩子的政策。这种情况下,生育数量被政策性固化,假定城市人口理解为技术型劳动力,而农村人口理解为非技术型劳动力,则平均下来有 $n^u = 1, n^s = 1/2$,则长期人力资本增长率为 $g_H = -v/\eta$。因而,这样的人口政策导致长期人力资本负增长。

如果考虑改变计划生育政策为全部家庭都实行 1 对夫妇 1 个孩子,则有 $n^u = n^s = 1/2$。此时仍然有 $g_H = -1/2$。这样,长期人力资本仍然是负增长。

"二孩"政策之后,允许每对夫妇生 2 个孩子,则 $n^u = n^s = 1$,此时 $g_H = 0$。这样,长期人力资本可以实现非负增长。"三孩"政策之下则必然正增长。

综合以上分析来看,"二孩"政策有导致长期人力资本非负增长的可能性。但这一模型并没有把文化影响的因素考虑进去,也没有从需求的角度考察现有的计划生育政策下的人力资本供给是否满足生产发展的需要等。考虑人力资本的形成时,计划生育政策归根到底是同教育政策相关的。

4.6 拓展思考

套用一句著名经济学家埃里克·马斯金(Eric Maskin)在接受中国记者采访时的话:"从长期来看,要缩小贫富差距,只能依靠教育。"[①]事实上,长期增长又何尝不是要依赖于教育呢?长期经济增长高度依赖于人类资本的积累和可持续的增长,而人力资本的积累和增长除了与人口有关,还高度依赖于教育。假定人口增长是相对稳定或确定的,则人力资本就唯一决定于教育了。教育的关键在于两点:(1)平等的教育机会。根据 IQ 形成一般规律及大量的相关社会学调查,人才分布是正态随机的,因而,只有广泛普适平等的教育,才能更充分形成正态的人力资本结果。依据上面 CZJ 的理论,只要教育机会平等,经济长期必收敛于稳定均衡。而且,在内生机制自身作用下,在适当放松的计划生育政策下,可以保证正的人力资本增长率,从而保证持续的长期增长。(2)要注重基础教育。科学的发展规律服从雁型模式,即基础理论的重大创新是人类文明进程的决定性突破力量,基础理论的突破性发展推动应用理论的领域性发展,进而推动应用科学实践层面的发展,最后推动经济社会的发展。没有基础理论的突破,发展的维度和空间总是有限的,饱和之后总体的文明进程就会停止。工业革命以来的大发展阶段正在步入新的"大缓和"时代,人类文明的下一个大发展时代期待"人类命运共同体"的一致相向的努力和价值观认同,重视基础教育和基础理论应当成为共同的价值取向。大力支持基础科学理论研究一定是大国可持续发展的重要基础。

---

① 人民网.经济观察家:马斯金指出中国要强大须做三件事[EB/OL].(2005-05-30)[2022-06-01].http://news.sohu.com/20050530/n225747797.shtml.

第二部分

内生增长的可持续性

5

内生可持续增长理论及我国当前增长问题分析

5.1 引　言

　　传统的经济增长理论(新古典增长理论、内生增长理论)和21世纪初发展起来的统一增长理论都不能很好地解释最近一二十年间世界经济增长呈现出的新现象。首先是多数发达经济体开始偏离自身的平衡增长路径(BGP),这意味着传统内生增长理论预测的内生增长均衡并不稳定,内生增长存在不可持续的潜在可能。这是现有的增长理论需要反思的问题。其次是发展中经济体的发展面临前所未有的困境:一方面,先发国家走过的路对当今的发展中经济体并没有指导作用(两者所处的环境和发展要求的条件极为不同);另一方面,发展中经济体还要面临发达经济体设置的各种技术障碍和不利竞争。因而,发展中经济体如何突破"中等收入陷阱",进入发达经济体阵营,成为增长理论需要回答的又一重要问题。对这些问题的研究将内生增长理论引向一个新的方向——内生可持续增长理论。

　　内生可持续增长理论主要是探索在存在环境资源约束的条件下内生增长均衡是否存在稳定的 BGP 解。现有的研究显示,传统的内生增长理论模型都一致地追求存在唯一的、稳定的、收敛的 BGP 解,但这些模型基本都是建立在高度割裂、脱离实际的理想经济中,忽略了现实经济中存在的资源、条件、市场、环境等约束。很显然,一旦引入外部条件的制约,在大多数情况下,系统的均衡解的路径即便是唯一、稳定、收敛的,也会是渐近均衡、逐步萎缩的。这里需要研究的问题有:(1)不同的约束条件会产生什么不同的约束效果?(2)在不同的约束条件下,内生增长均衡的 BGP 解的性态怎样?是否仍存在获得可持续的稳定的 BGP 解的可能?获得稳定的收敛解需要哪些辅助条件?(3)发达经济体或发展中经济体在后工业化阶段将何去何从?内生可持续增长理论是增长理论针对当前国际经济发展新趋势进行阐释的最新发展,还存在很多待完善的方面。

虽然该理论的发展还很不成熟,但几乎所有的经济体都已经或即将面临相关的问题,所以其发展意义和前景是不言而喻的。理论是行动的指南。中国同样需要发展这方面的理论。传统的增长理论主要以发达经济体为研究对象,而以发展中经济体为主体的研究非常滞后。作为发展中经济大国,中国当前更加迫切需要加强对经济长期可持续增长理论的研究。

第一,中国的经济发展已经进入一个新阶段,客观上需要新的理论来解释和指导新的发展。对于这个新阶段的特征和性质的准确理解和正确判断是解决可持续发展问题的关键。这涉及目标的制定、策略的选择、执行的手段、时机的把握,甚至是行动的决心。

第二,一个阶段以来,我国经济发展出现了难以解释的现象:决定长期经济潜在增长的要素结构和存量水平(即基本面)并没有显著变化,但实际的经济增长率水平持续下降。传统理论和现有研究无法给出合理的解释,是否有新的思路或理论角度可以解释这一现象?我们需要对这一问题作出回答,同时也需要思考:我国经济能否及如何进入内生增长阶段?

本章将系统阐释内生增长理论的新发展——内生可持续增长理论,并在此基础上,针对中国当前发展阶段所面临的紧迫问题做出分析,并希望由此引起更多对结合中国实际的可持续增长理论的关注和深入研究。这对引导我国经济顺利进入内生可持续的发展路径具有重要意义。

本章下面的安排为:5.2 节简单综述增长理论的传统思想与发展;5.3 节结合前面提到的主要问题和已有研究成果,沿袭统一增长理论的逻辑思路,系统论述长期经济发展的一般规律;5.4 节结合前述理论对我国现阶段问题进行思考;最后,5.5 节总结思想与认知,提出一些解决问题的思路。

5.2 长期经济增长的阶段性及内生增长理论的发展

在长期经济发展过程中,不同阶段有不同的微观经济结构,不同的经济结构又导致在不同阶段经济增长的动力不同。① 不同阶段经济增长动力的内在转换机制及其不同的性态是增长理论需要长期持续研究的内容。不同阶段的微观经济结构的变化伴随着长期经济发展而形成,这一形成和发展过程具有内生机制。对长期经济发展的内在规律的研究一直致力于弄清楚其潜在的动态机制,并逐步形成了基于新古典框架的内生增长理论、统一增长理论等。② 因而,内生增长理论成为当代主流经济增长理论的"当家模型"有内在的合理性。但近年来发达经济体出现的新现象正逐渐形成对传统的内生增长理论的挑战,由此推动了内生增长理论不断进步,朝向新的高度发展。

5.2.1 内生增长理论的发展

内生增长理论是动态宏观经济学领域关于工业革命前后经济增长现象研究的结晶。经典的代表性内生增长理论模型有 P. Romer(1990)③的知识增长模型;Lucas(1988)的人力资本模型;Aghion & Howitt(1992)及 Segerstrom, Anant & Dinnpoulos(1990)等的创新模型等。

从思想上看,内生增长理论最初的思想萌芽产生于新古典增长理论在繁荣时期对经济增长的观察和思考。新古典增长模型预测在均衡时总产出、总资本、总收入有相同的增长率,都等于人口增长率与技术进步增长率

---

① 总结近代发达经济体的发展历程,在工业化初期,经济结构表现为总资本积累水平不高、劳动力知识化、技术化水平偏低或接近于零,经济发展以农业经济为主;进入工业化发展阶段后,劳动知识化、技术化水平提升,资本积累水平提高,经济发展以工业经济为主。

② 林毅夫教授直言新结构经济学的核心思想在于追求结构变迁的内生机制,这与内生增长理论其实有相同的研究目标。实际上,统一增长理论的核心目标在于解释不同经济发展阶段的系统一致的形成机制,因而在本质上也属于大内生增长理论的范畴。

③ 2018年诺贝尔经济学奖被授予内生增长理论研究者保罗·罗默(Paul Romer)以及环境生态相关学者,这既是对内生增长理论的肯定,也是对其进一步发展的期望。

之和。如果忽略技术进步的增长,那么经济总量的增长率主要依赖于外生的人口增长率,但**人均的产出增长率是 0**。另一方面,这类模型预测经济长期将趋于唯一的稳定均衡,由此形成趋同论,但工业革命发生后的现实是,国家之间的收入差距越来越大。同时这一理论意味着生产要素(资本和劳动)的边际回报率应该是下降的,但著名的卡尔多事实是要素的边际回报率是非减的,所以这方面的理论不能充分地解释现代经济纵向和横向增长所表现出来的事实。因此,学者们在此基础上,对新古典增长模型进行了改进。

从模型的技术方法来看,P. Romer(1990)、Lucas(1988)分别引导了内生增长理论两个主要发展方向,即分别在新古典一般均衡框架的 Ramsey 模型中引入技术积累方程和人力资本积累方程。一些研究者认为其核心思想并无差异,本质上引入知识技术进步和人力资本的作用都是刻画知识技术在生产活动中改进效率的作用。但对模型机制的分析(见罗默在《高级宏观经济学》第三章中的经典分析)却显示两者有不同的解释力。罗默并没有在书中讨论为什么两者会有不同的解释力。实际上,这并不难理解:当知识技术以不同的形式进入生产活动中时,比如资本加强型或劳动加强型,又或者是混合型,效果的不同主要源于资本和劳动的边际贡献弹性参数是不同的。因而,技术进入生产的形式不同会产生不同的产出贡献率。

这类模型预测的结论包含两个核心点:**(1)**经济将收敛于稳定的平衡增长路径(此时人均产出增长率是正的常数)。**(2) BGP** 均衡与外生的人口增长率正相关。因而这一理论隐含着人口与增长的正相关关系,或人口增长率与产出增长率的正相关关系。第一个核心点表明经济一旦发展到 BGP 均衡,将进入长期稳定可持续的增长轨道,而这一点与人口的持续正增长有直接的联系。

内生增长理论对初始工业化过程中出现的现象给出了较好的解释,即:**(1)纵向增长问题**:从农业经济向工业经济转化的过程中呈现的纵向持续高速增长现象;**(2)横向差距问题**:不同国家之间呈现的巨大的收入差异。其核心思想是:技术进步是引致工业化增长的核心要素,可以解释纵向增长问题;人力资本差异可以解释横向差距问题。①

然而,人类进入20世纪后,发达经济体相继出现了人口下降的事实,而这些国家似乎仍可以保持正的收入增长,且同其他国家的收入差距呈持续扩大趋势。这成为传统内生增长理论难以逾越的难题:为什么人类社会长期以来一直保持的人口增长与生产力增长的正向关系会在20世纪发生逆转?

人口增长与生产力增长正相关的观点在传统理论中可以找到很多支持。Ashraf & Galor(2011)认为,长期以来人口增长与生产力增长正相关是因为生产力增长允许更多人口的家庭生存;Kremer(1993)认为,人口越多,思想越多,因而人口规模的增长有利于技术进步,进而促进经济增长。Brueckner & Schwandt(2013)使用139个国家或地区1960—2007年的数据估计非技术进步引起的收入水平上升对人口增长的影响,发现石油价格变化引起的收入增长与人口增长存在正相关关系。

然而,进入20世纪后,在大量被观察的国家中,由研发驱动的生产力增长率越高的国家,人口增长率越低或为负值。在知识技术处于前沿的国家群中,当生育率减少时,生产力增长率增加。Baier, Dwyer & Tamura(2006)研究了1950—2000年间人口增长与全要素生产率(TFP)增长的关系。Bernanke & Gurkaynak(2001)研究了可以得到数据的所有国家,发现两者之间存在显著的负相关关系。关于20世纪人口增长与收入增长负相关关系方面的文献还有很多(如Brander & Dowrik, 1994; Kelley & Schmidt, 1995; Ahituv, 2001; Li & Zhang, 2007; Herzer & Vollmer, 2012)。

对这一反转的解释催生了内生人口的新增长理论。

---

① 在基于传统的研发机制的内生增长理论模型中,人口减少对现代生产力增长的影响通常是负面的,第一代的内生增长理论(Romer, 1990; Aghion & Howitt, 1992)的结论是:TFP(全要素生产率)与人口规模是线性相关的,人口下降意味着人均产出和收入水平增长的结束。第二代模型(Jones, 1995; Segerstrom, 1998)的结论是TFP增长率与人口增长率线性相关。第三代研发类的模型(Peretto, 1998; Young, 1998; Howitt, 1999)细化了前人的研究,考虑研发的质量与差异,假设其间没有知识溢出,则差异化增长与人口增长相关,常质量增长对应常人口增长;当允许部门间知识溢出时,则重新回到人口增长与生产力增长正相关的关系。这些模型并未考虑生育率低于可复制水平现象的问题。一种辩护的说辞是,这类模型不应当应用于单一国家的考量,毕竟知识是广泛传播的。然而,Strulik, Prettner & Prskawetz(2013)发现,在较大范围的国家样本中,人口增长与生产力增长之间存在正向关系。

5.2.2 统一增长理论

21世纪初,一批宏观经济学大师开始系统总结和思考上述问题,这开启了增长理论的新领域——统一增长理论(UGT)的发展。创始性的研究为Galor & Weil(2000)及其系列研究(Galor,2005,2011)、Lucas(1998)[①]等。该理论致力于系统地解释从马尔萨斯阶段到工业革命阶段再到现代增长阶段,人均收入的动态一般规律。因而,该理论的初始使命就决定了两个方面的任务,一是对人口下降现象的解释,二是对长期阶段性规律的解释。UGT类模型主要的突破是在内生增长框架中将生育选择内生化,其核心贡献分为几个方面:**(1)解释了人口下降的内在机制,认为它是工业经济时代的自然过程**。该理论的核心思想是,人口数量的下降换取质量的上升,是进入工业化生产时代经济系统适应对高技能劳动的更多需求的内生反应,是自然的过程,具有必然性。这一理论较好地解释了现实:进入工业化生产时代,机器化大生产导致对技术化劳动和创新研发类科技劳动的需求急剧上升,而工农业生产效率的大幅提升又导致对非技术化劳动需求的下降。社会家庭供给劳动者需要考虑经济社会的需求,同时需要考虑高技能劳动力的培养成本,因此家庭的最优生育选择行为造成生育率降低的结果。**(2)内生人口的内生增长理论基本上解释了"人口降,增长率不降"的现象**。早期的UGT模型仍保持了内生增长理论的基本预测:经济会收敛于稳定唯一的BGP均衡,也预测了人类社会的经济发展可以实现可持续增长。[②] 这一理论

[①] Lucas(1998)建立了一个更有解释力的框架,企图解释从游牧经济到现代经济的广泛的多阶段的过程规律,每个阶段的具体框架模型大体相同,共同点是始终坚持人口内生,强调的重点在于资源约束性的引入。这可能是有史以来解释时间跨度最大的框架模型。嵌入资源约束性显然是一个重要的思想。

[②] 如有研究认为:纵向和横向的创新活动的相互作用可以支持经济在独立于要素禀赋约束的情况下实现可持续内生增长(按常比例增长的 BGP 均衡的存在)(如:Peretto,1998;Dinopoulos & Thompson,1998;Peretto & Connolly,2007)。Peretto(2012)在常人口增长的框架下研究资源冲击对收入、增长和福利的影响。Peretto & Valente(2015)的最初版本也没有考虑内生生育的影响,在匿名审稿人的建议下,补充研究发现内生人口没有改变原有研究的本质结论,唯一的影响就是增加了一致于 UGT 模型的人口质与量之间的平衡机制。Connolly & Peretto(2003)在上述模型机制下研究了内生人口机制的影响。

成果的意义是继续肯定了内生增长理论的正确性,确认了人口结构的内生变化(以质量换数量)不会影响 BGP 均衡的存在,即不影响经济的长期可持续增长。**这一理论在对理解当前中国的发展具有现实意义,即中国经济进入工业化发展的新阶段,进入人口以质量换数量的阶段,是自然的内生过程,而且不会制约可持续增长。**正确认识这一问题有利于准确理解现阶段中国经济增长持续减速的实际原因,不能将其归结到人口增长率的下降上,也不必为人口增长率的下降担心。(3)增加了对工业化初始阶段到后工业化阶段的动态内生过程的解释,系统解释了两个内生动态转移过程的联系,即从农业经济向初始化工业经济转化的过程和从初始工业化向后工业化转化的过程。

至此,经过 UGT 理论的完善,内生增长理论似乎达到了一个新的完美高度,至少人口下降的问题不再成为颠覆其主要结论的依据。然而,现实的问题实在是太多了。近年发达经济体逐渐下降的增长趋势显著偏离传统内生增长理论预测的 BGP 路径,已经引起许多学者的关注和对传统内生增长理论的思考和质疑。内生增长是否可持续的问题已经不可回避。这里需要说明的是,内生增长中讨论的"可持续"概念与生态经济学中的"可持续"概念有本质不同。环境生态经济学中的"可持续"概念是指生态系统保持"零和"的生态平衡;内生增长中和本章此后的**"可持续"概念是研究在内生经济增长模型系统中,社会经济生产均衡的稳定可实现性。**

5.2.3 新进展:内生可持续增长理论

可持续增长问题看似是增长理论特别是内生增长理论的老问题,但实际上内生增长理论从来没有明确地回答过"内生增长均衡中平衡增长路径是不是唯一稳定可持续的?"这样的问题。实际上发达经济体的"内生 BGP"之前从没有表现出不稳定的倾向,所以之前没有人思考这类问题实属正常。但近年国际经济新常态中,多数发达经济体开始表现出显著的偏离 BGP 的趋势。发达经济体发展路径分化的趋势以及世界经济整体呈现的新态势正在引起人们的新观察和新思考:内生增长均衡是否唯一、稳定?需要怎样的条件保持 BGP 的稳定性和可持续性?对这些问题的思考引领增长理论的新发展趋势。我们把这方面的发展概括为以下方向:(1)在资源约束下内生增长均衡的可持续性问题;(2)内生增长均衡的稳定性问题。这两个问题有很大联系,在某种程度上可以看作一个问题,但为了单独区分和强调资源约束的重要性,我们将其分为两个问题。

(1)在资源约束条件下内生增长均衡的可持续性问题

我们注意到,传统的增长理论几乎没有考虑资源约束的问题,这也与经济的发展阶段有关。在工业革命初期,先发的工业化国家拥有全世界的市场作为产品的需求地,也可以从全世界获取资源。但随着工业化在世界范围推进,产品市场和资源都成为发展必须竞争的要素,因而,有限的资源和市场同时成为增长的约束条件。所以,传统的增长理论要发展,首要的方向就是考虑在资源约束条件下的内生增长可持续性问题,而资源约束问题与人口问题紧密相连。

关于资源约束以及与人口、增长动态关联方面的研究最早可以从两百多年前的 Malthus(1798)的人口理论算起,这一直是社会学等诸多领域的学者们共同关心的话题,涉及两个比较基本的问题:(1)人口的发展对人类社会的福利和发展是好是坏?(Birdsall & Sinding, 2001;Kelley, 2001)(2)人口增长如何随经济条件变化?(Kremer, 1993)当然,对人口增长结果的评估应当基于资源约束对生育的反馈影响(Bloom & Canning, 2001)。

传统研究的基本认识是,人口增长导致自然资源相对更加稀缺,从而影响到人均收入水平,而收入的下降又会影响生育,从而影响到未来的人口。Galor 系的 UGT 研究本质上没有考虑自然资源的约束性,但通过劳动数量—质量的平衡机制,同样得到了人口生育影响收入的结果。这类研究通过劳动力质量的提升或技术进步的补偿性,形成增长率为正的常数的 BGP 均衡。那么,如果在内生人口的框架下嵌入资源约束又会怎样呢?

Lucas(1998)引入了土地约束,这是最重要的资源约束。但其模型本质上是在不同的经济发展阶段,使用不同的条件刻画技术,这使得其模型无法研究不同阶段之间的动态转化问题。

Schäfer(2014)基于 Acemoglu(2002)的研究建立了一个**"有向技术进步的模型"**(Directed Technical Change),指出技能偏向型技术进步(skill-biased technological change)在非马尔萨斯世界中会引致长期人口增长率和自然资源消耗率下降。在长期均衡中,人口增长率与自然资源消耗率存在相关关系。在人口稳定或萎缩的条件下，可持续的增长依赖于研发部门正的跨期知识溢出。但文中的自然资源仅局限于不可再生资源，如石油等。类似地，Bretschger(2013)讨论的也是劳动与不可再生资源之间弱替代或互补的Romer类型的内生增长的机制。然而，我们更关注的是在更广泛意义下的总体资源的约束性，比如不变的土地资源的约束性。

Peretto & Valente(2015)建立了一个基于熊彼特思想的人口内生的增长模型，研究技术进步、资源约束和人口的长期动态变迁的特征，以及生育对外生收入冲击的反应。文章假设私人部门拥有自然资源，并假定了可变的劳动与资源的替代弹性，这与Peretto(2012)的框架类似，但有别于UGT类模型(这类模型的核心机制主要落在人力资本)，该文的核心机制是生育对资源价格的反应。当人口增长率为零时，模型经济存在稳态均衡，收入的持续增长受制于资源约束的性质。若资源与劳动在生产中是相互替代的，则收入与生育的动态均衡是稳定的，系统存在大范围吸引解(这将是一种马尔萨斯均衡)。如果劳动与资源是相互补偿的，则人口增长率为常数的稳态是一个非稳定的分离均衡，收入与生育动态不稳定。当劳动与资源互补时，如果资源在初始时是稀缺的(丰富的)，则人口发散(爆炸或崩溃)。原因是互补性可以产生自我实现的反馈机制：如果初始时人口增加，会引致资源价格上升，私人部门的资源收入也增加，这将进一步激励生育，人口则进一步增长；反之，如果初始时出现人口下降，则资源价格下降，私人部门的资源收入下降，人口会进一步下降。文中的资源被当作私人部门的财富，并不进入生产部门，仅仅考虑了资源价格变化对收入从而对生育行为的动态影响。

陈昆亭和周炎(2017)建立了一个三部门的内生增长模型，包含农业、工业和知识技术创新部门，有限的土地资源仅在农业部门成为生产要素。文章在农业部门和工业部门的生产技术为规模报酬递减，而知识部门的技术为规模报酬递增的前提下，系统地讨论了内生增长的平衡增长路径的稳定性和可持续性问题。其模型证明了内生增长均衡的多重解的存在性，并给出了均衡是唯一、稳定和可持续增长的条件。研究表明：内生增长的经济均衡有潜在的不稳定性，存在多重均衡的可能；如果资源约束限制了总生产，使其长期保持规模报酬为常数水平，只有当知识生产部门的递增的规模报酬充分大,足以抵消工业生产部门的规模报酬递减的影响时,总体经济才能获得可持续发展。为实现正的内生增长,知识生产部门的递增的规模报酬的强度与物质资本在知识生产中的弹性贡献率呈正相关。文中人口增长率的参数 n 会影响均衡的内生增长率,多重均衡对应了不同的经济发展阶段的均衡特征,因此其模型可以系统一致地解释不同的经济发展阶段的发展现象和特征。

对增长可持续性的思考很自然地会同自然环境联系起来。传统的环境学和增长理论几乎是不联系的,但最近产生了不少对环境与经济增长关联机制的研究,如 Acemoglu, Bursztyn & Hemous(2012)及 Bretschger(2017)等。Bretschger(2017)的基本结论是:自然环境与经济增长可以实现相容,但对最优路径的微小偏离就可能会造成发散的结果;可持续发展的关键问题是"远见的不足""环境伤害强度"和"次优的决策",而人口增长和较差的投入替代不一定会危及未来的发展。

(2) 内生增长均衡的稳定性问题

传统研究对内生增长均衡的稳定性问题的讨论非常少,而且很多研究通常会出于惯性思维而努力去证明均衡是存在且唯一的,这导致对内生增长模型均衡的稳定性和不唯一性问题的研究的缺失。对 BGP 均衡存在不稳定可能性的研究有 Schäfer(2014);Bretschger(2017);Brander & Taylor(1998);Acemoglu, Bursztyn & Hemous(2012)等,但他们都没有对此进行进一步深入的研究。陈昆亭和周炎(2017)较早、较细致地讨论了内生增长的多重均衡存在性。

总结已有的研究可以得到几点启示:(1)长期经济增长与人口及资源之间存在高度的动态关联;(2)在资源约束下(不管是哪种具体资源),内生人口生育行为的内生增长系模型的 BGP 均衡都需要特定条件,都存在均衡不稳定、不唯一的可能性;(3)现有的内生增长系列的研究仍以推导论证 BGP 均衡存在性为目标,缺乏针对 BGP 均衡不稳定、不唯一方面的深度全面讨论;(4)在内生增长框架下,引入主体资源(如土地)约束(特别是对生产行为的约束)的标准化研究仍然不足。

5.3 新思考：长期经济增长的阶段性与一致性理论分析

生产的实质是要素（资本、劳动、技术）的聚合。生产活动的实质是劳动者在特定的技术下实现物质资本的重新组合，以满足人们对不同产品的需求。生产活动的动力来源于人们基本的生存需求和在此基础上不断增长的对新产品和服务的需求。这是实现生产增长的基础动力源，同时也表明增长动力的提升可以通过两种基本途径来实现：**(1) 要素整合机制**（通过先进的管理和要素配置的合理化以实现生产效率的改进）；**(2) 技术创新机制**（通过知识技术的提升来改进效率，并不断创造新产品，直接扩大生产空间以实现生产增长）。其中，要素整合机制是经济发展初期实现增长的重要途径。在经济发展初期，经济机制通常不够健全，通过制度体系的合理设计以优化生产要素的配置，可以大大提高生产效率。在近现代经济发展的过程中，在从农业经济逐渐发展到工业经济，并进一步向更高水平的现代化转移的过程中，都经历了资本结构和劳动结构不断优化调整，以及资源在不同部门之间不断优化配置的过程。比如我国在改革开放初期，农村经济就在技术、资本、劳动等基本生产要素水平没有变化的条件下，通过体制改革，优化要素配置，激发要素潜能，实现了生产效率的大大提升。当农村的生产效率大幅度提升、形成生产剩余后，农村劳动力开始向城市转移，为工业经济的发展提供了充足的劳动力，这又改善了工业经济的要素配置水平。改革开放后的商品经济的市场化发展又进一步提高了各部门要素资源的优化配置水平，由此造就了改革开放后 40 年的高速经济增长。这是要素整合机制成功的典型案例。

要素整合机制可以有很广泛的定义。比如，国际和国内的贸易（包括商品、资源、技术、劳务等多方面的贸易）都是实现要素优化配置的行为，都有利于在贸易双方总体要素水平不变的条件下，改进各自的和总量的生产及服务的效率。再比如，制度方面的改进，可以通过释放要素的流动性和激发要素潜能来提高要素的使用效率；市场化、国际化、信息化等方面的改进，也是提升资源配置效率、充分发挥要素潜能的有利因素。这些都可以归结为要素整合机制的作用。

但要素整合机制提升效率的空间是有限的。当资源和要素的配置已经达到最优状态、其使用效率已经接近最大值时,也就不存在进一步提升的空间了(这就是所谓的各种"红利"的消失)。因而,这种机制在经济发展的初期阶段能在水平方向提升效率,而且通常还会有见效快、效果显著的特点,但它没有长期可持续的作用。而技术创新机制对于实现长期经济增长是有可持续的作用的。因为知识技术进步的空间是无止境的,新思想、新概念、新产品可以不断地产生,技术手段也可以无限地改进,因此经济增长的空间也是无限的。技术创新机制不但能够提升生产效率,还能通过不断创造新产品来直接扩大生产空间,生产空间的扩大是实现生产增长的更有效的途径。因而我们有:

命题 5.1 生产增长的动力源泉来自两种基本途径:要素整合机制与技术创新机制。前者有水平的增长效应,而无持续的增长效应;后者有持续的增长效应。

内生增长的可持续性问题看起来应该是在经济发展到一定阶段之后的事情,为了更清楚地理解内生增长的可持续性的逻辑,还需要从经济发展的不同阶段的规律出发。

长期经济增长在不同阶段的确有不同特征,这早已是经济学研究的重要内容。代表性的理论有:刘易斯的两阶段理论(分为农业经济阶段、工业化阶段),类似的两阶段的划分还有 Stokey(2002);Galor 的三阶段划分(包括马尔萨斯阶段、后马尔萨斯阶段、现代增长阶段)[①]。国内学者的相关研究有龚刚(2016)的两阶段模型、陈昆亭和周炎(2017)的新三阶段统一增长模型等等。这些研究分别对长期经济发展的不同阶段的特征进行了分析,综合起来有如下基本特征。

不同阶段要素的禀赋结构不同。 首先,在不同的发展阶段,要素禀赋结构的许多指标有很大的不同,如资本结构中的基础与技术化比、劳动结构中的知识化率、技术结构中的高端化水平等。在发展的早期阶段,经济主要以农业为主,没有或很少工业,资本和知识技术也谈不上什么结构;在初始工

---

① Galor 划分的前两个阶段就是农业经济阶段以及初始工业化阶段,而现代增长阶段即工业化阶段。

业化阶段,劳动的知识技术化水平很低,工业生产也集中在劳动密集型行业,资本积累中的基础设施建设占比较高,资本的技术化含量较低;在知识技术储备中,领先型的科技占比较低。但随着工业化进程的不断加深,劳动的知识化和技术化比例不断提升,人力资本储备和知识技术积累的总量及其中的高端科技含量不断提高,同时,物质资本积累的结构中蕴含的技术化成分也不断提升。当这些主要的要素结构性指标都达到较高的水平时,经济就自然进入内生增长阶段。这是一个从量变到质变的、内生的、协调发展的动态过程。

不同阶段家庭的主观偏好需求不同。在经济发展初期,人们赖以生存的物质需求还处于第一位,因此此时需求和生产以农产品为主。但随着经济的发展,基本的生存需求已经普遍得到满足,人们的生活水平不断提升,表现为对工业品的需求持续上升,人们的需求向高品质、多元化发展。在进入后工业化、内生增长阶段后,文化、艺术、休闲等需求的占比不断上升。当然,影响人们需求的因素除了生产力水平的发展,还有认知水平、思想意识、文化制度等。

不同阶段家庭的财富结构比例不同。在工业化初期,人们的总体生活水平仍较低,仍处于基本满足温饱的阶段,因此家庭几乎没有财富积累。在进入后工业化、内生增长阶段之后,一些家庭开始逐渐积累财富,不同家庭间的横向差距也逐渐拉大。

根据这些对近现代经济发展的一般性特征的系统描述,结合已有的研究结果,可以将近现代的经济发展划分为三个主要阶段:**第一阶段,从农业经济向初始工业化经济转化的阶段;第二阶段,从初始工业化经济向后工业化经济转化的阶段;第三阶段,从后工业化经济向知识化内生增长转化的阶段。**下面具体介绍各阶段的转化发展的主要机制和思想,其中对第一、二阶段的特征和规律性已有广泛的研究,这里仅简单说明,我们的重点在于探讨第三阶段的转化过程。

从农业经济向工业经济转化的过程史称"工业革命",是近代史也是整个人类历史上最令人激动的重大变革。它终结了长达千年的农业经济时代,使人类文明进入一个崭新的阶段。1750—1850年的100年是欧洲发生工业革命的阶段,由此以及此后的100年间,欧美发达经济体先后进入工业化进程,人口和人均产出双双实现指数型飞涨,根本性地突破了马尔萨斯描述的"天花板"。这一历史性的高速发展引发了经济学家、历史学家、政治家、社会学家、人类学家等诸多领域的学者们围绕"纵向增长"和"横向差距"这两大增长方面的问题,进行了长期的思考和探讨。

加州学派关于这一阶段的发展提出了很多问题:工业革命发生的原因是什么?是怎样的特殊因素启动了工业起飞?为什么是欧洲率先发生工业革命?为什么东西方发生"大分流"?……彭慕兰在其代表性作品《大分流》中给出了欧洲能够开启工业化进程的三大要素:新大陆、外部关联(国际贸易)和地理条件,并认为,与东方如中国的江南相比,这三大要素对于工业革命的发生至关重要、缺一不可。

增长理论的研究可以分为几个层次:新古典的理论重视资本积累的作用,但新古典的理论模型(Solow 模型、Ramsey 模型)预测的均衡增长率是外生人口增长率的函数,不能解释工业革命带来的持续增长的现象;内生增长理论强调技术进步和人力资本积累的作用,对工业化阶段的增长做出了解释;经济学家们(如 Lucas、Stokey、Galor 等)通过贸易的"双刃剑"作用对国家间的横向差距和东西方分流也给出了解释。

现有的解释现代增长的理论给出的比较重要的因素包括资本、技术、贸易、地理因素、文化制度等。但是,这些要素之间的相互关联是怎样的?就重要性程度而言,哪些是基础的?哪些是辅助的?这些问题仍没有得到回答。为此,我们首先引用 Ha(2003)的结论:

命题 5.2 只有当资本积累水平足够高、超越门限水平后,才可能有研发行为的发生。(Ha,2003)

这一命题的重要意义是从根本上把新古典理论和内生增长理论的逻辑联系在了一起,使我们清楚认识到技术进步对于长期可持续增长固然是重要的,但这是建立在资本积累足够高的基础上的。没有充分的资本积累,内生可持续的技术进步就不会发生。同时,这一结论也回答了 Lucas 提出的问题,即为什么工业革命的发生不是更早也不是更晚。因为那实际上是资本主义经济中资本积累从量变到质变的过程,恰如水之沸腾。这也使人们意识到新古典理论的厚重:资本毕竟是财富的标度、发展的根基。

除此之外,我们还需要另外一个鲜受关注的结论。

命题 5.3 在资本积累初期(此时资本积累水平低于门限水平),当农业劳动的边际收益快速上升,直至超越一个(几何加成的)动态门限水平[①]后,资本主义精神强度[②]对于资本积累有正效应;反之,有负效应。(陈昆亭和周炎,2008)

这一看似平凡的命题,更因为其晦涩而不受关注,但实际上是对工业革命初始阶段的起飞过程的成因最生动的描述,同时使得著名的加州历史学派的观点和经济学家们的传统观点都在逻辑上得到一以贯之的支撑。首先,该命题同命题 5.2 相结合可以发现,**农业部门的繁荣是工业部门发展的前提**。这一逻辑实质上非常合理,没有农业部门收入水平的大幅度提升,就不可能创造出工业经济发展所需的大量的剩余劳动力。这一逻辑在原文中是用于解释英国工业化初期的腾飞之路,[③]对于解释我国改革开放初期的发展更是生动而贴切。改革开放初期关于"真理标准"的大讨论极大地解放了思想,解决了重大的认知问题,这恰如欧洲文艺复兴和新教革命带给欧洲的重商主义。[④] 在工业化初期的欧洲,单纯的重商主义都不足以促成工业化的整体可持续发展。如果没有农业部门的生产繁荣,资本主义精神对资本积累只可能有负效应,这就不可能形成工业资本的有效积累,也就不可能达到命题 5.2 所要求的资本的门限水平,技术进步不可能持续发生,长期的内生可持续增长也就不可能发生。其结果就必然是重新陷入某种"陷阱"("中等收入陷阱"或低水平均衡陷阱),经济仍将反复于马尔萨斯经济状态或李伯重和黄宗智所描述的内卷式状态。只有当农业经济实现较大程度的繁荣、创造出足够的生产剩余后,或按照命题 5.3 的逻辑,当劳动的边际收益超越动态门限水平后,资本主义精神才能成为激励资本积累的原

[①] 原文中数学公式表达的经济学含义是,该门限水平之所以是动态的,是因为劳动的边际收益代表的是价格水平,是随社会总体的成本价格水平的变动而变动的。

[②] 资本主义精神来源于韦伯的重商主义思想,资本主义精神强度的参数来源于 Zou(1994, 1995)。

[③] 在这一逻辑下,新大陆的发现和开发首先极大地增加了农业土地的数量,这意味着农业劳动的边际收益的大幅度提升,因而,新大陆的发现扣动了英国进入资本积累程序的扳机,从而奠定了其进入工业化道路的基础。这一结论暗合了彭慕兰《大分流》的逻辑。

[④] 当然,中国的思想文化运动实际上早已经历了维新变法和五四运动等数次运动的推动。

动力。资本积累对于工业化初期的经济发展及之后的可持续的内生增长都是至关重要的。所幸的是,中国在改革开放初期就首先推动了农村家庭联产承包责任制改革,使得农业经济的要素潜能在短期内得到极大的释放。虽然当时的技术水平同今天相比实际上非常低,但当时所需的动态门限水平也很低。回头看改革开放的过程,在每一个关键节点中国都做出了正确的选择。

命题 5.2 和命题 5.3 把文化制度、资本、技术、新大陆等因素的相互作用和关系联系在了一起,同时,其内在的逻辑也明确了各个要素发生作用的顺序。新大陆对于英国的作用是外生地促成了农业部门的边际收益的提升,文艺复兴和新教革命则推动了重商主义的兴起,这两个因素共同奠定了资本积累的进程;而贸易扩大了工业产品的市场空间,推动了工业的进一步发展。关于贸易的作用已有很多讨论,一般认为它具有"双刃剑"作用,对工业化进程有极化作用,占优势者发展加速,处劣势者发展受抑。工业资本的积累最终引致技术进步的内生性发展,这是早期走向内生可持续增长的工业化发展之路。中国历史上虽然在部分时期不乏重商主义思想,但始终未能逃脱马尔萨斯经济或内卷式发展的束缚,根本原因在于传统文化的弊端,一方面缺乏对重商主义的持续激励,另一方面缺乏对科学技术领域的文化引导和激励。当然最主要的是皇权制度的约束,从根本上制约了要素使用效率的提升,所以文化制度是制约中国早期工业化发展的基础因素(陈昆亭和周炎,2008)。

我们对各阶段的发展特征进行简单的总结。在第一阶段,即初始工业化过程(由以农业经济为主向以工业经济为主的转化过程),物质生活资料的供给不足是经济的主要矛盾。物质需求是社会最主要的偏好行为特征,此时的社会总体资本存量水平低下,不足以支撑专业化的技术研发部门的形成(命题 5.1)。资本的原始积累是这一阶段主要的经济行为特征,生产发展的机制主要表现为第一种机制(通过要素整合来提升效率),具体表现为当农业部门获得生产剩余后,农业劳动开始向工业部门转移,刺激工业经济较快地发展。在这一阶段的模型经济中,**在平衡增长路径上,资本、产出、消费等的增长率都可以表示为人口转移率的函数。因而,这一阶段增长的主**

要源泉是劳动的转移①(这样的转移包含劳动潜能的解放和释放)。

在第二阶段,即后工业化过程(由工业化经济向后工业化经济转化的过程),西方发达经济体出现了典型的"人口下降,经济增长"的现象,这与工业化初期的发展特征具有非常明显的不同,史称"后工业化阶段"。大量的研究表明其内在的机制为:随着工业化程度的加深,农业劳动向工业部门的转移已经结束,对知识化劳动力的需求增加,因此家庭选择减少生育,以培养高质量的技术化劳动。于是社会人口的增长率下降(这也是发达国家在后工业化阶段的集体表现),但劳动质量上升。与此同时,工业经济开始出现分化,低端产业逐步淡出,以高端产业的发展为主,知识技术创新成为企业的核心竞争力。② 但这一时期,知识创新部门的递增的规模效应还不够强,表现为 $(1-\beta)/t-1$ 的符号仍然为负,但由于人口增长率 n 也为负,因而均衡增长率 $g^* = \beta n/[(1-\beta)/t-1]$ 仍为正(陈昆亭和周炎,2017)。这一结论隐含了非常不同的认识,在这一阶段,人口下降不但不是限制经济增长的因素,反而是促进增长的因素;如果此时人口仍然是增长的,反而会阻碍经济增长。这一结论与历史学家们的观察相联系,如黄宗智等的内卷式发展的逻辑和马尔萨斯的"天花板"效应,我们发现,原来先贤们早就意识到同样的内在逻辑,只是未能表达得如今天这样清晰。这也解释了为什么一些经济体在达到中等发达水平后进一步发展,实现了经济的继续飞跃,达到更高水平的均衡;而另一些经济体达到中等水平后,未能跃升至更高水平的均衡,而是重新回到相对低水平的均衡。其内在的逻辑恰恰是,前者顺应了高水平经济发展的需要,降低了人口数量,提升了劳动质量,而后者在经济初步达到繁荣后,未能导向"人口数量下降,质量提升,经济升级"的路径,而是导向"人口增长,经济下降"的路径。

由此可知,在这一阶段,人口结构实现"自然质转"的内在机制是这一阶段经济内生发展动态的核心机制——人口内生机制③。这期间的增长与第一阶段有极大的不同,不再以劳动转移为主要特征,而是以人口下降、劳动

---

① 这一点与陈昆亭和周炎(2017)中模型经济的分析结论相一致。
② 见第5.2节中的大量文献的讨论。
③ Galor & Weil(2000)堪称该理论最经典的文献,其思想有开辟性的贡献。

素质提升,即劳动质量替代劳动数量为推动经济增长的主要动力。而这种劳动结构的变化在本质上仍然是要素结构调整的过程。但同时,随着工业化程度的不断加深,技术进步和知识创新在经济中的重要性得到确认,并逐渐发挥出巨大的替代作用,在19世纪末机器替代人力已经成为一种重要现象。因而,在这一阶段,增长的动力源表现为要素整合机制和技术进步机制融合的结果(要素质量的提升也包含技术改进的成分)。结合以上分析,我们有如下总结性判断:

命题 5.4 在后工业化阶段,劳动结构的自然质转(劳动质量替代数量)是重要的增长动力源;技术的内生机制在该阶段初期占次要地位,在该阶段末期逐渐上升为占优地位。

在这一阶段,经济发展的形态既有显著的独特性,又有鲜明的过渡性。与第一阶段不同,在这一阶段经济增长的动力机制更复杂,既有要素整合机制的成分,也有技术进步机制的成分。而且,要素整合机制在这一阶段的具体表现形式也显著不同(从"劳动转移"到"劳动质转")。当然这一阶段也与后面将要讨论的第三阶段有显著的不同,第三阶段将是以技术进步为唯一机制的时代,即"劳动质转"机制在本阶段将逐渐趋微,其结束就意味着本阶段的结束。"劳动质转"过程为什么会趋微并基本结束呢?这是因为劳动总量是有限的,个体劳动者的生命是有限的,学习的能力是有限的,不可能通过持续减少劳动数量来获得劳动质量(知识技能)的无限提升。因而,如同第一阶段不可能持续依赖"劳动转移"机制一样,本阶段也无法持续依赖"劳动质转"机制。总体来看,要素整合机制只在前两个阶段有水平增长效应,但无长期可持续的增长效应。因而,如何顺利过渡到第三阶段是长期可持续增长的最终命题。

在第三阶段,即内生可持续增长过程(也称"知识经济增长阶段",是后工业化阶段向知识经济形态过渡的过程),以"劳动转移"和"劳动质转"为主要增长动力的阶段彻底结束。第三阶段的理想状态是,经济要素(资本、劳动、技术等)的结构趋于稳定,各部门比例趋于均衡,长期的经济增长率决定于内生的技术进步增长率。这是完美的可持续增长的均衡状态。传统的内生增长理论对此有坚定的信心和充分的描述。但最新的理论和经济发展的现象表明,事情并不如此简单。这种理想的经济内生可持续的均衡状态并非是稳定的、必然可实现的。我们无法确定经济的均衡将是怎样的,有可能会出现多重均衡,可能实现长期可持续增长,也有可能出现滞胀(比如"中等收入陷阱")。能够实现持续增长的关键在于需要满足一些具体的条件。

命题 5.5① 在一般条件下(即合理的参数范围内),内生增长经济存在多重均衡的可能性(既有高水平均衡的可能性,也有低水平甚至零增长的可能性)。

命题 5.6 经济实现稳定的正的内生增长(即可持续的内生增长均衡)的条件包括:(Ⅰ)知识生产部门的规模报酬递增的效应(强度)足以补偿工业生产部门规模报酬递减的效应(强度);(Ⅱ)经济系统(部门内、部门间)必须"协调"发展②。

这两个命题联合起来清晰地概括了在第三个阶段"知识技术创新机制"是如何发挥作用的,以及可能会导致什么样的结果。这些结论表明:(1)在内生增长阶段,经济不一定会实现正的持续增长,相反,要实现正的持续增长需要非常严格的条件。(2)经济系统能够实现协调发展实际上是要素整合机制趋微的结果,如果这一条件不能满足,则意味着第二阶段没有结束,这当然也成为制约内生可持续增长实现的条件。因而,命题 5.6 实际上强调了经济系统实现"协调"的重要性,这是进入内生可持续增长的前提。(3)这一阶段的内生增长动力的唯一来源是知识技术的创新,此时技术创新的补偿性所带来的正的增长效应足以抵消生产部门要素的边际贡献率下降造成的负效应。而更有意思的是,这种补偿的形成不是到第三阶段才开始的,而是在第二阶段就开始了。第三阶段的增长水平根植于第二阶段的劳动质量与劳动数量的内生转化的程度,根植于社会生态等微观基础条件(比如知识产权保护、人才形成和激励机制、教育科研部门的待遇水平等),其中最重要的一点是知识技术性人才的内生可持续性。它严格地要求我们对于基础要素的培养有充分的前瞻性,等到达第三阶段才去考虑基础人才的培养就已经晚了。认识到这一点其实很难,虽然这个结果看起来是数学模型演化的

---

① 命题 5.5 和命题 5.6 来源于陈昆亭和周炎(2017)的主要结论或直接推证。
② 这里的"协调"发展有相对严格的要求。原文中仅限于理论探讨,并没有进行深入的讨论,但"怎样的结构比例是最优的"本身就是一个非常值得深入研究的问题,具有重要的应用价值。

结论,但实际上非常合理。"十年树木,百年树人",每一个学科的发展和人才的储备培养周期都是非常长的,都是几代人的共同努力和积累的结果。而一个国家的经济进入以知识技术创新为主要增长机制的时代,需要大量的先进学科和大量的基础性创新人才,只有当这样的基础性储备量达到足够的水平时,才有可能形成质的飞跃。

在陈昆亭和周炎(2017)中,长期均衡的内生增长率 $g=[(1-\tau)w-\delta-\rho]/\sigma$,表明在内生可持续均衡的条件得到满足时,在影响内生增长的技术进步率的因素中,唯一受政策直接影响的变量是科教部门的劳动的边际回报率(w)。这意味着一方面需要大力提升教育和科研人员的边际产出能力,另一方面需要通过提升教育和科研人员的待遇,促进优秀人才流入该领域。这是真正影响长期均衡增长率的唯一途径。为了进一步强调和突出这一点,我们特别以命题的形式给出:

命题 5.7 高等教育科研部门和科学家是推动社会经济长期可持续发展的核心力量。

对这一命题的广泛、正确的认知具有重要意义,有利于社会形成真正尊师重教的共识。企业家当然是社会发展的重要力量,他们是善于组织管理和经营的劳动者,是实现资源优化配置和组合生产的执行者,在本质上是劳动者的一部分,是使要素整合机制充分发挥经济增长动力作用的得力干将,是第一和第二阶段经济发展的重要功臣,但他们不是促进技术创新机制的主力。在内生增长阶段,一定要充分重视教育和科研部门的优先发展,只有这样才能促进整体经济的长期可持续发展。可以预见,在第三阶段,纯粹的企业家的地位将大大下降,科学家的地位将大大提升,社会生产的组织者将成为一般性的劳动者。

在这一节,我们得到一些重要结论:(1)在经济增长的第一阶段(以劳动转移为主动力)和第二阶段(以劳动结构调整为主动力),要素整合机制是经济增长主要的动力源,有水平的增长效应;但是通过要素整合提升效率的空间是有限的,当所有要素都调整到有效状态时,要素整合机制改进效率的作用就没有了(比如人口红利的结束,正是人口部门间转移和人口结构的调整空间消失的结果)。因而,要素整合机制在前两个阶段仅有水平的增长效应,没有长期可持续的增长效应。(2)在第三阶段,经济增长的主要动力源是通过知识技术创新来提升效率的机制,简称技术提升机制。技术进步如果已经达到内生可持续增长的轨道,则这种增长效应就是长期可持续的。但如果一个经济长期依赖于技术的引进,而未能发展出自身的技术创新能力,或因为其他情况未能形成内生可持续的技术创新系统,则该经济就有可能陷入所谓的"中等收入陷阱"。

5.4 结合内生可持续增长理论对我国现阶段发展的思考

首先,我们必须要对当前中国经济所处的阶段有一个清楚的认识。对照前文所述的"新阶段性理论",中国经济的发展具有独特性。如果将改革开放看作工业化进程的开始,改革开放后,中国开始逐步出现大规模的农业劳动向工业经济的转移,因而,这一时期表现出显著的第一阶段的典型特征。

一般来说,在后工业化阶段,即前文描述的第二阶段,经济都会出现人口下降的特征,这已被早期工业化的发达国家的历史所验证。UGT 类模型已经非常好地解释了这些特征形成的内在机制,即工业化发展需要更多的技术化劳动,社会家庭部门为满足经济发展的劳动需求,不得不供给培养成本大幅度提升的知识化劳动,同时养育子女的机会成本也随着单位劳动时间报酬的提升而不断提升,这迫使家庭部门的生育选择从重视数量转化为重视质量。人口的自然增长率下降成为工业经济发展的典型特征,这是进入工业化经济的必然过程。

已有研究(陈昆亭和周炎,2017)指出:(1)人口增长和资源约束等对经济增长的制约,可以通过知识技术的创新来弥补。资源约束或者诸多其他方面的制约,导致工业生产部门的总技术无法保持长期的规模报酬不变水平,但只要知识技术的溢出效应或人力资本的外部性效应足够强,使知识生产部门形成足够大的递增的规模报酬率,能够抵消工业生产部门的规模报酬递减的影响,总体经济就同样可以形成等同于规模报酬不变的生产技术的效果,经济仍可以达到内生增长均衡,实现可持续增长。(2)经济实现可持续的内生增长的条件为主要部门之间的实际资本回报率和实际劳动回报率保持相同。(3)为实现正的内生增长,知识生产部门的规模报酬递增的强度与物质资本在知识生产中的弹性贡献率呈正相关关系;知识生产部门的规模报酬递增的强度越接近于实现正增长的临界值,内生增长率越高;农业生产中土地的产出弹性越大,为实现正的增长率要求的知识生产部门的规模报酬递增的强度越高。

根据模型研究的结论,具有持续增长效应的动力源是**技术进步、创新和人力资本的积累**,而促进技术进步、创新与人力资本提升的重要途径是**制度政策的创新**。只有当政策制度体系能够充分激励知识技术进步时,知识技术进步才会成为经济的内生要求,从而经济才能持续增长。

根据这些理论,我们可以对近十年中国经济增长速度的持续下降有一个不同的理解。

自2008年金融危机以来,中国经济增速持续下降,这是中国经济自改革开放以来经历的最长的一次下降周期,引起了各方面的关注。多数观点较为悲观,认为中国经济的长期增长趋势已经扭转下移,中长期将表现为"L"形特点。对此现象的解释不少,比较具有代表性的有"三期叠加""五期叠加"等观点,这些解释都有一定道理,但根据长期可持续增长的逻辑,我们可以看到不同的深层次原因。

现有的多种因素叠加的说法包括结构转型、金融风险防范、供给侧结构性改革、新旧动能转换、生态建设改革、贸易摩擦等等。这些因素叠加在一起看起来的确会产生重大影响,但实际上没有充分的证据表明这些因素会限制投资,当然金融风险防范可能会在一定程度上减少投资,但有效的投资是不会受到影响的。因此,上述因素可能影响生产,但不应该对投资产生太大的影响。我们实际观察到的现象是近十年来我国资本的边际回报率持续下降,造成投资的严重减少。试想,如果经济中有稳定持续的投资,怎么可能形成如此持续的下降周期?结构转型、动能换挡都是长期经济发展中自然的动态演化过程,怎么可能形成如此显著的短期效应?经济结构改革、绿色改革都是改革,但改革开放这么多年,每项改革都是优化配置、促进增长的,又怎会抑制增长?正如Song(2016)和范剑平(2016)指出的,中国经济的症结在于资本边际回报率下降得太快。为什么2008年后中国的TFP和资本边际回报率急剧下降呢?无论是按照新古典的真实商业周期(RBC)理论的模型还是新凯恩斯主义的模型,都不可能对中国近十年的资本边际回报率的下降做出很好的解释。

唯一的解释是缺乏内生的创新力,创新补偿力度不足,或者根本未能启动(有效的或足够的)内生创新机制。在一个以内生创新机制作为动力源的经济中,资本的边际回报率都应当表现为近似卡尔多事实观察的结果(即回报率是非减的)。在改革开放以后30年的高速增长阶段,白重恩和张琼(2014,2016)先后估算的资本的边际回报率分两个阶段(1978—1991年,1991—2007年)出现阶梯下降,自2008年之后更是单调下降。这种表现基本上是新古典式经济的发展特征,因而基本上可以确认内生增长机制未能被有效地激发。比较合理的解释是,改革开放后中国经济增长的主要动力来自要素整合机制。在进入第二阶段以后,要素整合机制的边际效率逐步下降,当降低到一定程度后,经济增长主要依赖于技术引进来支撑技术创新机制,因此在技术的外部引进受到制约后,经济出现断崖式下降。这恐怕是对近年来中国经济现实的最准确把脉。量化模型的检验也指出:内生创新不足、外部技术引进受阻、效率的边际下降可以解释本轮经济下降的80%,而资本边际回报率的下降周期也与本轮经济的下降周期完全一致。

在经济自然内生增长的发展过程中,增长的两种机制(要素整合机制和技术创新机制)的转换是渐进的。而且,要素整合的生产过程并非简单的劳动与资本的结合,要素整合的过程通常也包含着新技术的使用。但中国改革开放初期的增长所依赖的技术主要源于直接的技术引进和包含于资本引进中的技术带入。对外开放引入的绝不是简单的金融形态的资本,而更主要是物质形态的资本。物质资本(比如机器)的实质是技术化的物质的新形态,即包含技术的物质或资本。所以,"技术引进+资本引进+劳动转移"的组合,才是对改革开放后中国经济增长的动力源的完整描述,其本质上是要素整合机制与技术创新机制联合作用的结果。

这一机制推动了中国经济持续30年的高速增长,但同时也埋下了最近十年增速持续下降的诱因。在改革开放的初始阶段(前30年),要素整合机制的效率较高,同时在资本引进过程中直接技术和包含在物质资本中的间接技术的引进也形成了巨大的技术创新机制,这样的联合作用是改革开放初期中国经济高速发展的主要动力机制。但在2008年之后的最近十余年,要素整合机制的效率已经达到较高水平,其边际贡献日益趋微;同时,对外贸易的大幅度下降也造成了直接和间接的技术引进的大幅度下降,虽然我国自身的技术创新能力已有大幅度提高,但总体水平和实际贡献率还相对较低,特别是能够占领产业链高端位置的新兴产业方面的引领型创新能力还非常不足。而原有产业由于产品的需求逐渐趋于饱和,其对经济增长的贡献率越来越低。因此,近年来经济增长率的持续下降就不难解释了。

2008 年金融危机之后,我国外部需求下降,受到冲击的并非仅仅是总需求,还包括技术交流。金融危机不仅使我们认识到对外部需求过度依赖的危害,更让我们意识到过度依赖技术引进的危害更大、更深远。当前中国经济发展的确面临着前所未有的困难,本质的问题还在于自身创新能力的不足,根源在于长期以来的教育部门投资不足,教育科研人才待遇低下。但通过教育的发展形成足够的创新力不是短期可以见效的,这是当前中国的经济和教育等相关部门迫切需要关注和重视的问题。

5.5 小　结

经济增长理论的缓慢进步与国际金融经济快速发展的现实相碰撞,激励着理论的不断完善和改进,也促进了经济管理理念的不断改变。本章对主流的经济增长理论的方法与思想体系的发展进行了总结,并讨论了不同理论在解释实际的国际经济活动和规律上的优点和缺陷,总结提炼出"要素整合"和"技术创新"两个机制,可以对我国改革开放 30 年的高速增长及近十年增速减缓的现象给出系统的良好的解释。但显然我们的理解水平还很有限,这只能算是对增长现象解释的一点补充。

在对相关理论进行总结和思考的基础上,本章给出了我们认为对我国未来的稳健、可持续发展极端重要的建议。当前中国的经济发展已经进入第二阶段,单纯通过要素整合提升效率的空间逐渐趋微。有效激发经济的内生增长机制是当务之急。当前通过劳动质量(知识技术化水平)的提升替代数量的下降来促进发展的机制仍有一定空间,这一机制仍是当前阶段增长动力的主要来源(当前知识技术创新的补偿效能仍有限)。在长期经济发展过程中,第三阶段增长的主要动力源于知识技术创新的补偿性。但知识技术创新能力的形成极大地依赖于第二阶段即当前阶段的基础性投入,特别是高水平的人才队伍、学科团队、学科基础等方面的大量积累。这些方面的积累都需要极长的周期,如果在第二阶段结束时没有能够形成足够的积累,就会因为要素整合机制的贡献结束,而新的机制——知识技术创新机制——仍没有有效形成,而出现动力断层。这样的结果会很糟糕,甚至有可能会使经济重返低水平均衡状态。但此时人们的消费习惯和意识倾向已经无法回到创业初期的状态,因而,再要回到内生可持续增长的均衡会更久、更难,国家长期陷入"中等收入陷阱"甚至返贫,都是有先例的。

因而我国当前对高等教育部门、科技部门、高等实验室等的大力支持和广泛培育,应当成为高等教育和国家科技战略的重要方向。有效的激励措施、合理的知识产权政策会是推动这类机构和人才形成的重要微观基础,而国家正确的政策导向、稳定的价值取向更是引导优质青年奔赴科技之路的保证。知识技术创新补偿性的增强极大地依赖于国家强大的、有活力和延续性的高科技队伍,一切从实质上大力提升高等教育和科技部门的劳动者的社会地位的行动,都是促进国家长期可持续增长的智慧之举。

6

创新补偿性与内生可持续增长理论研究

6.1 引 言

传统的内生增长理论预测,经济的长期均衡状态是一个平衡增长的路径。① 这意味着两点:一是在进入内生增长阶段后经济将稳定地持续增长;二是世界上所有国家的经济最终将发展趋同②。近期的一些新研究给出肯定的断言,认为"长期增长是可持续的"(如 Peretto & Valente, 2015; Strulik, Prettner & Prskawetz, 2013 等),这实际上是对传统观点的维护和肯定。虽然 Lucas(1988)的内生人力资本的模型可以解释国家间差距存在的可能性,但也并没有否定所有国家都会走上内生增长路径的可能。也就是说,至少在理论上所有国家都应当受到先发国家的引领而全部走上内生增长的道路,

---

① 内生增长理论系统地解释了近代西方发达经济体在工业化过程中的增长规律。其核心思想是:在发达的工业化经济体中,资源和劳动分别分配到工业化生产部门和技术创新部门,技术创新行为被看作科研机构的生产性活动,技术进步被视为科研机构的"产品"。这样,技术进步成为理性化主观行为的选择结果,因而被称为(经济系统)内生的。传统的内生增长理论的代表性模型,从 P. Romer(1990)的技术内生增长模型理论、Lucas(1988)的人力资本内生的模型理论,到 Aghion & Howitt(1992)的创新内生的增长理论,都致力于对经济增长事实的解释。这些理论很好地解释了近现代世界经济增长的两大方面的主要事实和现象:发达工业化经济体纵向的飞跃性增长的规律和事实,以及横向的国家间差距不断扩大的规律和现象。

② 关于趋同的理论有很多研究,如 Barro(1991);Barro & Sala-i-Martin(1992);Mankiw, Romer & Weil(1992);Baumol(1986);DeLong(1988);Galor(2011);Deardorff(2011)等等。

并最终会全部走在基本相同的内生增长的平衡路径上(所有处于平衡增长路径上的经济体可能有不同的增长率)。

然而现实的情况却显现出巨大的不同。首先,老牌发达经济体近年的增长率在不断下降,这显著地偏离了内生增长模型所预测的平衡增长路径;其次,许多中等收入水平的经济体在走向内生增长的道路时陷入了"中等收入陷阱",它们的情况远比发达经济体近年的遭遇更差,这些经济体似乎刚刚摸到或还没有摸到通往内生增长平衡发展路径的大门,就重新坠入马尔萨斯的"魔咒"状态之中(见附录6-1中图6A.2和图6A.3)。

这些情况引起我们思考:内生增长理论所预测的平衡增长路径的可持续性是否值得怀疑?或者说,内生增长阶段的均衡状态(即平衡增长状态)是否稳定?在后工业革命阶段,经济发展路径会是怎样的?长期经济增长是否可持续?

Aghion & Howitt 的《内生增长理论》第五章中提出:"如果没有节约资源的创新,那么在这个有限的地球上,根本不可能支撑工业革命以来不断膨胀的物质需求……尽管内生增长理论中没有什么因素可以保证可持续发展到无限未来,但如果我们拥有足够的创新以及正确的方向,得到这样的结果还是可能的。"(Aghion & Howitt,1998)

那么实际上我们最需要关注的问题是,如何使创新可持续?根据我们的理论,更具体来说,就是要回答:多高的创新的边际贡献率才能恰好补偿经济中社会总生产能力的边际下降,使得经济实现可持续的内生增长?毕竟单纯依靠节约能源是不能实现可持续增长的,单纯地希望不破坏环境来延缓环境的承载限度也是不可能的,重要的是要有创新,只有通过不断的可持续的创新来弥补必然的资源的消耗,才能真正做到可持续增长。那么这样的计划能够实现吗?Aghion & Howitt(1998)认为有可能,但没有深入研究给出确定的答案,也没有指出具体的能使创新可持续的方案。

另外,Peretto & Valente(2015)及 Strulik,Prettner & Prskawetz(2013)等给出的"长期增长是可持续的"论断是可靠的吗?Peretto & Valente(2015)的模型非常先进、漂亮,但其中一个问题是土地(资源)只给家庭带来财富效应,并不进入生产。终端产品的生产部门仅依赖于中间产品,中间产品的生产同样与土地(资源)无关。因此,实际上土地资源并没有对生产规模形成约束。同时,土地(资源)以有价形式进入财富约束,就决定了该文重在对中短期经济行为的观测和分析。因而,该文所得出的长期可持续的稳态均衡,实际上是在回避了资源约束的前提下得到的。Strulik, Prettner & Prskawetz (2013)同样没有讨论资源约束问题。但该文的核心结论很有意思:人口与生产力之间存在替代效应。他们分析说,这意味着对于发展经济而言,人口增长率低于"可复制水平"不是坏事,就这一点来说,其结论比单纯的基于研发机制的增长理论预测的结果要好。这一结论实际上与本章指出的第二阶段发展的思想非常一致。无论如何,现有的研究既无法肯定内生增长的可持续性,也没有坚实的论据否定之。

本章重在研究创新的溢出效应(补偿性)及其可持续性,这实质上可以归结为内生增长理论模型的稳定性问题和平衡增长路径的可持续性问题。我们建立了一个包含农业生产、工业生产和知识创新部门的三部门模型,模拟研究经济最终向内生增长过程转化的动态规律。研究分为两个部分:在第一部分的基础模型中,假定所有部门都采用规模报酬不变的技术,研究长期经济均衡(内生增长平衡增长路径)的存在性和稳定性条件;第二部分改变假设,假定在工业经济中生产技术是规模报酬递减的,而创新部门的生产技术是规模报酬递增的,在这一模型中进一步研究长期均衡的存在性和稳定性,并对照基础模型的结果,希望找到实现内生可持续增长的条件。

为什么要考虑三个部门呢?首先,所有经济体在早期发展过程中,都是从以农业经济为主逐步过渡到以工业经济为主,所以研究经济的长期发展过程,必须考虑这样的转移过程。同时,土地如今仍是食物的主要生产要素,所以,虽然在发达经济体中农业所占的比重非常低,但农业仍是经济的基础。其次,创新部门主要展示了当今以及未来发展的趋势,创新对经济发展的影响越来越重要,正成为长期经济增长的原动力。因而,三部门模型才能更准确系统地解释从农业经济向工业经济和知识型经济转移的总动态过程。

模型经济预测的结论指出:(1)人力资本形成的时间成本和知识技术的增长率是决定内生增长可持续性的关键参数。存在技术进步增长率的门限水平。当经济中实际的技术进步率高于这一水平时,经济可以保持在平衡增长路径上;低于这一水平时,经济会稳定于均衡状态("中等收入陷阱"或较高水平的均衡增长状态）。(2)经济实现可持续的内生增长的条件为不同部门之间的实际资本回报率和劳动回报率应保持相同。

本章第6.2节建立一个基于标准内生增长模型的基本假设的统一增长模型，研究内生增长经济逐渐形成的基本动态规律、经济逐渐趋向内生的平衡增长路径的动态转移过程、各经济总量之间的相互关系以及制约经济内生增长可持续的条件等。在第6.3节中我们放宽一些标准模型的假设，假定各个生产技术是非规模报酬不变的，研究在初始经济处于非规模回报不变的技术条件下，经济逐渐趋向内生平衡增长路径的动态转移过程、各经济总量之间的相互关系以及多重均衡的可能性。第6.4节研究内生增长均衡实现的条件等。第6.5节进行数值化和参数化，分析模型经济解的性态。第6.6节结合模型经济的预测结论解释长期经济发展的一般规律。第6.7节总结本章。

6.2 经济模型及动态分析

6.2.1 模型经济

在2000年前后，Galor和Lucas等发展起来的统一增长理论代表了增长理论的一个新高度，其目标是建立能够系统一致地解释不同阶段经济发展过程的统一的模型理论。这一思想极其伟大，但并不容易实现。Galor的一系列研究讨论了很多方面的问题，但每一篇论文都只是讨论一个阶段的单一现象，比如在后工业革命阶段西方经济体人口下降的现象、贸易在工业化进程中的作用等等。这实际上并没有建立起一个能够系统地解释从农业经济到后工业革命后多个阶段的动态过程的统一模型。Lucas曾试图用一个框架来解释人类文明发展多个阶段的一般规律，但其模型需要针对不同阶段提出新的假设、增加新的变量，这仍然有失统一增长理论的初衷。他们的模型的一个共同点是都使用了内生人口增长率的机制。这可能会造成误解，让人以为内生人口增长率就是统一增长模型理论的核心特征。

虽然人口内生的假设在一定程度上可以帮助解释人口的动态，但它不是统一增长理论的核心或必需的思想，也不代表内生增长的本质。为了更好地聚焦于主要问题,我们将采取尽可能简化的假设。

考虑在一个经济中,人口增长服从稳定的自然增长率 n,初始阶段总人口数量设为 1。假设经济正处于从以农业经济为主逐步向以工业化和知识化经济为主转型的发展过程中。

假设 6.1　经济部门的结构假设。假定经济中有农业生产部门、工业生产部门和知识创新部门,①三个独立部门的生产技术都是规模报酬不变的(constant return to scale),简称 CRS 型经济。这一假设与大多数现有的研究保持一致,以便将模型的主要结论同已有的主流理论的结论进行比较。我们会在 6.3 节中放松这一假设。

假设 6.2　劳动异质性假设。为了充分拟合实际经济,我们引入农业劳动和工业劳动之间的异质性,这样的设计与 Aghion & Howitt(1992)划分"技术劳动"与"非技术劳动"的基本思想一致。假定在农业部门中劳动者为无须使用高能知识的一般劳动,而工业部门的生产必须使用知识技术型劳动;同时我们假定一般劳动转化为知识技术型劳动需要付出固定的知识技术学习的时间成本(虽然这种成本存在个体差异,但我们为降低复杂性,仅从平均的角度假设成本是固定的)。

假设 6.3　知识技术创新假设。假定知识型劳动以人力资本的形态存在,是社会知识与劳动行为的结合,其基本思想是:**知识本身是一种静态的存在,是书中的文字、符号和各种文本,或者是存在于前人脑中的记忆。这些静态的记忆或符号本身并不会转化为动能或创新思想,只有当这些静态的知识被存入人脑,同劳动者生产活动进程中不断的思考相结合的时候,才会有新思想知识的产生,才会有创新发生。**

假设 6.4　生产与产品规定性假设。假定农业部门的产品是易腐的,全部用于当期的消费(为了简化,我们不考虑存储和贸易需求方面的影响)。在工业生产部门和知识生产部门,假定知识技术不直接贡献于生产(即不作为直接的生产要素),而是通过人力资本的形态进入生产过程中。知识型劳动按照需求分配到工业生产部门和知识创新部门(教育和科研部门)。假定

---

① 考虑农业和工业生产部门的划分,是为了方便考察两个部门之间的劳动流动效应;考虑知识创新部门是为了研究技术内生的增长机制。

工业产品可作为资本品参加再生产,也可用于知识生产,或直接成为消费品。

假设 6.5　关于市场与政府效率的规定性假设。假定市场是有效的,或者中央计划者的信息足够完备并且决策是理性的。这一假设意味着部门间的资源配置总能实现结构性平衡。在分散经济中市场的有效性可以调节部门之间的资本和劳动的配置。在中央计划经济中,信息足够完备而且足够理性的政府可以实现部门之间的配置。后面也将讨论这一假设不能有效实现的影响。

农业生产部门:假定农业生产依赖于固定的人均土地量 T 和农业劳动投入 N,农业部门的科技进步完全依赖于社会整体的技术进步对农业部门的辐射,为简单起见,假定服从固定的辐射比例,即农业技术的积累量 B 与社会总知识存量 A 成固定比例:$B=\xi A$。假定农业生产服从 Cobb-Douglas 技术,其中 β 和 $1-\beta$ 分别为土地和劳动对农业产品的产出弹性,其中 T 表示经济中总的土地资源数量,N 表示总的农业劳动力。为了简单起见,下面取 $\xi=1$。

工业生产部门:假定工业生产依赖于物质资本和知识型劳动两种要素,且服从 Cobb-Douglas 技术 $F(K,H)=K^{\alpha}H^{1-\alpha}$,其中 α 和 $1-\alpha$ 分别为物质资本和人力资本的工业产出弹性,K 表示物质资本,H 表示人力资本,即技术知识与劳动的结合,或知识化技术化的劳动。对于人力资本,简单定义其满足 $H=AL(1-\tau)$,这样,总生产关系仍基本一致于常用的劳动加强型的技术函数形态 $F(K,L)=K^{\alpha}(AL)^{1-\alpha}$,同时也基本符合 Lucas(1988)中定义的人力资本生成关系的特殊形态。稍微有一点不同的是这里引入了人力资本固定的形成成本 τ,现实的经济学含义是,任何知识和技术的学习都需要时间和劳动的付出。但这里重点不在于研究这一因素的影响,因此仅假定其为固定的比例成本,以便于考虑平均的知识学习时间成本对长期均衡增长率的影响。

知识创新部门:假定知识生产依赖于物质资本和知识型劳动两种要素,且服从 Cobb-Douglas 技术 $G(K,H)=K^{\eta}H^{1-\eta}$,其中 η 和 $1-\eta$ 分别为物质资本和人力资本的知识产出弹性。这一假设同 P. Romer(1990)的现代增长模型的假设一致。

私人消费部门:假定私人消费部门消费两种商品,农产品和工业品。假定代表性的个体有无限生命期,对农业产品的消费需求有最低限制,即至少要达到基本的生命存活的标准需求 $\bar{c}$,但对于工业品的需求没有约束。假定对两种产品的需求都服从基本的边际递减规律,相互之间没有可替代性。根据假定,社会总劳动量为1,假设其中有 $1-L$ 比例的劳动从事农业生产,剩余 L 比例的劳动选择教育,这部分劳动经过与知识的结合形成知识型劳动,以人力资本的形态存在。

假定个体为理性消费者,追求生命期效用的最大化,即:

$$\max \int_0^\infty e^{-\rho t} \left(\frac{c_1^{1-\sigma}-1}{1-\sigma} + \gamma \frac{c_2^{1-\sigma}-1}{1-\sigma} \right) dt \tag{6.1}$$

其中, c_1、c_2 分别表示人均农产品和工业品的消费,参数 ρ、σ 分别表示效用贴现率和风险回避系数。上述最大化问题受到资源约束,即:

$$c_1 = A^{1-\beta} \cdot e^{-\beta nt} \cdot (1-L)^{1-\beta} > \bar{c} \tag{6.2}$$

$$\dot{k} = (vk)^\alpha (\mu H)^{1-\alpha} - (n+\delta)k - c_2 \tag{6.3}$$

$$\dot{A} + \tilde{\delta} A = [(1-v)k]^\eta [(1-\mu)H]^{1-\eta} \tag{6.4}$$

其中,式(6.2)中不等式右端项 $\bar{c}$ 表示维持生存必需的最低农产品的需求,将其标准化为1;k 表示人均资本存量;v 和 $1-v$ 分别表示物质资本投入在工业与知识生产部门之间的配置比例;μ 和 $1-\mu$ 表示人力资本在两部门之间的配置比例,假定 $v>\mu$(即假定物质资本在工业生产部门中的贡献大于在知识生产部门的贡献,人力资本在知识生产部门的贡献大于在工业生产部门的贡献;当 $v=\mu$ 时,这两个部门退化为一个部门);δ 和 $\tilde{\delta}$ 分别表示资本和知识的折旧率。

6.2.2 模型经济均衡解

我们首先不考虑式(6.2)中的不等式约束。建立如下乘子方程:

$$J = u(c_1, c_2) e^{-\rho t} + \lambda_1 [A^{1-\beta}(1-L)^{1-\beta} \cdot e^{-\beta nt} - c_1] + \lambda_2 [(vk)^\alpha (\mu H)^{1-\alpha}$$

$$- (n+\delta)k - c_2] + \lambda_3 \{[(1-v)k]^\eta [(1-\mu)H]^{1-\eta} - \tilde{\delta} A\} \tag{6.5}$$

定义: $l_0 = \frac{1-\mu}{\mu} \frac{v}{1-v}, w \triangleq \frac{vk}{\mu H}$ \tag{6.6}

有最优条件:

$$c_1^{-\sigma} e^{-\rho t} = \lambda_1 \tag{6.7}$$

$$\gamma c_2^{-\sigma} e^{-\rho t} = \lambda_2 \tag{6.8}$$

$$-\lambda_1(1-\beta)A^{1-\beta}(1-L)^{-\beta}e^{-\beta nt} + \lambda_2(1-\alpha)w^\alpha\mu A(1-\tau)$$
$$+ \lambda_3(1-\eta)l_0^\eta w^\eta(1-\mu)A(1-\tau) = 0 \quad (6.9)$$

$$\lambda_2\alpha kw^{\alpha-1} - \lambda_3\eta kl_0^{\eta-1}w^{\eta-1} = 0 \quad (6.10)$$

$$\lambda_2(1-a)Hw^\alpha - \lambda_3 Hw^\eta(1-\eta)l_0^\eta = 0 \quad (6.11)$$

$$\dot{\lambda}_2 = -\lambda_2(\alpha vw^{\alpha-1}-\delta) - \lambda_3[\eta(1-v)l_0^{\eta-1}w^{\eta-1}]$$
$$(\alpha_1-1)g_k + \alpha_2 g_A + \alpha_2 g_L = 0 \quad (6.12)$$

$$\dot{\lambda}_3 = -\lambda_1(1-\beta)A^{-\beta}(1-L)^{1-\beta}e^{-\beta nt} - \lambda_2(1-\alpha)uw^\alpha L(1-\tau)$$
$$-\lambda_3[(1-\eta)(1-\mu)(1-\tau)Ll_0^\eta w^\eta - \delta]$$
$$= \lambda_3[(1-\eta)(1-\tau)l_0^\eta w^\eta - \delta] \quad (6.13)$$

由式(6.10)和式(6.11)可推出：$l_0 = \dfrac{\eta}{1-\eta} \cdot \dfrac{1-\alpha}{\alpha}$。

由式(6.11)、式(6.12)和式(6.13)得到：

$$g_w = \frac{\dot{w}}{w} = \frac{1}{\eta-\alpha}[(1-\eta)(1-\tau)l_0^\eta w^\eta - \alpha w^{\alpha-1} + n + \delta - \tilde{\delta}] \quad (6.14)$$

$$\hat{g}_w = \frac{1}{\eta-\alpha}[\eta(1-\eta)(1-\tau)l_0^\eta w^{\eta-1} + (1-\alpha)\alpha w^{\alpha-2}] = \begin{cases} <0, \eta<\alpha \\ >0, \eta>\alpha \end{cases}$$

由此可知，当 $\eta>\alpha$ 时，w 呈现指数型爆发式增长，这种情形可以解释在知识爆炸阶段经济增长的特征，但在一般的长期均衡下，这种情形很难发生。仅当 $\eta<\alpha$ 时，式(6.14)有稳定均衡解 w^*，由非线性方程 $(1-\eta)(1-\tau)l_0^\eta w^\eta - \alpha w^{\alpha-1} + n + \delta - \tilde{\delta} = 0$ 决定。这表明当 $\eta<\alpha$ 时，物质资本与人力资本之间存在稳定的比例关系。

对此的经济学解释是：α 和 η 分别表示资本在工业生产部门和研究部门中的产出弹性。当物质资本对知识的产出弹性大于对工业生产的产出弹性（$\alpha<\eta$）时，资本投入知识生产可以获得更大的社会收益，知识回报引导内生增长走向更高水平的增长，如此形成螺旋上升的爆发式增长过程。反之，当物质资本对知识的产出弹性小于对工业生产的产出弹性（$\alpha>\eta$）时，资本直接投资于工业生产更有利，而知识投资的回报未能形成超值回馈，经济各部门最终形成稳定的投资比例，稳态均衡存在。

实证结果支持 $\alpha > \eta$ 成立。① 此时,ω 的动态轨迹是收敛的。另外,当 $\alpha = \eta$ 时,可以证明 k/H 是常数值,此时,ω 是自动稳定的。进一步,F'_k,F'_H,G'_k,G'_H 都可以表达成以 ω 为唯一变量的函数,因而当 $\alpha \geq \eta$ 时都会收敛于稳定值。

下面主要讨论 $\alpha \geq \eta$ 的情形。此时存在 w^* 满足方程:

$$(1-\eta)(1-\tau)l_0^\eta w^\eta - \alpha w^{\alpha-1} + n + \delta - \tilde{\delta} = 0 \qquad (6.15)$$

因此,$\dfrac{\dot{w}}{w}\Big|_{w=w^*} = 0$。这意味着人力资本与物质资本同比例增长。

由式(6.8)和式(6.12)得到:

$$\frac{\dot{c}_2}{c_2} = \frac{\alpha w^{\alpha-1} - n - \delta - \rho}{\sigma} \qquad (6.16)$$

式(6.16)表明,g_{c_2} 仅依赖于 w,从而在 w^* 处有稳定的常数增长率,定义为:$g_{c_2}(w^*) \equiv g^*$。

由定义有:$g_H = g_K = g_A + g_L = g_{c_2} = g^* \qquad (6.17)$

由式(6.5)得到:$\dfrac{\dot{k}}{k} = vw^{\alpha-1} - n - \delta - \dfrac{\dot{c}_2}{k} \qquad (6.18)$

由式(6.6)得到:$\dfrac{\dot{A}}{A} = l_0^\eta w^\eta (1-\mu) L(1-\tau) - \tilde{\delta} \qquad (6.19)$

由式(6.4)得到:$\dfrac{\dot{c}_1}{c_1} = (1-\beta)\dfrac{\dot{A}}{A}\beta N - (1-\beta)\dfrac{L}{1-L} \cdot \dfrac{\dot{L}}{L} \qquad (6.20)$

由式(6.7)、式(6.8)和式(6.9)得到:

$$\sigma\left(\frac{\dot{c}_2}{c_2} - \frac{\dot{c}_1}{c_1}\right) = \beta\frac{\dot{A}}{A} + \beta n + \alpha\frac{\dot{w}}{w} - \beta \cdot \frac{L}{1-L} \cdot \frac{\dot{L}}{L} \qquad (6.21)$$

---

① 一般而言,发展中经济体在最初的发展中往往资本相对缺乏,因此资本的产出弹性非常高。我国在改革开放初期估计的资本产出弹性甚至达到 0.95 以上。随着资本积累的深化,这一数值逐步缩小,发达经济体以美国为例,资本产出弹性一般估计会小于 0.5。一般估计中国近年的资本产出弹性应在 0.5 以上,罗德明、李晔和史晋川(2012)以及李文溥和陈贵富(2010)都估计为 0.55。相比之下,在研发部门中,人的智力(人力资本)的贡献会更重要一些,因而资本的产出弹性会小一些。但这方面的实证数据非常少,周炎和陈昆亭(2014)的估计在 0.3 左右。

由式(6.4)、式(6.7)、式(6.8)和式(6.9)得到:

$$\frac{c_2}{k} = \left[\frac{\gamma(1-\alpha)}{1-\beta}\right]^{\frac{1}{\sigma}} \cdot \frac{v}{\mu} \cdot (1-\tau)^{\frac{1}{\sigma}-1} \cdot A^{\frac{\beta}{\sigma}-\beta} \cdot e^{\left(\frac{1}{\sigma}-1\right)\beta n t} \cdot \frac{(1-L)^{1-\beta+\frac{1}{\sigma}}}{L} \quad (6.22)$$

由式(6.20)得到:$g_{c_1} = (1-\beta)g_A - \beta n - (1-\beta)\frac{L}{1-L}g_L$ (6.23)

由式(6.21)得到:$\sigma(g^* - g_{c_1}) = \beta g_A + \beta n - \beta \cdot \frac{L}{1-L} \cdot g_L$ (6.24)

解之得到:$g_{c_1}^* = \frac{(1-\beta)\sigma g^* - \beta n}{(1-\beta)\sigma + \beta}$ (6.25)

由此易知,$g_{c_1}^* < g^* = g_{c_2}^*$。这表明模型经济在稳态均衡的平衡增长路径上,农产品消费的增长率低于工业产品消费的增长率。首先,参数 β(农业产出的土地弹性)越小,农产品消费的增长率越接近于工业产品消费的增长率。当 $\beta=0$ 时,农产品消费的增长率等于工业产品消费的增长率。其次,人口增长率 n 越高,农产品消费的增长率越低于工业产品消费的增长率。

由式(6.19)、式(6.20)和式(6.25)得到:

$$\dot{L} = -bL^2 + (a + b + \tilde{\delta}) \cdot L - (a + \tilde{\delta}) \quad (6.26)$$

其中,$a = [\sigma g^* + (\sigma-1)\beta n]/[(1-\beta)\sigma + \beta]$,$b = l_0^\eta w^\eta (1-\mu)(1-\tau)$。

由式(6.26)得到:$g_L = \frac{\dot{L}}{L} = -bL + a + b + \tilde{\delta} - \frac{a+\tilde{\delta}}{L}$ (6.27)

微分方程(6.27)有解形态:$\log\left|\frac{\frac{a+\tilde{\delta}}{b} - L}{1-L}\right| = (b - a - \tilde{\delta})t + C$ (6.28)

命题 6.1 当 $a + \tilde{\delta} < b$ 时,方程(6.27)存在唯一的渐近稳态解:

$$L^* = \lim_{t \to \infty} L = 1, \quad g_L^* = \lim_{t \to \infty} g_L = 0 \quad (6.29)$$

(证明见附录6-2)。

由 $g^* = g_A + g_L$,所以有:

$$g_{c_2}^* = g_K^* = g_H^* = g_A^* = g^*$$

$$g_{c_1}^* = \frac{(1-\beta)\sigma g^* - \beta n}{(1-\beta)\sigma + \beta} \quad (6.30)$$

综合本节全部结果,可以归纳为如下命题:

命题 6.2 当 $\eta<\alpha$,且 $a+\tilde{\delta}<b$ 成立时,模型经济存在唯一渐近的内生增长均衡(渐近的平衡增长路径)。在平衡增长路径上,$g_{c_2}^*=g_K^*=g_H^*=g_A^*=g^*$,$L^*=\lim\limits_{t\to\infty}L=1$,$g_L^*=\lim\limits_{t\to\infty}g_L=0$,$g_{c_1}^*=\dfrac{(1-\beta)\sigma}{(1-\beta)\sigma+\beta}g^*-\dfrac{\beta}{(1-\beta)\sigma+\beta}n$。

其中,$g^*=\dfrac{\alpha w^{*\alpha-1}-n-\delta-\rho}{\sigma}$,$w^*$ 决定于以下非线性方程:

$$(1-\eta)(1-\tau)l_0^\eta w^\eta - \alpha w^{\alpha-1}+n+\delta-\tilde{\delta}=0 \quad (6.31)$$

式(6.31)可以改写为:$(\alpha w^{\alpha-1}-n-\delta-\rho)/\sigma=[(1-\eta)(1-\tau)l_0^\eta w^\eta-\tilde{\delta}-\rho]/\sigma$。此式左边是平衡增长率,所以平衡增长率还等价于右边项。右边项中 $(1-\eta)l_0^\eta w^\eta$ 按照定义正是技术生产部门的人力资本的边际产出率,记为 w_H。在均衡时,物质生产部门与技术生产部门在劳动自由流动的条件下,人力资本的边际回报率应当相同,即有相同的技术型劳动工资。所以,这一变量正是技术型劳动的回报率(实际工资)。所以,经济系统的最优平衡增长率等价于

$$g^*=[(1-\tau)w_H-\tilde{\delta}-\rho]/\sigma \quad (6.32)$$

这说明在内生增长的平衡增长路径上的增长率水平主要取决于人力资本的成本参数 τ、技术型劳动的实际工资水平 w_H,以及其他几个不可控的参数,如技术知识折旧率 $\tilde{\delta}$、折现率 ρ 和偏好中的风险回避系数 σ。因而,**提升长期内生增长率的途径只有两条:降低平均的人力资本形成成本(比如教育费用),提升技术型劳动实际工资(比如教育和科研人员的工资)**。同时,结合式(6.30)和式(6.32)可知,在内生增长的均衡路径上,人口增长率仅仅影响农产品的人均消费增长率,并不影响其他变量的平衡增长率水平。因而,人口下降或增长不会成为阻碍内生增长均衡的本质因素。

6.2.3 模型经济解的稳定性

根据上一节的分析,经济系统由式(6.14)至式(6.21)构成,但主要变量的增长率方程都可以表示成关于 w 和 L 的函数,因而系统的解由式(6.14)和式(6.27)两个动态方程联立决定:

$$g_w = \frac{\dot{w}}{w} = \frac{1}{\eta - \alpha}[(1-\eta)(1-\tau)l_0^\eta w^\eta - \alpha w^{\alpha-1} + n + \delta - \tilde{\delta}] \quad (6.14)$$

$$g_L = \frac{\dot{L}}{L} = -bL + a + b + \tilde{\delta} - \frac{a + \tilde{\delta}}{L} \quad (6.27)$$

这是两个独立的微分方程,式(6.14)稳定的条件为 $g'_w < 0$,在 $\eta < \alpha$ 时显著成立;式(6.27)稳定的条件为 $g'_L = -b + a + \tilde{\delta} < 0$,即要求 $a + \tilde{\delta} < b$ 成立。故有:

命题 6.3　在命题 6.2 成立的条件下,模型经济系统的解不但存在、唯一,而且是稳定的。

6.2.4　模型稳定性的参数值实验

参考 Barro & Sala-i-Martin(2004)中关于效用函数中的贴现率 ρ 取值 0.02,生产函数中资本的产出弹性份额 α 取值 0.34,物质资本折旧率 δk 取值 0.25,农业经济的生产弹性参数 β 和知识生产的弹性参数 η 基本上没有较好的估计值,我们拟分别取值 0.5 和 0.33(前面已经分析过,$\eta < \alpha$ 是解存在的条件)。

人力资本或者技术进步的折旧率估值较少,拟取值 0.01。中国的人口增长率自 2004 年至 2021 年已经下降到了 0.5% 左右,平均增长率大约为 0.005。效用函数中的风险回避系数 σ 参考陈彦斌和周业安(2006),取值 2。(见表 6.1)

表 6.1　参数表

α	η	β	δk	σ	δH	ч	ρ
0.34	0.33	0.5	0.25	2	0.20	0.5	0.02

根据给出的参数水平,可以算出均衡时的增长率为:$w = 0.9704$;$g_{c_2} = 0.0668$;$g_{c_1} = 0.0412$。同时由附录 6-3 中的参数值的数值试验可知,当表 6.1 中的全部参数在不太大的微小范围内变动时,均衡是稳定的。这一点基本验证了 6.2.3 节中关于模型经济稳定性的判断。同时,附录 6-3 中的数值试验还给出了每一个参数值的变化对均衡增长率的影响。

6.3 多重均衡的可能性

从长期来看,主要部门间的结构平衡和资源配置比例应该是稳定的,根据 6.2 节的模型,在部门间资源配置平衡的条件下,经济必将渐近趋向唯一的均衡——平衡增长的均衡状态。在充分的完备性条件下,资源配置在部门间的平衡至少在理论上应当是可以实现的,即便在短期内可能会出现失衡,但也不会影响到长期的均衡,因为模型预测的均衡对各主要参数基本上都是不敏感的。这意味着世界上所有的经济体最终都会走上平衡增长的路径。然而,现实世界的表现似乎不能支撑这样的预测。正如引言中提到的,各国之间不但呈现出巨大的增长水平的差异、路径的差异、趋势方向的差异,而且世界上经济最发达的国家正在偏离我们本来以为应该是稳定的内生增长的平衡增长路径。因而,现有的同上一节相似的模型基本上都不能真正解释世界经济正在经历的事情。显然,在现实世界中,经济发展状态的多样性要求模型经济必须存在多重均衡。

为了研究多重均衡存在的可能性,本节放松技术是规模报酬不变的假设,这一思想在很多文献中讨论过。Barro & Sala-i-Martin(2004)认为,实现内生增长的一个途径是想办法消除资本长期规模报酬下降的趋势。在大家熟知的 AK 模型中,资本的规模报酬始终是常数,从而可以产生出内生增长的效应,但这一模型预测的路径与实际经济发展的情形并不一致。因而,很自然的想法是打破传统的规模报酬不变的假设,建立更加切合实际的模型,研究新的在更加一般意义下的内生增长可实现的条件。

假定社会计划者以长期最优增长为目标,则其目标与可持续内生增长的平衡增长路径一致。因而,调整要素和资源配置来满足其平衡增长路径的可持续的条件,应成为中央计划者始终努力的方向。为了更加贴近实际,我们放宽上一节模型的假设。一个显著的改变是不再假定工业生产部门和知识创新部门的技术是规模报酬不变的。在现实中,工业生产,特别是在传统工业中,受能源、资源等约束,基本很难做到规模报酬不变。而技术创新和知识经济的典型特征是规模报酬递增,特别是在某项重大技术突破的初期,这种特征更加明显,但随着部门之间的要素和资源配置的变动,两个部门之间的相对产出率差异会逐渐缩小,在下一次重大冲击到来之前,如果时间足够久,最终部门间仍会趋于基本平衡。但如果创新率较高,发生重大创新的间隔较短,则部门间的平衡会在较长时期内处于超出潜在水平的状态。为了看清这种变动的动态过程,我们首先假定经济处于一个均衡调整期,在这一时期,一个典型的背景是:传统技术条件下的工业生产部门表现为规模报酬递减的状态,而代表新技术的知识创新部门的技术是规模报酬递增的。我们假定初始时经济正处于这一状态,然后研究经济趋向平衡增长的动态过程。因而我们将之称为非规模报酬不变(non-constant return to scale)的经济,简称 NCRS 型经济。本节的模型在其他方面的假设同 6.2 节的模型相同。

假设 6.6 非规模报酬不变的假设。假定工业生产部门的规模报酬是递减的,技术研发部门的规模报酬是递增的。

假定农业生产技术仍服从如下规模报酬不变的生产关系:

$$c_1 = A^{1-\beta} \cdot e^{-\beta nt} \cdot (1-L)^{1-\beta} > \bar{c} \tag{6.2}$$

假定工业产品的生产与分配关系如下:

$$c_2 + \dot{k} + \delta k = (vk)^{\alpha_1} (\mu H)^{\alpha_2} \tag{6.33}$$

假定工业生产是规模报酬递减的,即 $\alpha_1+\alpha_2<1$。定义参数 ε_y^h 满足 $\alpha_1+\alpha_2(1+\varepsilon_y^h)=1$,表示在工业生产中人力资本(因为资源和条件约束造成)的规模报酬减少的程度。

假定知识创新与生产的关系为:

$$\dot{A} + \tilde{\delta}A = [(1-v)k]^{\eta_1} [(1-\mu)H]^{\eta_2} \tag{6.34}$$

假定知识创新部门的技术为规模报酬递增的,即 $\eta_1+\eta_2>1$。定义参数 ε_A^h 满足 $\eta_1(1-\varepsilon_A^k)+\eta_2=1$,表示在研发生产中,物质资本(因为知识溢出或人力资本的外部性等形成的溢出效应造成)的规模报酬增加的程度。

由于模型仅在工业生产部门和知识创新部门的生产函数上有变化,其他方面与 6.2 节的模型相比没有本质变化,模型推导方法和 6.2 节中一样,参见附录 6-2。可以得到下面的方程和重要关系:

$$\left(\frac{l_{21}}{L} - \frac{l_{13}}{1-L}\right)\dot{L} = -l_{14} \tag{6.35}$$

或者
$$g_L = l_{14}/[l_{13}L/(1-L) - l_{21}] \tag{6.36}$$

其中,
$$l_{14} = (1-\sigma)\beta n \tag{6.37}$$

由式(6.35),可知道其解的形态为:
$$L^{l_{21}}(1-L)^{l_{13}} = Ce^{-l_{14}t} \tag{6.38}$$

下面分为几种情形进行讨论:

情形 6.1: $l_{14} > 0$。此时式(6.35)有双重解,$L \to 0$ 或 $L \to 1$,这分别对应于 $g_L = -l_{14}/l_{21}$ 和 $g_L \to 0$,对应了两个均衡状态,分别称为均衡 1 和均衡 2。若 $l_{21} > 0$,则均衡 1 对应 $g_L < 0, L \to 0$ 的情形,这是一种重农的经济状态,技术化劳动的比例趋向于零,而增长率仍处于严格负的方向,表明没有任何向技术化转移的可能;若 $l_{21} < 0$,则均衡 1 对应 $g_L > 0, L \to 0$ 的情形,这是一个不稳定的均衡。均衡 2 对应于 $L \to 1, g_L \to 0$ 的情形,这是一种绝对的知识化、工业化的经济,代表了经济中均衡的最高形式,农业劳动人口趋向于零,转化率也逐渐趋于零,是一个渐近稳定的均衡。

情形 6.2: $l_{14} < 0$,此时如果 $l_{21} > 0$,则无解;只有当 $l_{21} < 0$ 时有唯一解 $L \to 0$,这类似于情形 6.1 中均衡 1 出现的第一种情况,$g_L < 0, L \to 0$,表示一个严格重农的经济均衡。

情形 6.3: $l_{14} = 0$,此时式(6.38)退化为:
$$L^{-l_{21}}C = (1-L)^{l_{13}} \tag{6.39}$$

此时有两种情况:

情形 6.3.1: 如果 $l_{21} > 0$,则式(6.39)左右两端表达的曲线为两个反向开口的抛物线,如图 6.1 所示,e 表示两条曲线相切,形成唯一均衡,a、b 表示两条曲线交叉形成两个解,出现交叉或相切由常数 C 决定。这说明当 $l_{14} = 0$ 时,理论上存在两个任意均衡的可能性。而这两个均衡在劳动份额上有明显差异,对应经济中高水平均衡和低水平均衡的可能,即在 $(0,1)$ 中存在两个均衡水平 L_1^* 及 L_2^* 使得 $L_1^* < L_2^*$。

情形 6.3.2: 如果 $l_{21} < 0$,则式(6.39)左右两端表达的曲线为两个交叉的抛物线,如图 6.2 所示,在 $(0,1)$ 中存在唯一均衡 L^*。此均衡值可以随常数 C 的差异有所不同。

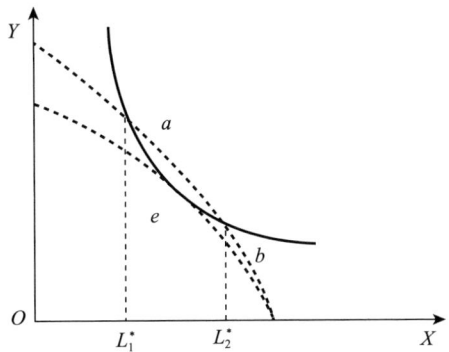

图 6.1 式(6.3)至式(6.11)解的可能性 1

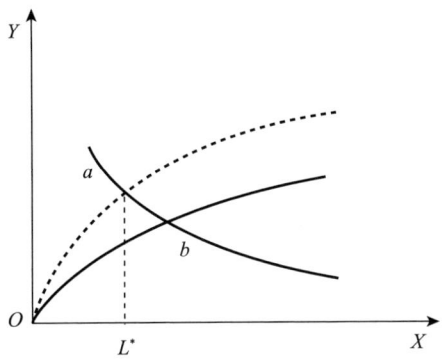

图 6.2 式(6.3)至式(6.11)解的可能性 2

上述分析结果可以概括如表 6.2，由此可知，代表微观基础的参数值的大小决定了宏观经济均衡解存在的可能性。由式(6.37)可知，在两种情况下会有 $l_{14}=0$。一是偏好的风险回避系数 $\sigma=1$，二是人口增长率 $n=0$。这两种情况都将使经济陷入稳定的均衡状态（即在 $L=L^* \in (0,1)$ 时进入均衡状态），而不再会进入代表高水平均衡的 $L=1$ 的均衡状态。在现实中，这两种情形都可能存在，$\sigma=1$ 是在模型研究中经常采用的参数假设，事实上这也代表了风险中性的最常态的情形，也代表了中产阶级比较普遍的生活态度，在中等发达经济体中也是最具代表性的群体倾向，因而这从微观角度非常容易找到解释"中等收入陷阱"均衡存在的证据。另外，$n<0$ 且 $\sigma>1$ 时，以及 $n>0$ 且 $\sigma<1$ 时，$l_{14}>0$ 都成立，都有双重均衡。这两种情形恰巧描述了两个符合实际的状态，前者是高风险偏好和人口下降的情形，这是工业革命后期现代增长阶段的典型特征,后者描述的是低风险偏好和人口增长的状态,这是未实现工业现代化阶段的典型特征。

表 6.2 多重均衡条件情形

		$l_{21}>0$	$l_{21}<0$
$l_{14}>0$	双均衡	$L\to 0$ 低稳定均衡	$L\to 0$ 低均衡不稳定
		$L\to 1$ 高稳定均衡	$L\to 1$ 高稳定均衡
$l_{14}<0$	单均衡或无解	无解	$L\to 0$ 低稳定均衡
$l_{14}=0$	双均衡或单均衡	双稳定均衡 $0<L_1<L_2<1$	单稳定均衡 $0<L<1$

6.4 内生增长均衡实现的条件

内生增长实现的标志是平衡增长均衡的出现。在平衡增长状态下,物质资本、人力资本、工业产品生产与消费等按常数成比例增长(农业产品的人均生产与消费不一定增长,但不能减少,毕竟在满足温饱之后,对基本消费的需求确实是不增加的)。由附录6-2,平衡增长意味着:

$$(\alpha_1 - 1)g_k + \alpha_2 g_A + \alpha_2 g_L = 0 \tag{6.40}$$

$$\eta_1 g_k + (\eta_2 - 1)g_A + \eta_2 g_L = 0 \tag{6.41}$$

在均衡时劳动转移率趋于零,则上述两个方程有非零解的条件为行列式为零,即有:

$$\alpha_2/(1-\alpha_1) = (1-\eta_2)/\eta_1 \tag{6.42}$$

根据6.3节中的定义和假设,上式等价为:$1/(1+\varepsilon_y^h) = 1-\varepsilon_A^k$,此式也可以近似地表示为:

$$\varepsilon_y^h = \varepsilon_A^k \tag{6.43}$$

这是一个非常重要且有意义的条件,它意味着内生增长均衡实现的条件为:在知识创新部门中,由知识溢出效应或人力资本的外部性形成的物质资本的规模报酬递增的强度要足以抵消工业生产部门中劳动的规模报酬递减的强度。这是一个必要条件,其经济学含义还可以有更进一步的理解。简单变形可得到:

6 创新补偿性与内生可持续增长理论研究

$$\frac{\alpha_1}{\alpha_2} \cdot \frac{\eta_2}{\eta_1} = \frac{1-\mu}{\mu} \cdot \frac{v}{1-v} \equiv l_0 \quad (6.44)$$

由式(6.42)和式(6.44)联合,可以解得:

$$\eta_1 = \frac{\alpha_1/\alpha_2}{l_0 + \alpha_1/(1-\alpha_1)}, \eta_2 = \frac{l_0}{l_0 + \alpha_1/(1-\alpha_1)} \quad (6.45)$$

因此有: $\eta_1 + \eta_2 = \frac{l_0 + \alpha_1/\alpha_2}{l_0 + \alpha_1/(1-\alpha_1)}$ 。 $\quad (6.46)$

由式(6.46),显然当 $\alpha_1 + \alpha_2 < 1$ 时(工业生产为规模报酬递减的),有 $\eta_1 + \eta_2 > 1$(知识创新部门是规模报酬递增的)。当 $\alpha_1 + \alpha_2 = 1$ 时(工业生产为规模报酬不变的),有 $\eta_1 + \eta_2 = 1$(知识创新部门也是规模报酬不变的)。这进一步证明了式(6.42)等价于要求知识创新部门的规模报酬与工业生产部门的规模报酬之间要有互补性。因而有结论:

命题 6.4 内生增长均衡可持续实现的必要条件是知识创新部门规模报酬递增的效应(强度)要足以补偿工业生产部门规模报酬递减的效应(强度),具体地要满足式(**6.42**)。

另外,这个条件是不是充分的呢? 为此我们考察当式(6.42)成立时,均衡解的存在性、稳定性情况。假定模型经济基本的最优性条件成立,由附录 6-4 中的式(6A.11)得:

$$\frac{\dot{\lambda}_2}{\lambda_2} - \frac{\dot{\lambda}_3}{\lambda_3} = (\eta_1 - \alpha_1)g_k + (\eta_2 - \alpha_2)g_H \quad (6.47)$$

结合附录 6-4 中的式(6A.13)和式(6A.14)得到:

$$(\eta_1 - \alpha_1)g_k + (\eta_2 - \alpha_2)g_H = -\alpha_1 (vk)^{\alpha_1 - 1} (\mu H)^{\alpha_2} + (n + \delta)$$
$$+ \eta_2 [(1-v)k]^{\eta_1} [(1-\mu)H]^{\eta_2 - 1} - \tilde{\delta} \quad (6.48)$$

将资本和知识积累方程改写后,可以得到 g_k 和 g_A 的表达式。代入式(6.48)中整理后,可得到非线性方程:

$$f(\widetilde{w}) = a\widetilde{w}^{\alpha_1 - 1} + b\widetilde{w}^{\eta_1} - d = 0 \quad (6.49)$$

其中, $\widetilde{w} \equiv k/H^t, t \equiv \alpha_2/(1-\alpha_1) = (1-\eta_2)/\eta_1, a \equiv [(\eta_1-\alpha_1)v+1]v^{\alpha_1-1}\mu^{\alpha_2} > 0$,

$$b \equiv \left[\left(1-\frac{\alpha_2}{\eta_2}\right)(1-\mu)(1-\tau)L^* - 1\right]\eta_2 (1-v)^{\eta_1}(1-\mu)^{\eta_2-1} < 0,$$

$$d \equiv \left[n+\delta+\left(\frac{c_2}{k}\right)^*\right](\eta_1-\alpha_1)+(\eta_2-\alpha_2-1)\widetilde{\delta}+n+\delta>0。$$

式(6.49)可以写成：

$$a\widetilde{w}^{\alpha_1-1}=-b\widetilde{w}^{\eta_1}+d \tag{6.50}$$

将式(6.50)左边的函数记为 L_1，右边的函数记为 L_2，则可以将两条函数曲线表示在图 6.3 中。

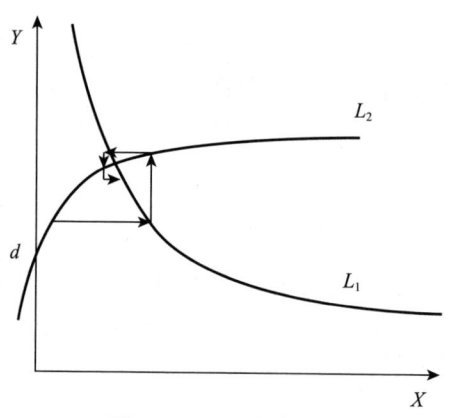

图 6.3 L_1、L_2 交点均衡

显然，根据参数的取值范围，曲线 L_1 和 L_2 有且只可能有唯一的交叉点，这表明式(6.49)有唯一解。再由 $f'(\widetilde{w})=a(\alpha_1-1)\widetilde{w}^{\alpha_1-2}+b\eta_1\widetilde{w}^{\eta_1-1}<0$，所以，式(6.49)的解也是稳定收敛的。$\widetilde{w}$ 的经济含义很清晰，表达了经济中资本与有效劳动的比值。但不同于 6.2 节中的 $w=k/H$，$\widetilde{w}$ 不是常数线性的，而是非线性的，即便在均衡路径下，该比值也是非线性的，这是知识内生的增长均衡在非规模报酬不变技术下的特点。所以在这种情况下，内生增长的均衡并不是我们熟知的平衡增长路径。我们仍可以称之为"平衡"增长路径，但它已经不是真正意义上的平衡了。这样我们有下面结论：

命题 6.5 在式(6.42)得到满足的条件下，经济存在唯一稳定的均衡，[①]

---

① 这一均衡状态内在地决定于劳动比例关系。在某个确定的时期，劳动供给比例是相对稳定的。因而，总体的均衡比例关系根本上决定于资本与有效劳动的比例，还决定于部门之间的劳动供给比例。如前所述，在劳动比例关系的方程显示出存在多重均衡的前提下，自然总体的均衡关系就存在多重均衡。这与本命题的结论并不矛盾。本结论是在假定固定的劳动比例关系的条件下得到的，意思是，对于任意给定的劳动比例关系，经济都存在唯一的均衡。

即式(6.42)是实现内生增长均衡的充分必要条件。

本节的结论表明:即使资源约束或者诸多其他方面的制约导致工业生产部门的总技术无法保持长期固定的规模报酬水平,只要知识技术的溢出效应或人力资本的外部性效应足够强,而使知识生产部门形成充分的递增的规模报酬,足以抵消工业生产部门的规模报酬递减的影响(这种情况下,称"创新是补偿性的"),则总体经济同样可以形成等同于技术为规模报酬不变时的效果,经济同样可以达到内生增长均衡,实现可持续的内生增长。这从理论上证明了,人口增长和资源约束等方面的影响,可以通过知识技术的良好发展获得补偿,这归根到底取决于知识生产部门的技术的规模报酬递增的强度。

6.5 模型经济的均衡解与参数化分析

内生增长的实质是不依赖于要素投入的增长,而是依靠知识技术的进步及其溢出效应。因而,在内生增长均衡时,靠劳动从农业部门向工业部门流动带来的增长效应的贡献份额可以降为0,即劳动转移可以趋近于0。如果此时仍可以实现正的净增长,那么这样的增长就符合内生增长的基本特征。到目前为止,本章模型给出的内生增长均衡,与传统的内生增长理论定义的平衡增长路径存在很大的不同。本节将给出具体的细节,我们将看到一种在广义的"平衡增长",即不同部门之间可能存在极大不同的均衡增长率,但这并不影响其本质性质——内生增长。

根据前文的讨论,首先,在均衡时工业品消费(C_2)与物质资本(K)的比值是常数,所以有相同的增长率,记$g_k = g_{c_2} \equiv g^*$。其次,在均衡时$f(\widetilde{w})=0$存在稳定唯一常数解,由$\widetilde{w} \equiv k/H^t$,可得均衡时$g_k = t \cdot g_H = t \cdot (g_A + g_L) = t \cdot g_A$。所以$g_A = g^*/t$。根据这些条件和附录6-4中的方程,易得如下均衡时各部门的增长率:

$$g^* = \frac{\beta \cdot n}{\frac{1-\beta}{t} - 1} \quad (6.51)$$

$$g_k = g_{c_2} \equiv g^* \quad (6.52)$$

$$g_{c_1} \equiv g^* \frac{(1-\beta)}{t} - \beta n \qquad (6.53)$$

$$g_A = \frac{g^*}{t} \qquad (6.54)$$

其中,$t \equiv \alpha_2/(1-\alpha_1) = (1-\eta_2)/\eta_1$,可以衡量非规模报酬不变的程度;$1/t$ 可以解释为知识创新部门溢出效应的强度;n 表示外生人口增长率;β 表示农业生产函数中土地的产出弹性。

在上述解中,当 $t=1$ 时,技术退化为规模报酬不变的,只有当人口增长率 n 为负数时,才可能出现正的增长(这与后工业革命时期西方发达国家出现人口负增长的事实完全一致)。除非 $(1-\beta)/t>1$,否则式(6.51)表明在人口增长率长期为正时,经济无法实现可持续增长。这要求知识创新部门的规模报酬递增的效应足够强,不但足以抵消工业生产部门的规模报酬递减的效应,还要能够抵消农业部门土地资源约束形成的减少效应。

这一点可以通过参数化得到更清楚的理解。假如土地对农业经济生产的产出增长的重要性不那么大,即 β 可以足够小(但不等于 0),那么 $(1-\beta)/t>1$ 就很容易成立,因为 $\eta_1+\eta_2>1$,所以 $t=(1-\eta_2)/\eta_1<1$。根据吴玉鸣(2010:25)对中国省域农业产出的最主要的投入要素弹性的估计:"劳动投入对农业产出的弹性为 0.50,资本投入对农业产出的弹性为 0.43,而土地的贡献不显著……",土地的产出弹性小于 0.1。这里为了便于分析,不妨假设土地产出弹性 $\beta=0.1$,则 t 必须小于 0.9。这样对应的知识创新部门的物质资本和人力资本的产出弹性应该满足的数值组为:

如果 $\eta_1=0.3$,则需 $\eta_2>0.73$,$\eta_1+\eta_2>1+0.03$,需增规模强度 $\varepsilon>0.03$。
如果 $\eta_1=0.4$,则需 $\eta_2>0.64$,$\eta_1+\eta_2>1+0.04$,需增规模强度 $\varepsilon>0.04$。
如果 $\eta_1=0.5$,则需 $\eta_2>0.55$,$\eta_1+\eta_2>1+0.05$,需增规模强度 $\varepsilon>0.05$。
如果 $\eta_1=0.6$,则需 $\eta_2>0.46$,$\eta_1+\eta_2>1+0.06$,需增规模强度 $\varepsilon>0.06$。
如果 $\eta_1=0.7$,则需 $\eta_2>0.37$,$\eta_1+\eta_2>1+0.07$,需增规模强度 $\varepsilon>0.07$。

取农业生产中土地弹性 $\beta=0.1$,根据国家统计局网站数据,2011 年世界人口自然增长率为 1.1%,1978 年中国人口自然增长率为 1.18%,2012 年中国人口自然增长率为 0.582%,这里我们取 $n=0.01$,取 $\eta_1=0.3$。

如果 $\eta_2=0.74$,即 $\varepsilon=0.04$,则 $g^*=0.025$,$g_{c_1}\approx 0.025$,$g_A\approx 0.0251$。

如果 $\eta_2 = 0.735$,即 $\varepsilon = 0.035$,则 $g^* = 0.053, g_{c_1} \approx 0.053, g_A \approx 0.054$。

如果 $\eta_2 = 0.733$,即 $\varepsilon = 0.033$,则 $g^* = 0.089, g_{c_1} \approx 0.089, g_A \approx 0.090$。

综合上述分析可以得到如下结论:

为实现正的内生增长,知识创新部门的规模报酬递增的强度与物质资本在知识生产中的弹性贡献率呈正相关关系;知识创新部门的规模报酬递增的强度越接近实现正增长的临界值,内生增长率越高;农业生产中土地的产出弹性越大,为实现正的增长率要求的知识创新部门的规模报酬递增的强度就越高。

6.6 对长期经济增长的解释

传统的内生增长理论预测经济长期的均衡状态是一条平衡增长路径,即所有经济总量将按照同样的速度持续增长。但近年来世界经济总体的发展趋势表明,这样的"平衡增长"均衡不一定是可持续的。观察所有的经济体从农业经济走向工业化,再到后工业化时代的变迁历程,不难发现,所有经济体基本都会经历以下几个阶段。

第一阶段,劳动开始从农业部门向工业部门转移,并且工业化程度逐步加深。这一阶段除了伴随工业文明进程的技术进步,也表现为劳动的边际产出水平的大幅度提升。经济增长对劳动的转移具有极大的依赖性。这期间经济表现出显著的内生增长的特征,但在转轨过程中,结构性比例出现极大调整,但这些因素并不影响平衡增长路径的出现。通过对这一阶段的发展进行模型化分析,结论表明,资本、产出、消费等的增长率都可以表达为人口转移率的函数。因而,这一阶段的增长主要源于劳动的转移(这样的转移包含了劳动潜能的解放和释放)。

第二阶段,劳动从农业部门向工业部门的转移已经结束,工业化达到较高水平。对知识化、技术化的劳动的需求增多,对低水平劳动的需求减少。劳动供给部门(家庭)为适应后工业化阶段的劳动需求,开始减少生育,培养少而精的知识化、技术化的劳动。于是社会人口的增长率呈现下降态势。与此同时,工业经济开始出现分化,低端产业逐步淡出,高端产业发展迅速,知识技术的创新推动核心竞争力。但在这一时期,知识创新部门的规模报酬递增的效应还不够强,表现为$(1-\beta)/t-1$的符号仍然为负,但由于人口增长率n也是负的,均衡的增长率$g^*=\beta n/[(1-\beta)/t-1]$仍为正的。但这一时期的增长与第一阶段有极大的不同,不再以劳动转移为主要特征,而是以人口下降、劳动素质提升为主要特征。

第三阶段,第二阶段以人口下降为主要特征的增长是不可持续的,当人口下降到一定程度,已经没有继续以数量换质量的空间,人口趋于稳定,以劳动的变化促进增长的阶段彻底结束。此时,经济结构趋于稳定,各部门间的比例趋于均衡。经济将会出现的均衡并不确定,不再像工业化转轨进程中那样一致地表现为显著的增长局面,而是会出现多重均衡的可能,既有可能继续实现持续增长(即实现内生增长均衡的平衡增长),也有可能出现滞胀(即出现类似新古典增长模型预测的均衡,也可以理解为落入"中等收入陷阱")。决定能否实现持续增长的关键因素在于知识技术创新是否具有补偿性。当然还需要满足部门资源配置比例的合理化、技术劳动报酬水平的提升等一些具体的条件,这些前文已有讨论。

现实中世界各经济体的发展轨迹不完全相同,有的经济体已经进入上面描述的第三阶段(如一些发展较早的西方发达国家),一些经济体则刚刚进入第一阶段(如非洲的一些刚开始工业化进程的国家);大多数的经济体处在第二阶段,包括大部分发达经济体和部分发展中经济体。中国应当刚刚进入第二阶段,这一阶段很关键,如果发展得好,即知识创新部门的发展比较健康,经济总体能够逐步调整到合理的水平,以满足第三阶段实现内生增长所需要的各项条件,则最终可以实现长期可持续的内生增长。如果在这一阶段未能达到各方面协调的比例、资源合理的配置,知识创新部门也未能高效地发展,则当人口红利消失时,经济会稳定在一个滞胀的均衡状态,也可以理解为经济落入一种中高等的收入陷阱。

根据本章模型经济衍生出的这些理论,可以预测长期的人类经济最优增长的状态(去除政治、战争、重大自然灾难的影响),应当是一种带有微小长周期波动的相对稳定的平衡增长的均衡,知识创新部门的产出增长率略微高于工农业,而工业和农业的产出增长率近乎持平。人口总量基本稳定,知识溢出效应构成长期增长的最根本动力。

对照本章模型给出的长期经济发展的一般规律(如上述三阶段描述),

中国经济的发展略有独特性。改革开放之后,中国开始逐步出现劳动大规模地从农业向工业的转移,因而这一时期的特征为前文描述的第一阶段的典型特征。但与此同时,中国还实行了计划生育政策,导致了人口增长率的下降,这本来应该是前文描述的第二阶段的特征,但在中国这种特征在第一阶段也同时存在。可以估计,如果没有计划生育政策,单有改革开放,中国经济同样会进入工业化进程,但很有可能不会出现持续30年的奇迹般的高速增长,而是会较缓慢而更持久地逐步进入工业化,即按照一般的规律缓慢走完第一阶段,然后才会出现第二阶段的特征。但由于中国实行了计划生育政策,这就使两个阶段的增长效应叠加在一起,从而形成了奇迹般的高速增长。

一般来说,在后工业化阶段,即上面描述的第二阶段,经济都会出现人口下降的特征。这已被早期工业化的发达国家经济发展的历史事实所验证。Galor & Weil(2000)、Lucas(1998)等已经非常好地解释了这些特征形成的内在机制。人口自然增长率下降成为工业经济发展的典型特征。根据这些理论,如果中国在进入第二阶段以后放开计划生育政策,也同样会出现市场决定的人口下降。只不过,中国通过计划生育政策把这个过程强行前置了,这样做的结果是中国达到了极高的增长速度,在短短30年的时间里走完了发达经济体长达百年的路程,从一个原本落后的人口大国一举成为世界第二大经济体。

就中国目前的状态来看,中国经济未来的增长趋势会是怎样的呢?

第一,农村劳动转化为工业劳动的空间还有多大,以及城市化的空间还有多大,是决定中国经济长期增长的第一个动力源。以李宏有(2013)对甘肃康县的调查数据为例,康县全县净劳动力人口12.4万,外出务工3.4万,其中季节性外出务工2.05万,常年外出务工1.35万。如果季节性外出务工按半年外出算,折算外出人员总数约2.37万,不足总数的20%。这表明西部地区劳动继续转移的空间仍很大。中部地区如河南的情况是,农村已经基本呈现空心化,家中基本只有老人和孩子,青壮年劳动力大部分外出务工,其中大约1/3到1/2属季节性外出,因此中部地区劳动继续转移的空间已经很有限。东部地区的情况是大约在十多年前劳动的转移就已经基本结束。按照东中部地区发展的时间规律,西部地区劳动转移仍可持续数年。除此之外,中国农村正在进行的结构性改革,以及进一步的农业机械化、现代化发展有望进一步解放出 10%～20% 的劳动力。综合来看,中国总体劳动转移仍可持续数年,虽然这种转移正在逐步减速,但仍将是国家经济继续发展的动力源之一。

第二,中国目前的人口总基数很大,达到人口顶峰之后下降到均衡水平的时间会很漫长,也就是说,中国经济以第二阶段为特征的增长之路会很远。因而,这样的增长动力源将成为未来中国相当长时间内的重要增长源泉。

总体来看,中国经济仍有继续维持中高速增长的基础潜力,并仍将在很长时间内走后工业革命阶段之路,维持中速增长。但这段时间对于未来的长期增长的可持续性非常关键,需要为第三阶段的发展打好基础。纵观已经走完第二阶段的国家,有的国家由于没有打好基础,逐步退化到接近零增长的局面,但有的国家则能够持续实现正的增长。

如何打好基础,以较好地姿态迎接第三阶段的增长呢？对经济的管理应以促进知识创新部门的规模效应为主要目标,一方面逐步有效地调整社会总体的劳动者收入结构,提高教育、科技等促进人力资本发展的部门的劳动者收入,以有效激励最优秀的青年和人才逐步流入这些部门中;另一方面使科学家成为最受尊敬的群体,真正提升各级教育和科研人员的地位。这样才能使知识创新部门的溢出效应足够高,以便在人口自然增长率趋近于零时,仍能够能使第三阶段的经济保持正的长期可持续的增长。

6.7 小　结

本章依托统一增长理论,建立了一个包含农业生产、工业生产和知识创新部门的三部门模型,模拟经济向内生增长的转化过程及其动态规律。我们提出并论证了内生增长均衡的不稳定性,这实际上表明内生增长的路径不是唯一的,也就在客观上允许和解释了世界上各个国家经济发展的多样性。并且,在经济发展过程中,不但会有"中等收入陷阱",同样会有高收入阶段的"高收入陷阱"。这一理论与近年观察到的发达经济体滞胀的局面和现实是一致的,详情可见附录 6-1。

模型系统地解释了农业经济向工业经济和知识型经济转移的总动态过

程,并分析工业化经济的平衡增长路径发展的状态和趋势。研究结论指出:(1)资源约束或者诸多其他方面的制约导致工业生产部门的总技术无法保持长期固定的规模报酬水平,但只要知识技术的溢出效应或人力资本的外部性效应足够强,而使知识生产部门形成强度足够大的规模报酬递增效应,足以抵消工业生产部门的规模报酬递减效应的影响,则总体经济同样可以形成等同于规模报酬不变技术时的效果,即经济同样可以获得内生增长均衡,实现可持续内生增长。这从理论上证明了,人口增长和资源约束等方面的影响,可以通过知识技术的良性发展获得补偿,但归根到底取决于知识生产部门的规模报酬递增效应的强度。(2)经济实现可持续内生增长的条件为:主要部门之间的实际资本回报率和实际劳动回报率应保持相同。(3)为实现正的内生增长,知识生产部门的规模报酬递增效应的强度与物质资本在知识生产中的弹性贡献率呈正向相关关系;知识生产部门的规模报酬递增效应的强度越接近实现正增长的临界值,内生增长率越高;农业生产中土地的产出弹性越大,实现正的增长率所要求的知识部门的规模报酬递增效应的强度越高。

根据模型经济的结论,具有持续性增长效应的动力源主要是**技术进步、创新和人力资本积累**,促进技术进步、创新与人力资本提升的途径在于**制度政策创新**。只有当政策制度体系能够充分激励知识技术进步时,经济才会**内生持续地增长**。

附录6-1 近代不同层次经济发展情形

如图6A.1所示,工业革命起源地英国以及法国在近10年中人均GDP增长幅度很小,几乎将进入类似拉丁美洲国家的"中等收入陷阱"的均衡增长陷阱,美国、瑞典、德国、澳大利亚以及瑞士仍然保持经济高速增长,但是近30年来的经济增长速度明显低于1950年到1980年的经济增长速度。

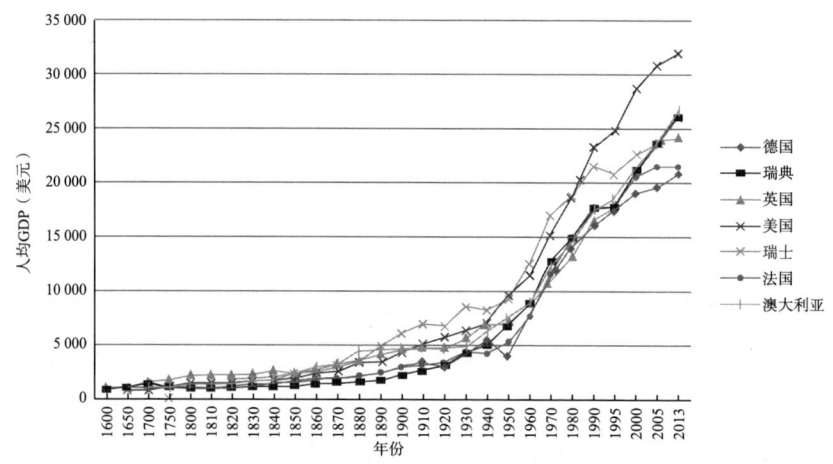

图6A.1 主要发达国家的经济增长趋势

数据来源:2005年之前的数据来源于Maddison(2007),2013年的数据来自IMF(国际货币基金组织)数据库,所有数据根据1990年的美元计价。

在对发展中国家的样本选取中,我们选用了中国、印度两大典型发展中大国,阿根廷、巴西和智利三个南美国家以及处于北美的发展中国家墨西哥。从图6A.2中可以看出明显的区域性效应:中国与印度在1980年前的经济走势几乎相同;位于美洲的墨西哥和巴西的经济走势相似,而阿根廷的经济增长趋势更是波动变化,智利在20世纪末期经济增长速度又有了新突破;而日本从1950年开始的持续高速增长在1990年开始下滑,在近10年落入了低水平均衡增长陷阱。对于欠发达国家而言,我们更多的是关注其经济增长潜力,虽然在20世纪后期,除几内亚外的其他4个欠发达国家都有显著的经济起飞现象,但是除乌干达外的其他3个国家在2008年由美国次贷危机引发的金融危机的冲击下,又一次进入低速增长状态(见图6A.3)。欠发达国家的脆弱性以及迟迟不能进入持续增长阶段的原因,抑或是这些国家没有进入持续增长阶段就直接落入低水平均衡增长陷阱的原因,都是值得思索的重点。

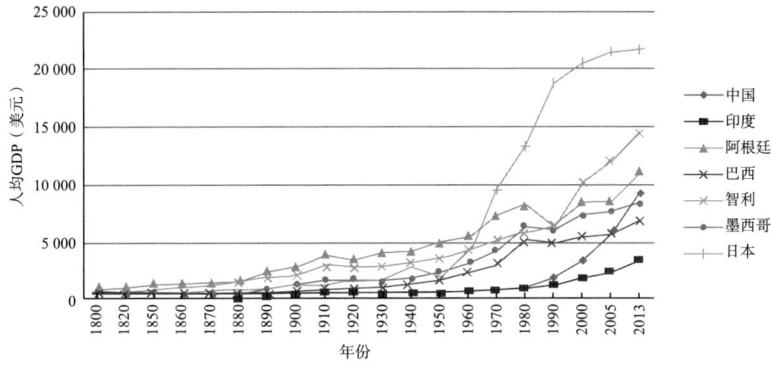

图 6A.2　发展中国家的经济增长趋势

数据来源：2005 年之前的数据来源于 Maddison(2007)，2013 年的数据来自 IMF 数据库，所有数据根据 1990 年的美元计价。

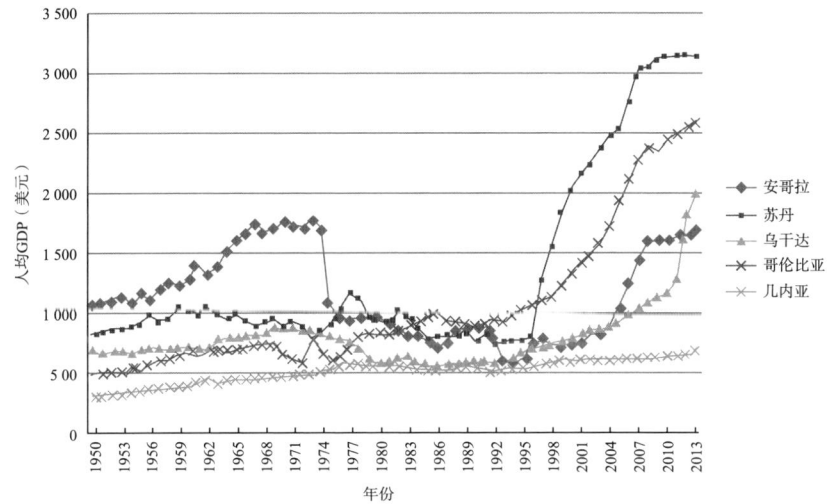

图 6A.3　欠发达国家的经济增长趋势

数据来源：2010 年之前的数据来源于 Maddison(2007)，2011—2013 年的数据来自 IMF 数据库，所有数据根据 1990 年的美元计价。

在对以上现象深入探究后笔者发现，不论是发达国家还是发展中国家抑或是欠发达国家，在近 10 年中都有足够的代表在不同层次上落入"平衡增长陷阱"。发达国家除了英国和法国，西班牙、爱尔兰、葡萄牙、丹麦和意大利也都落入了不同层次的"平衡增长陷阱"。然而，内生增长理论预测经济长期均衡状态是一个平衡增长的路径(增长率保持稳定的状态)。

附录 6-2 模型经济平衡增长路径均衡解存在性证明

由最优条件式(6.7)至式(6.10)得到：

$$\left(\frac{C_2}{C_1}\right)^{\sigma} = \left(\frac{1-L}{T}\right)^{\beta} \frac{(1-\alpha)}{1-\beta}(1-\tau)W^{\alpha} \quad (6A.1)$$

由式(6A.1)得到：$\sigma(g_{c_2} - g_{c_1}) = -\beta\frac{L}{1-L}g_L = 0$，

因此：$g_{c_2} = g_{c_1}$ \quad (6A.2)

由最优条件有： $g_{c_1} = g_B - (1-\beta)\frac{L}{1-L}g_L = g_B$ \quad (6A.3)

假定农业技术进步完全来源于工业技术进步的推动，简单地取 $B = \theta_A$，则有 $g_B = g_A$。令 $x = c_2/k$，由最优条件得到：

$$g_k = vw^{\alpha-1} - \delta - x \quad (6A.4)$$

由最优条件有：$g_A = l_0^{\eta} w^{\eta}(1-\mu)L(1-\tau) - \tilde{\delta}$ \quad (6A.5)

由最优条件有：$g_k = g_A + g_L = g_A$ \quad (6A.6)

因此在平衡增长路径上有 $g_k = g_A = g_{c_1} = g_{c_2} = g_H$。

这是内生增长模型一般化的结论：内生增长均衡表现为平衡增长路径（即主要的宏观经济总量按照相同的比率平衡增长的一种状态）。这表明本文所建三部门增长模型是一个典型的内生增长模型。

附录6-3 参数敏感性实验结果

α	w	g_{c_2}	g_{c_1}
0.300 0	0.811 2	0.067 3	0.041 6
0.310 0	0.848 8	0.067 1	0.041 4
0.320 0	0.887 8	0.067 0	0.041 3
0.330 0	0.928 3	0.066 9	0.041 2
0.340 0	0.970 4	0.066 8	0.041 2
η	w	g_{c_2}	g_{c_1}
0.300 0	0.966 2	0.067 8	0.041 9
0.310 0	0.968 1	0.067 4	0.041 6
0.320 0	0.969 5	0.067 0	0.041 4
0.330 0	0.970 4	0.066 8	0.041 2
0.340 0	0.970 9	0.066 7	0.041 1
τ	w	g_{c_2}	g_{c_1}
0.480 0	0.934 1	0.075 6	0.047 1
0.490 0	0.951 9	0.071 2	0.044 2
0.500 0	0.970 4	0.066 8	0.041 2
0.510 0	0.989 6	0.062 4	0.038 2
0.520 0	1.000 0	0.060 0	0.036 7
N	w	g_{c_2}	g_{c_1}
0.005 0	0.984 9	0.068 4	0.043 9
0.010 0	0.970 4	0.066 8	0.041 2
0.015 0	0.956 1	0.065 2	0.038 5
0.020 0	0.942 1	0.063 6	0.035 8
0.025 0	0.928 4	0.062 1	0.033 1
δ	w	g_{c_2}	g_{c_1}
0.150 0	1.000 0	0.160 0	0.103 3
0.200 0	1.000 0	0.110 0	0.070 0
0.250 0	0.970 4	0.066 8	0.041 2
0.300 0	0.839 6	0.051 6	0.031 0
0.350 0	0.731 9	0.037 8	0.021 8

(续表)

δ_2	w	g_{c_2}	g_{c_1}
0.150 0	0.751 8	0.130 4	0.083 6
0.200 0	0.863 8	0.094 5	0.059 7
0.250 0	0.999 8	0.060 0	0.036 7
0.300 0	1.000 0	0.060 0	0.036 7
0.350 0	1.000 0	0.060 0	0.036 7
σ	w	g_{c_2}	g_{c_1}
2.000 0	0.970 4	0.066 8	0.041 2
2.500 0	0.970 4	0.066 8	0.044 9
3.000 0	0.970 4	0.066 8	0.047 6
3.500 0	0.970 4	0.066 8	0.049 7
4.000 0	0.970 4	0.066 8	0.051 5
β	w	g_{c_2}	g_{c_1}
0.400 0	0.970 4	0.066 8	0.047 6
0.450 0	0.970 4	0.066 8	0.044 5
0.500 0	0.970 4	0.066 8	0.041 2
0.550 0	0.970 4	0.066 8	0.037 7
0.600 0	0.970 4	0.066 8	0.033 9
ρ	w	g_{c_2}	g_{c_1}
0.005 0	0.970 4	0.081 8	0.051 2
0.010 0	0.970 4	0.076 8	0.047 9
0.015 0	0.970 4	0.071 8	0.044 5
0.020 0	0.970 4	0.066 8	0.041 2
0.025 0	0.970 4	0.061 8	0.037 9

附录6-4 非规模报酬不变模型经济最优解方程

$$c_1^{-\sigma} \cdot e^{-\rho t} = \lambda_1 \tag{6A.7}$$

$$\gamma c_2^{-\sigma} \cdot e^{-\rho t} = \lambda_2 \tag{6A.8}$$

$$\lambda_1(1-\beta)A^{1-\beta}(1-L)^{-\beta}e^{-\beta nt} = \lambda_2 \frac{\alpha_2}{\mu}\frac{1}{L}F(vk,\mu H) \tag{6A.9}$$

$$\lambda_2\alpha_1(vk)^{\alpha_1-1}(\mu H)^{\alpha_2} = \lambda_3\eta_1[(1-v)k]^{\eta_1-1}[(1-\mu)H]^{\eta_2} \tag{6A.10}$$

$$\lambda_2\alpha_2(vk)^{\alpha_1}(\mu H)^{\alpha_2-1} = \lambda_3\eta_2[(1-v)k]^{\eta_1}[(1-\mu)H]^{\eta_2-1} \tag{6A.11}$$

$$\left(\frac{c_2}{c_1}\right)^{\sigma} = \gamma \frac{\alpha_2(1-\tau)}{1-\beta}A^{\beta}(1-L)^{\beta}e^{\beta nt}(vk)^{\alpha_1}(\mu H)^{\alpha_2-1} \tag{6A.12}$$

$$\dot{\lambda}_2 = -\lambda_2[\alpha_1(vk)^{\alpha_1-1}(\mu H)^{\alpha_2} - (n+\delta)] \tag{6A.13}$$

$$\dot{\lambda}_3 = -\lambda_3\{\eta_2[(1-v)k]^{\eta_1}[(1-\mu)H]^{\eta_2-1} - \tilde{\delta}\} \tag{6A.14}$$

$$\dot{k} = (vk)^{\alpha_1}(\mu H)^{\alpha_2} - (n+\delta)k - c_2 \tag{6A.15}$$

$$\dot{A} = [(1-v)k]^{\eta_1}[(1-\mu)H]^{\eta_2} - \tilde{\delta}A \tag{6A.16}$$

$$g_{c_2} = \frac{\dot{c}_2}{c_2} = \frac{F_k' - (n+\delta+\rho)}{\sigma} \tag{6A.17}$$

以上方程是最优条件和模型条件或直接得到的。由这些方程可以推出如下方程:

$$\sigma g_{c_2} + (\eta_1-\alpha_1)g_k + (\eta_2-\alpha_2)(g_A+g_L) = G_H' - \tilde{\delta} - \rho \tag{6A.18}$$

$$\sigma(g_{c_2}-g_{c_1}) = \beta g_A - \beta\frac{L}{1-L}g_L + \beta n + \alpha_1 g_k - (1-\alpha_2)(g_A+g_L) \tag{6A.19}$$

$$g_{c_1} = (1-\beta)g_A - (1-\beta)\frac{L}{1-L}g_L - \beta n \tag{6A.20}$$

$$\dot{g}_{c_2}/g_{c_2} = \frac{F_k'}{F_k' - (n+\delta+\rho)}[(\alpha_1-1)g_k + \alpha_2(g_A+g_L)] = 0 \tag{6A.21}$$

$$\dot{g}_A/g_A = \frac{\Delta}{\Delta - \delta}[\eta_1 g_k + (\eta_2 - 1)(g_A + g_L) + g_L] = 0 \quad (6A.22)$$

$$\dot{g}_k/g_k = \frac{\Delta}{\Delta - (n+\delta) - c_2/k}[(\alpha_1 - 1)g_k + \alpha_2(g_k + g_L)]$$

$$- \frac{c_2/k}{\Delta - (n+\delta) - c_2/k}(g_{c_2} - g_k) = 0 \quad (6A.23)$$

内生增长均衡(平衡增长路径)时则有如下关系：

$$g_{c_2} = g_k \quad (6A.24)$$

$$(\alpha_1 - 1)g_k + \alpha_2 g_A + \alpha_2 g_L = 0 \quad (6A.25)$$

$$\eta_1 g_k + (\eta_2 - 1)g_A + \eta_2 g_L = 0 \quad (6A.26)$$

使用上述全部方程推出最终关于劳动变量 L 的动态方程：

$$\left(\frac{l_{21}}{L} - \frac{l_{13}}{1-L}\right)\dot{L} = -l_{14} \quad (6A.27)$$

该常微分方程有标准解形态(其中 C 为常数)：

$$L^{l_{21}}(1-L)^{l_{13}} = Ce^{-l_{14}t} \quad (6A.28)$$

下面的系数变量是推导过程中形成的逐级常数参数：

$$l_{14} = (1-\sigma)\beta n \quad (6A.29)$$

$$l_{13} = \sigma(1-\beta) + \beta > 0 \quad (6A.30)$$

$$l_{12} = \frac{\alpha_2(\alpha_1 - \sigma)}{(1-\alpha_1)(1-\eta_2) - \eta_1\alpha_2} \quad (6A.31)$$

$$l_{11} = \frac{[\alpha_2\eta_1 + \eta_2(1-\alpha_1)][\sigma(1-\beta) + \alpha_2 - 1]}{(1-\alpha_1)(1-\eta_2) - \eta_1\alpha_2} \quad (6A.32)$$

$$l_{31} \triangleq l_{21}/(l_{21} + l_{13}) \quad (6A.33)$$

$$l_{21} = l_{11} + l_{12} + \alpha_2 - 1 \quad (6A.34)$$

第三部分
波动与增长

7 短期经济波动如何影响长期增长趋势

7.1 引 言

经济的短期波动如何影响长期的增长趋势是一个很关键的问题。首先,短期波动是否会改变长期增长的趋势方向?这是一个重要问题。如果答案是肯定的,那么与短期波动相对应的政策行为就会同时影响到长期的增长趋势,因而,短期的货币政策、财政政策以及宏观审慎政策都必须要加入对长期发展影响的考虑。如果短期波动被证实不会影响长期的发展趋势,那么,短期最优的政策措施也就是长期有效的。然而,关于短期波动是否会影响长期增长的答案至今仍不明确。其次,如果短期波动会影响长期增长,其影响机制是怎样的?对这个问题的研究并不多,基于中国经济的相关研究也很少。

周期波动和长期增长都是宏观经济学政策管理的主要问题,同时也是宏观经济学理论最主要的两个部分。周期理论主要研究宏观经济纯粹的波动部分的特征、诱因、机制、政策效应与规律等问题;而增长理论则主要研究经济的趋势部分的相对中长期的影响因素与规律。从本质上看,它们研究的对象同是宏观经济,不过是不同部分的不同特征罢了,因此它们理应是紧密联系的。但这两个理论却长期处于独立研究和各自发展的状态,关于波动与增长的关系问题一直很少有人研究。所以,这至今仍是一个有待继续研究的问题。

现有的研究中,产出波动性与长期增长趋势的关系,无论在理论上还是在实证上都存在着正反两种不同的结论,一部分研究认为波动性与长期增长趋势有正相关关系,而另一些研究则得出相反的结论。例如,从实证角度发现波动与增长正相关的代表性研究有 Kormendi & Meguire(1985);Grier & Tullock(1989);Caporale & McKiernan(1996,1998);Grier,Henry & Olekalns(2004)等。发现负向关系的实证研究有 G. Ramey & V. Ramey(1995)、Zarnowitz & Moore(1986)、Judson & Orphanides(1999)、Kneller & Young(2001)、Turnovsky & Chattopadhyay(2003)、Henry & Olekalns(2002)、Cerra & Saxena(2008)等。国内学者关于这个问题的研究还很少,比较有代表性的是卢二坡和王泽填(2007)的工作,他们也认为波动和增长的关系存在正向和负向两种可能。这种相互矛盾的结果让我们在制定政策时无所适从。除了上面提到的实证研究,现有的利用模型进行阐释的研究有 D. A. Smith(1996);Grinols & Turnovsky(1998);Turnovsky(2000);Blackburn & Pelloni(2004,2005);Fiaschi & Lavezz(2003);Jones(2005,2021);Kose,Prasad & Terrones(2006);Aghion,Angeletos & Banerjee(2005)等。理论模型的研究也存在正负两种不同的理解。一方面,认为产出波动与增长趋势存在负相关关系的研究,主要是从企业投资风险回避的角度出发,认为产出波动越大,投资就会越少,从而影响长期的平均增长趋势。Woodford(1990)从太阳黑子均衡的角度,Bernanke(1983)和 Pindyck(1991)从投资不可逆转的特性出发,进一步肯定了上述思想。V. Ramey & G. Ramey(1991)也强调不确定性造成投资规划误差,由此高的产出波动性导致次优的产出水平。另一方面,认为产出波动对于增长会有正效应的理论指出:产出波动性(收入不确定性)会因为谨慎性储蓄而增加,根据新古典增长理论,这意味着更高的均衡增长率。例如,Black(1987)指出,当新技术的期望回报足以补偿超额风险时,新技术投资就会增加;Blackburn(1999)使用"干中学"的内生增长模型证明波动性程度的增加对增长有正效应;W. T. Smith(1996)、Grinols & Turnovsky(1998)、Turnovsky(2000)证明,在封闭经济中,在常弹性效用函数假设下,当风险回避系数大于 1 时,平均增长率与波动性正相关。其中,W. T. Smith(1996)指出增长与波动相关性的符号取决于跨期替代弹性。

现有的实证研究多是从横向的国家层面进行统计分析,这样做的缺点是，各国之间存在太多差异，比如制度、文化、体制、发展水平、地理条件等等，这些差异都可能造成波动与增长的关系在不同经济体中的不同表现，结果就很难确定到底是什么因素在影响波动与增长的关系。基于此，本章采用中国的省级面板数据，这至少可以排除掉大量因素的影响，比如国家层面统一的宏观经济政策、相同的制度体制，以及文化传统（虽然不同地区之间仍有差异，但相对于不同国家间的差异而言，以汉族为主体的文化差异不大），由此我们可以更加集中于纯粹地分析波动性与平均增长趋势之间的关系。我们做了中国31个省、市、自治区（不含港澳台地区）从1952—2010年的数据分析，发现：（1）波动性与平均增长在短期呈负相关关系，但在中长期呈滞后的正相关关系；（2）波动性与平均增长在1978年前大致呈负相关关系，但1978年后则近似呈正相关或滞后正相关的关系。是什么因素导致了波动与增长呈现此种关系？是改革开放，还是改革开放所诱导的其他因素？结合现有的研究结论，我们认为，波动性对中长期增长有影响，对短期增长也有影响，但影响不同，这意味着影响的机制或路径不同，也说明了为什么现有研究存在两种结论，这两种结论可能都是对的，只不过不同的研究关注的点不同而已。

波动对增长的短期影响应该正如我们直观理解的那样是负向的。这不难理解，波动增加了投资风险，增加了现实生活的不确定性，因而会增加风险储备，从而减少当期的消费需求，这些都会引致短期产出下降。但波动与增长在中长期呈现的正相关关系却不那么直观，人们直观觉察到的通常是短期的微观方面的影响，影响中长期增长的因素一般很难观察到。因而，现有的研究常常从短期机制入手（因此得到负相关关系的研究较多），而关注中长期机制的研究则较少。为此，我们希望能在长期机制方面有所突破。

影响中长期发展的因素一般有人口、教育、技术进步、文化制度等，但这些因素本质上都可以表征为一个统一的变量——人力资本。相比之下，物质资本的投资行为和政策机制主要贡献于中短期的效应，所以，波动与增长的中长期关系主要可以从人力资本的积累机制出发。因而，本章的研究始于一个基本的假设命题：**人力资本形成机制的差异是影响波动与增长关系的核心因素。**

本章下文安排如下:7.2 节就中国省级数据进行实证研究;7.3 节给出基本模型以及模型的求解;7.4 节讨论了内生增长机制;7.5 节研究波动与增长的关联机制;7.6 节进行参数校正和量化分析参数效应;最后,7.7 节总结和评述增长与波动的关系,并依据研究结果提出政策建议。

7.2　中国省级年度波动性与平均增长的关系

本节的主要目的是从一般意义上考察我国短期波动对长期增长的效应,探索二者之间的相关关系。数据的样本期为 1952—2010 年。我国 31 个省、市、自治区(不含港澳台地区)中,由于海南省 1987 年以前的数据缺失,所以我们采用了除海南省以外 30 个省、市、自治区的截面数据。本章的原始数据来源为国家统计局数据库,使用的数据均采用 BP 滤波处理。

在指标的选取方面,我们用 $MAGR_{it}$ 表示第 i 个地区第 t 期的平均增长率、$MASD_{it}$ 表示第 i 个地区第 t 期的平均波动,$MAGR_{it}$、$MASD_{it}$ 的计算公式为:

$$MAGR_{it} = \frac{1}{7}\sum_{j=t-3}^{t+3} GR_{ij} \quad MASD_{it} = \sqrt{\frac{1}{6}\sum_{j=t-3}^{j=t+3}(GR_{ij} - MAGR_{it})^2} \quad (7.1)$$

其中,GR_{ij} 是第 i 个地区第 j 期的增长率,$GR_{ij} = \dfrac{\ln(GDP_{ij+1}) - \ln(GDP_{ij})}{\ln(GDP_{ij})}$。

这里 GDP 数据之所以以对数的形式出现,主要是因为变量对数的差分近似地等于该变量的变化率,而经济变量的变化率常常是稳定的序列,因此适合于包含在回归方程中。

根据上面的公式和样本数据所做的图形(见附录 7-1)有如下特征:

(1) 当期或短期关系:①除西藏、青海、宁夏在整个样本期内表现出较为明显的正相关外,其他省份均表现为负相关关系。②在表现为负相关的省份中,一个明显的特点是波动与增长的曲线都出现交叉,在交点(大约 1978 年)以前表现为负相关,在交点以后表现为正相关或经过一定时滞后表现为正相关。

(2) 中长期关系:①在样本期内,所有省份的波动性呈下降趋势;②在样本期内,各地区中期的平均增长表现出不完全一致的特征,长期增长基本趋于下降,或先增后降;③在改革开放后,即两个曲线交叉后,平均增长基本呈现过山车式先增后降的特征。

为更准确地描述波动性与平均增长之间的超前或滞后的相关关系,我们还进行了1991—2010年间各省份先后6期数据的相关度关系分析,这种计算和分析方法是NBER(美国国民经济研究局)推出的常用周期分析办法。基本结论如下(见附录7-2):

(1)除甘肃外,所有省份中,波动与增长同期都是正相关的。

(2)陕西、甘肃、青海三地,波动与增长的正相关峰值显著滞后(右侧);北京、上海、山西、云南四地,峰值弱滞后(微偏右),其余地区全部峰值超前(左侧),这表明大部分地区的波动形成对增长的超前正相关效应。

本节关于我国30个省份波动与增长数据的实证关系表明,在1978年前,波动与增长在短期呈负相关关系,而在1978年之后,两者基本呈正相关关系。

7.3 模型建立与求解

7.2节的实证关系表明,波动性对增长在中长期有正负两种可能的效应,这启发我们去思考在波动过程中的中长期增长因素的形成机制。影响中长期发展的因素很多,但我们认为中长期增长的决定因素主要还是诸如人口、教育、技术进步、文化制度等与人力资本相关的因素,因此人力资本是最关键的因素。几乎所有其他因素都需要通过直接或间接地影响人力资本来影响长期增长,所以无论是人口还是教育、制度、技术进步,本质上都可以表征为一个统一的变量——人力资本。所以,波动与增长的中长期关系主要可以从人力资本积累的机制出发。因而,本章试图通过建立依赖于人力资本形成机制的随机增长模型,研究短期波动影响长期平均增长的内在机制,以便给出波动与增长在实证研究中存在的相互矛盾现象的合理解释,并找到合理制定政策组合的途径。我们的研究建立于几个基本假设之上:

假设 7.1　决定长期平均增长趋势的核心要素是人力资本。

人力资本可以看作知识积累和技术进步加上可以使用这些技术和知识的劳动力数量（即人口因素）的总和。地区经济的差异和同一地区在不同历史阶段经济的差异，由诸如文化、制度、人口、结构、教育等多种因素造成。但这些差异的影响最终总会在人力资本中体现出来。对于这一观点，在新古典理论中已经有很多讨论，也是现代经济学研究中近乎公理的基本结论，因而，这里直接以假设的形式引入。

假设 7.2　在经济波动过程中的不同阶段，人力资本形成的速度不同。

在经济繁荣时期，经济活动频繁，产出增长，失业率降低，劳动强度增加，资本（包括人力资本）利用率高，技术和知识折旧加快，而人们从事学习进修的时间和机会降低，因而，人力资本的折旧率增加，但增长率下降。在此过程中，隐含了潜在生产能力的下降，即人力资本积累增长速度的降低。在经济萧条时期，则恰恰相反，经济活动减少，产出下降，失业率上升，劳动强度减少。资本（包括人力资本）的利用率低，技术和知识折旧减慢，而人们从事学习进修的时间和机会增加，因而，人力资本的折旧率降低，但增长率上升。这样，人力资本积累实现增长，潜在的生产能力上升，从而孕育了下一次增长的潜力。这一思想源于陈昆亭和龚六堂（2004）。

假设 7.3　在中长期经济发展的不同阶段，人力资本形成的效率也不同。

经济增长初期，以劳动密集型生产为主，低技术水平的劳动需求较高，而高技术水平的劳动需求较低，经济支持教育和卫生投资的能力也较低，因而，人力资本总体的有效水平不高。随着经济发展阶段的变化，教育和卫生投资水平不断提高，生产形式也逐渐朝较高的技术型发展，从而劳动密集型产业的比例逐渐下降，低技术水平的劳动需求减少，而高技术水平的劳动需求增加。因而，客观上对高教育水平劳动需求的提升，开始推动经济社会供给高教育水平和高技术水平的劳动，家庭和个体为了增加就业，不得不接受较高的教育和技术训练，由此形成总体较高的社会人力资本积累水平。并且，随着经济发展阶段的不断提高，人力资本水平也对应更高的增长水平。这些思想源于 Howitt 关于内生增长理论的系列论述和经典论文，如 Aghion & Howitt(1992)，也可见陈昆亭和周炎（2008）的阐述。

基于上述假设,无论是短期的经济波动还是中长期的经济波动,都同人力资本的形成相关,继而也同长期经济的平均增长趋势相关。因而,本章将建立把人力资本形成过程嵌入经济周期波动过程的内生增长模型。

模型的建立:假设经济由无限生命期的代表性个人构成,生产并消费单一物品。个体有 1 单位的时间禀赋,分配于休闲、学习和工作,用 L_t 和 Z_t 分别表示 t 时刻的工作时间和学习时间;假设单一物品的生产需要物质资本和劳动作为主要生产要素,服从 Cobb-Douglas 型的生产函数关系:

$$Y_t = A_t K_t^\alpha (H_t L_t)^{1-\alpha} \tag{7.2}$$

其中,K_t 和 H_t 分别为 t 时刻的物质资本和人力资本存量,$H_t L_t$ 为有效劳动;$0<\alpha<1$ 是产出弹性参数;设 A_t 为技术水平,A 和 σ_A 为正常数,技术创新服从外生的独立随机过程:

$$\log A_{t+1} = r\log A_t + (1-r)\log A + \varepsilon_A, \varepsilon_A \in N(0,\sigma_A); \tag{7.3}$$

假设人力资本的形成有两种途径:一种途径是专门的学习,包括从小到大的各级学校的一般知识学习和各种脱产的专业技术知识学习,即各种正规教育和非正规教育的总和;另一种途径是实际工作中通过熟练程度的提高而形成的工艺技术水平的积累,以及在工作中自然形成的技能创新与积累,即"干中学"类型的技能与知识积累。前者可以简单地设定为学习时间的函数,后者则应当与社会整体经济活动相关,因为"干中学"类型的创新与知识积累在很多情况下与群体贡献有关,很多工艺也是在多人逐步劳动过程中形成,很难就个体而言准确设定,只有社会整体经济活动才能更好地拟合此类创新积累。描述整体经济活动情况总量的最直接办法是使用社会总产出,但一个较简单的办法是使用社会总劳动时间投入,这实际上是近似的,因为在均衡生产路径上,产出贡献份额应该是大体稳定的(Blackburn & Galinder,2003)。这样假定人力资本总积累方程为:

$$H_{t+1} = \Omega H_t Z_t^\phi \bar{L}_t^\theta \tag{7.4}$$

其中,$\bar{L}_t$ 表示社会总劳动时间;Ω 表示社会文化等环境贡献因素,设为常数(也可以假定为随机扰动因素,本章为了简单,设为常数);ϕ 和 θ 为正常数,表示贡献弹性,$0<\phi<1,0<\theta<1$。

假定产出的消费剩余全部用于投资;假定资本折旧率为100%,即下一期生产取决于当期投资决策,从而有资本积累方程:

$$K_{t+1} = Y_t - C_t \tag{7.5}$$

代表性个人的生命期最优化问题为:

$$\max E_0 \sum_{t=0}^{\infty} \beta^t [\gamma_t \log C_t + \log(1 - L_t - Z_t)] \tag{7.6}$$

$$\text{s.t.} \quad (7.1) - (7.5);$$

其中 C_t 为 t 时刻的消费水平,$0<\beta<1$ 是贴现因子。γ_t 表示偏好的冲击,假设服从

$$\log\gamma_{t+1} = r\log\gamma_t + (1-r)\log\gamma + \varepsilon_\gamma, \varepsilon_\gamma \in N(0,\sigma_\gamma) \tag{7.7}$$

其中 γ, σ_γ 为正常数。

最优条件与动态:求解优化式(7.2)至式(7.7),得到最优条件:

$$\frac{\gamma_t}{C_t} = \lambda_t \tag{7.8}$$

$$\frac{1}{1 - L_t - Z_t} = \lambda_t (1 - \alpha) \frac{Y_t}{K_t} \tag{7.9}$$

$$\frac{1}{1 - L_t - Z_t} = w_t \phi \frac{H_{t+1}}{Z_t} \tag{7.10}$$

$$\lambda_t = \alpha \beta E_t \left(\lambda_{t+1} \frac{Y_{t+1}}{K_{t+1}} \right) \tag{7.11}$$

$$w_t = \beta E_t \left[w_{t+1} \frac{H_{t+2}}{H_{t+1}} + \lambda_{t+1} (1 - \alpha) \frac{Y_{t+1}}{H_{t+1}} \right] \tag{7.12}$$

以及横截性条件:

$$\lim_{n \to \infty} \beta^{t+n} \frac{K_{t+n+1}}{C_{t+n}} = 0, \lim_{n \to \infty} \beta^{t+n} \frac{Z_{t+n+1}}{L_{t+n}} = 0 \tag{7.13}$$

其中,λ_t 是约束条件式(7.5)的拉格朗日乘子,表示资本存量 K_{t+1} 的边际值;w_t 是约束条件式(7.4)的拉格朗日乘子,表示人力资本存量 H_{t+1} 的边际值。

把式(7.8)代入式(7.11)得到:

$$\gamma_t \frac{K_{t+1}}{C_t} = E_t \left[\alpha \beta \gamma_{t+1} \left(\frac{K_{t+2}}{C_{t+1}} + 1 \right) \right] \tag{7.14}$$

由此递归得到

$$\gamma_t \frac{K_{t+1}}{C_t} = \mathrm{E}_t\left[\alpha\beta\gamma_{t+1}\left(\frac{K_{t+2}}{C_{t+1}} + 1\right)\right] = \cdots$$

$$= (\alpha\beta)^{n+1}\mathrm{E}_t\left(\gamma_{t+n+1}\frac{K_{t+n+2}}{C_{t+n+1}}\right) + \sum_{j=0}^{n}(\alpha\beta)^{j+1}\mathrm{E}_t(\gamma_{t+j+1}) \quad (7.15)$$

令 $n \to \infty$，同时考虑横截性条件式（7.13）得到

$$\gamma_t \frac{K_{t+1}}{C_t} = \sum_{j=0}^{\infty}(\alpha\beta)^{j+1}\mu_\gamma + 0 = \frac{\mu_\gamma \alpha\beta}{1-\alpha\beta} \quad (7.16)$$

因此有

$$\frac{K_{t+1}}{C_t} = \frac{\gamma_t^{-1}\mu_\gamma \alpha\beta}{1-\alpha\beta} \equiv \xi(\gamma_t) \quad (7.17)$$

从而有

$$Y_t = [1 + \xi(\gamma_t)]C_t \quad (7.18)$$

结合式（7.11）、式（7.12）、式（7.13）和式（7.17）得到：

$$\gamma_t \frac{Z_t}{L_t} = \beta\mathrm{E}_t\left[\gamma_{t+1}\left(\frac{Z_{t+1}}{L_{t+1}} + \phi\right)\right] \quad (7.19)$$

由式（7.19）递归产生：

$$\gamma_t \frac{Z_t}{L_t} = \beta\mathrm{E}_t\left[\gamma_{t+1}\left(\frac{Z_{t+1}}{L_{t+1}} + \phi\right)\right] = \cdots$$

$$= \beta^{n+1}\mathrm{E}_t\left(\gamma_{t+n+1}\frac{Z_{t+n+1}}{L_{t+n+1}}\right) + \sum_{j=0}^{n}(\beta)^{j+1}\phi\mathrm{E}_t(\gamma_{t+j+1}) \quad (7.20)$$

令 $n \to \infty$，同时结合横截性条件式（7.14）得到

$$\gamma_t \frac{Z_t}{L_t} = \sum_{j=0}^{\infty}(\beta)^{j+1}\mu_\gamma \phi = \frac{\mu_\gamma \phi\beta}{1-\beta} \quad (7.21)$$

因此有

$$\frac{Z_t}{L_t} = \frac{\gamma_t^{-1}\mu_\gamma \phi\beta}{1-\beta} \equiv \eta(\gamma_t) \quad (7.22)$$

结合式（7.11）和式（7.22）得到：

$$L_t = \left[1 + \eta(\gamma_t) + \frac{1}{\gamma_t(1-\alpha)[1+\xi(\gamma_t)]}\right] \equiv [\varphi(\gamma_t)]^{-1} \quad (7.23)$$

$$Z_t = [\varphi(\gamma_t)]^{-1}\eta(\gamma_t) \quad (7.24)$$

通过比较静态分析很容易得到：

性质 7.1 $L'_A = Z'_A = 0, L'_\gamma > 0, Z'_\gamma < 0, L'_\phi < 0, Z'_\phi > 0, L'_\theta = Z'_\theta = 0$。

性质 7.1 的推导很简单，证明过程略。性质 7.1 意味着，外生技术冲击不影响均衡劳动时间的分配；偏好冲击影响学习和劳动时间的配置比例，正的偏好冲击减少学习时间，增加劳动时间；主观学习对人力资本形成的贡献弹性强度越大，均衡的学习时间越多，而"干中学"对人力资本形成的贡献弹性强度参数对均衡的劳动时间配置没有直接影响。因此，人们在繁荣时期更多地劳动，而在萧条时期则增加学习时间以提高人力资本积累。

7.4 长期增长

在本章的两部门内生增长经济模型中，经济增长水平由内生人力资本的增长决定。在平衡增长路径上，劳动和学习的时间份额保持不变，均衡的劳动时间等于社会平均总劳动时间，从而有：

$$L_t = \bar{L}_t \tag{7.25}$$

在平衡增长路径上，物质资本、人力资本以相同的增长率增长：

$$g_K^* = g_H^* \tag{7.26}$$

由式(7.4)、式(7.23)和式(7.24)得到人力资本的均衡随机增长率：

$$\frac{H_{t+1}}{H_t} = \Omega Z_t^\phi L_t^\theta = \Omega v(\gamma_t) \tag{7.27}$$

其中 $v(\gamma_t) = \dfrac{[\phi\beta/(1-\beta)]^\phi (\gamma/\gamma_t)^\phi}{\left\{1 + \dfrac{\phi\beta\gamma}{(1-\beta)\gamma_t} + \dfrac{1-\alpha\beta}{(1-\beta)[\alpha\beta\gamma + (1-\alpha\beta)\gamma_t]}\right\}^{\phi+\theta}}$，其中已简记 $\mu_\gamma \triangleq \gamma$。

考虑 Cobb-Douglas 型人力资本生成函数，设 $\phi + \theta = 1$，通过简单计算可以得到：

性质 7.2 当 $\phi > 0, \theta = 0$ 时，$v'(\gamma_t) < 0$；当 $\phi = 0, \theta > 0$ 时，$v'(\gamma_t) > 0$。

性质 7.2 的推导也很简单，证明过程省略，其经济学含义是：当主观学习占优时，人力资本的增长是反周期的。在这种情况下，当经济繁荣时，就业充分，学习时间减少，因而人力资本形成减少；而当经济萧条时，失业增加，学习时间增加，从而社会总的人力资本积累提高；如果"干中学"占优，则人力资本是顺周期的，在这种情况下，生产越多，人力资本积累也越多。

下面考虑产出增长的动态：

$$\frac{Y_{t+1}}{Y_t} = \frac{A_{t+1}}{A_t}\left(\frac{K_{t+1}}{K_t}\right)^{\alpha}\left(\frac{H_{t+1}}{H_t}\right)\left(\frac{L_{t+1}}{L_t}\right)^{1-\alpha} = (1+g_A^*+\varepsilon_t)\frac{H_{t+1}}{H_t}\left(\frac{L_{t+1}}{L_t}\right)^{1-\alpha}$$

$$= (1+g_A^*+\varepsilon_t)\left(\frac{L_{t+1}}{L_t}\right)^{1-\alpha}\Omega Z_t^{\varphi}L_t^{\theta} = (1+g_A^*+\varepsilon_t)\Omega Z_t^{\varphi}L_t^{\theta+\alpha-1}L_{t+1}^{1-\alpha}$$

$$\equiv (1+g_A^*+\varepsilon_t)\Omega w(\gamma_t,\gamma_{t+1}) \tag{7.28}$$

其中 $w(\gamma_t,\gamma_{t+1}) = \dfrac{[\eta(\gamma_t)]^{\varphi}}{[\varphi(\gamma_t)]^{\alpha+\beta+\theta-1}[\varphi(\gamma_{t+1})]^{1-\alpha}}$。

通过简单计算知道 $w_2'(\gamma_t,\gamma_{t+1}) > 0$，而 $w_1'(\gamma_t,\gamma_{t+1})$ 的符号取决于直线 L：

$$\alpha+\theta-1-\frac{\alpha\beta(\alpha+\theta+\phi-1)}{1-\alpha} = 0。 \tag{7.29}$$

在第一象限直线 L 的上方区域内，$w_1'(\gamma_t,\gamma_{t+1})>0$；在第一象限直线 L 的下方，$w_1'(\gamma_t,\gamma_{t+1})<0$。在特定条件下，如 $\phi+\theta=1$，则当 $\theta<1-\alpha+\dfrac{\alpha^2\beta}{1-\alpha}$（或者 $\varphi<\alpha-\dfrac{\alpha^2\beta}{1-\alpha}$）时，$w_1'(\gamma_t,\gamma_{t+1})<0$；当 $\theta>1-\alpha+\dfrac{\alpha^2\beta}{1-\alpha}$（或者 $\phi<\alpha-\dfrac{\alpha^2\beta}{1-\alpha}$）时，$w_1'(\gamma_t,\gamma_{t+1})>0$。

从上述分析可以直接得到以下结论：

性质 7.3 产出增长关于外生技术冲击是顺周期的；预期需求冲击是顺周期的；需求冲击的当期效应在 $L>0$ 时为正，在 $L<0$ 时为负。

另外，我们注意到，当 $\theta<1-\alpha$ 时，不管主观学习的参数值多小，需求冲击的当期效应都是负的。这就是说，在"干中学"对人力资本形成贡献较低的环境中，主观学习投入多少不改变需求冲击的实际反周期特征。

7.5 波动与增长

现在来看波动性指标与平均增长的关系。为了方便研究，我们假定外生的随机技术创新冲击与偏好冲击独立，并假定随机外生技术创新冲击均

值为 0,方差为常数。由式(7.28)得到产出增长均值方差的估算值:

$$\mu(g_Y^*) = \mu(g_A^*) + \mu(g_H^*) = \mu(g_H^*)$$

$$\approx \Omega w(\gamma,\gamma) + \frac{1}{2}\Omega[w''_{11}(\gamma,\gamma) + w''_{22}(\gamma,\gamma)]\sigma_\gamma^2 + \mu(g_A^*)$$

$$= \Omega w(\gamma,\gamma) + \frac{1}{2}\Omega\Delta\sigma_\gamma^2 + \mu(g_A^*) \tag{7.30}$$

其中 $\Delta = w''_{11}(\gamma,\gamma) + w''_{22}(\gamma,\gamma)$。

$$Var(g_Y^*) = Var(g_A^*) + Var(g_H^*) \approx \sigma_A^2 + \Omega^2([w'_1(\gamma)]^2 + [w'_2(\gamma)]^2)\sigma_\gamma^2 \tag{7.31}$$

由式(7.30)和式(7.31)容易看出:产出增长的均值只与偏好冲击的方差有关,与外生技术冲击的波动性无关;偏好冲击波动的方差影响产出平均水平的方向取决于式(7.30)中 Δ 的符号;产出方差与两种冲击方差正相关。附录 7-3 中给出了 Δ 的计算公式。

通过简单计算,易知:

情形 7.1:当 $\phi = 1, \theta = 0$ 时,$\Delta > 0$。这对应与冲击方差的正相关关系,从而隐含了波动与增长的正相关关系;

情形 7.2:当 $\phi = 0, \theta = 1$ 时,$\Delta < 0$。这对应与冲击方差的负相关关系,从而隐含了波动与增长的负相关关系。

在上述两种极端情况下,根据中值定理,必然存在某个中间点,使得 $\Delta = 0$,在此中间点的两边,分别对应两个一致于极端情况的区域,而此中间点就如分水岭。因而我们有:

性质 7.4 在主观学习相对占优的情况下,波动与增长正相关;而在非主观学习占优时,波动与增长负相关。

性质 7.4 说明,在人力资本形成中,主观学习(教育)与非主观学习("干中学")对人力资本形成的贡献强度的对比成为影响波动与增长关系的关键点。这说明,如果教育投入不高,以至于人力资本的改进主要靠"干中学",则波动性越高,经济的长期平均增长水平就会越低。这很容易理解,在这种情况下,波动性没有形成对长期发展动力的有效的补偿,或补偿不足,因而波动会引致萧条。相反,当经济中教育投入较高,社会人力资本形成主要靠教育或各种相关的主动学习行为,如社会再就业培训等,而"干中学"的贡献成为次要的,则波动性越高,经济长期的平均增长水平并不会越低,因为在这种情况下,波动不但获得了长期增长动力的外部补偿,实际上还促进了人们在经济萧条时参加教育的推动力,因而,长期增长效应不为负。

根据上述结论,我们可以获得一种解释:在 1978 年前,生产水平低,教育投入少,人力资本形成以"干中学"的形式为主,因而,波动性同增长呈负相关;在 1978 年后,由于恢复高考及教育正常化,生产发展,教育投入增加,因而,波动性与增长逐渐呈现正相关。

7.6 参数敏感性分析

7.5 节的核心结论是很容易理解的,但在什么样的环境下,主观学习(教育)占优,在什么样的环境下,非主观学习("干中学")占优呢?另外模型中其他主要参数是否影响波动与增长的关系?为此我们需要知道在以实际经济为背景进行参数取值时,或在不太偏离实际经济的参数值的取值范围内,模型会给出怎样的结果。选取常规参数值如下:$\alpha = 1/3, \beta = 0.97, \gamma = 0.2$,其中 α 表示资本的产出贡献率,与 Kydland & Prescott(1982)等的取值相一致;β 表示主观折现率,一般在 0.96 和 0.998 之间取值;γ 表示偏好冲击的均值水平,我们取 0.2。参数试验表明,模型对这几个参数不是很敏感,在合理取值范围内,均不影响系统的性态。因此,我们重点检验人力资本形成的核心参数:主观学习和非主观学习的贡献强度参数,ϕ 和 θ。结论如下:

性质 7.5 在给定常规参数值的基础上,波动与增长关系如下:(1)当 $0<\theta<0.36$ 时,波动与增长之间存在正相关关系;(2)当 $\theta>0.56$ 时,波动与增长的关系恒为负;(3)当 $0.36<\theta<0.56, 0<\phi<1$ 时,波动与增长关系的转换体现为:θ 随 ϕ 的变化呈近似对数曲线关系的单调增加;(4)固定 θ 值时,Δ 在 $(0,1)$ 上随 ϕ 增加,在大于 1 后,随 ϕ 减少;(5)固定 ϕ 值时,Δ 在 $(0,1)$ 上随 θ 减少,在大于 1 后,随 θ 增加。

由上述结论我们可以得到如下几方面的启示:(1)主观学习对人力资本

的贡献率增高(从 0 到 1 的范围内),对应波动对长期平均增长的贡献强度由小变大,由负变正;而"干中学"型学习对人力资本贡献率的增加(从 0 到 1 的范围内),对应波动对长期平均增长的贡献强度由大变小,由正变负。对这一结论比较合理的解释是,波动性的增加产生两方面的效应:一是生产商因回避风险而降低直接投资水平,从而降低生产活动;二是私人部门的谨慎性风险回避,增加了储蓄和人力资本积累(以对冲未来收入的不确定性)。"干中学"型学习依赖于生产活动,因而服从第一种效应的影响机制,与波动性呈负相关关系;而主观学习有利于私人部门劳动者通过主观选择提高人力资本水平来增加对抗未来收入不确定性的风险,服从第二种效应机制。当主观学习的贡献率水平较高时,意味着主观学习的社会平均收益率较高,从而波动造成的社会平均福利损失较低,这样社会平均增长率也较高。而且,按照这样的逻辑,波动性越高,越能体现主观学习贡献效率的价值,也对应于较高的平均社会长期增长率水平。

(2) 在波动与增长关系的符号转折点受两种学习贡献率影响的同时,关键转折区域的刚性决定于"干中学"型学习贡献率 θ 的有限范围:当"干中学"型学习对于人力资本形成的贡献率较低时(比如在我们给定的参数值下,对应 θ 值在 0.378 8 的水平),波动对长期增长的效应总是正的(不管主观学习贡献率的大小)。我们认为对这一结论的可能解释是:由于此时对应的总体人力资本自然增长水平过低,均衡的长期经济增长有赖于保有较高的储蓄水平,或者在均衡增长中,以主观学习为主实现人力资本形成,因而以波动的第二种效应机制为主。而当"干中学"型学习对人力资本形成的贡献率较高时(比如在我们给定的参数值下,对应 θ 值在 0.56 以上),波动对长期增长的效应总为负的(不管主观学习贡献率的大小)。按照类似的逻辑,此时"干中学"型学习在人力资本形成中占主要地位,波动的效应主要体现为第一种机制。而在 θ 值落在(0.378 8,0.56)区间时,两种机制都有占优的机会,具体要看两种学习的贡献率。

(3) 根据以上结论和启示,我们粗略估算了 1978 年前后我国教育情况,如表 7.1 所示。

表 7.1　中国从 1949 年到 2008 年的教育情况　　　（单位:%）

年份	小学	中学	高中	大学	小学以上	中学以上	高中以上	大学以上
1949—1958	55	25	40	5	55	55×0.25 = 14	55×0.25×0.4 = 5	55×0.25×0.4×0.05 = 0.1
1959—1968	60	70	55	5	60	60×0.7 = 42	60×0.7×0.55 = 23	60×0.7×0.55×0.05 = 1.1
1969—1978	80	80	50	<10	80	80×0.8 = 64	80×0.8×0.5 = 32	80×0.8×0.5×0.1 = 3.2
1979—1988	92	70	42	20	92	92×0.7 = 64	92×0.7×0.42 = 27	92×0.7×0.42×0.2 = 5.4
1989—1998	96	85	50	30	96	96×0.85 = 82	96×0.85×0.5 = 41	96×0.85×0.5×0.3 = 12.3
1999—2008	98	96	70	60	98	98×0.96 = 94	98×0.96×0.7 = 66	98×0.96×0.7×0.6 = 40

注:表中前 4 列为升学率,后 4 列为依据升学率数据近似推算的各教育程度以上的人口比率,比如最后一列表示同期的年轻人中接受高等教育的人口比率。

数据显示,从 1949 年到 1978 年的 30 年间,接受高等教育的平均比例低于 3%,从 1979 年到 2008 年的 30 年间接受高等教育的平均比例高于 10%;中学以上教育在前 30 年平均不足 40%,在后 30 年平均接近 80% 以上。这些数据说明,在 1978 年前后人力资本的主观形成过程的数据有很大改变,这为我国经济在 1978 年前后 30 年的波动与增长呈现不同的相关关系提供了一种合理解释。当然更严格的检验是有意义的,但我们目前掌握的数据还不能实现。

7.7　小　结

本章通过建立内生随机增长模型,从人力资本在经济波动不同阶段的形成速度的不同,分析波动性与长期平均增长的关联机制。通过分析可以发现:短期经济波动性与长期的平均增长趋势既有可能呈现正相关关系,也有可能呈现负相关关系;决定短期经济波动性与长期经济平均增长趋势关系的关键因素是形成人力资本的核心参数值的大小(主观学习的贡献弹性 ϕ 和"干中学"型机制的贡献弹性 θ)。

与现有的同类研究相比,本章提出了一种不同的机制——通过人力资本形成过程来内生出波动与增长的内在关联。同本章给出的机制最接近的是 Blackburn & Galinder(2003)的工作,他们通过内生技术进步来实现波动与增长的关系,其结论本质上与我们的相同,但我们的模型比他们更细致(包含物质资本和人力资本,可以纳入更多冲击,更贴合实际经济)。同时我们还用更详细的数值试验了参数敏感性范围。我们的模型能够给出关于波动与增长实证研究中存在的相互矛盾现象的一种合理解释:在不同的经济政治制度文化环境中,人们主观学习的愿望、强度和贡献率不同,因而,在决定人力资本形成的过程中,主观学习和非主观学习贡献于人力资本形成的比例不同,而这一比例是决定波动与增长关系的关键参数,因而,在不同的环境下,波动与增长的关系可能不同,既可能为正,也可能为负。

对相关问题,未来的研究方向有:

(1)发现人力资本形成过程中主观学习的贡献强度的环境或制度因素,并进行实证检验。一个值得尝试的角度是考察社会福利对此的影响。我们发现,在欧洲发达国家,社会福利发展较好,而这些国家中统计出的波动与增长的关系多为负的。这很可能是因为社会福利好的国家,人们在经济萧条或经济波动的情况下,不太担心生活,生活压力较小,因而,主观学习的努力倾向较小,在人力资本形成中以非主观学习为主。相反,在发展中国家,或相对贫困和生活保障较差的经济体中,很可能出现相反的情况。我们期待看到有兴趣的研究者对此问题进行更深入的研究。

(2)现有解释波动与增长关系的几种机制之间的联系。这几种机制主要包括人力资本形成机制的"主观—非主观学习说""偏好函数曲度说""风险回避系数说"。我们的基本猜测是,这几种机制在本质上是一致的,只不过我们现在还没有发现真正内在的决定机制。

(3)建立更具一般性的模型进一步发现和解释波动与增长的关系。本章模型还比较简单,不足以很好地拟合实际经济。如果能够建立充分拟合实际经济的模型,再来研究波动与增长的机制或许会更有成果。

附录 7-1　全国各省份波动性与增长趋势的矩关系

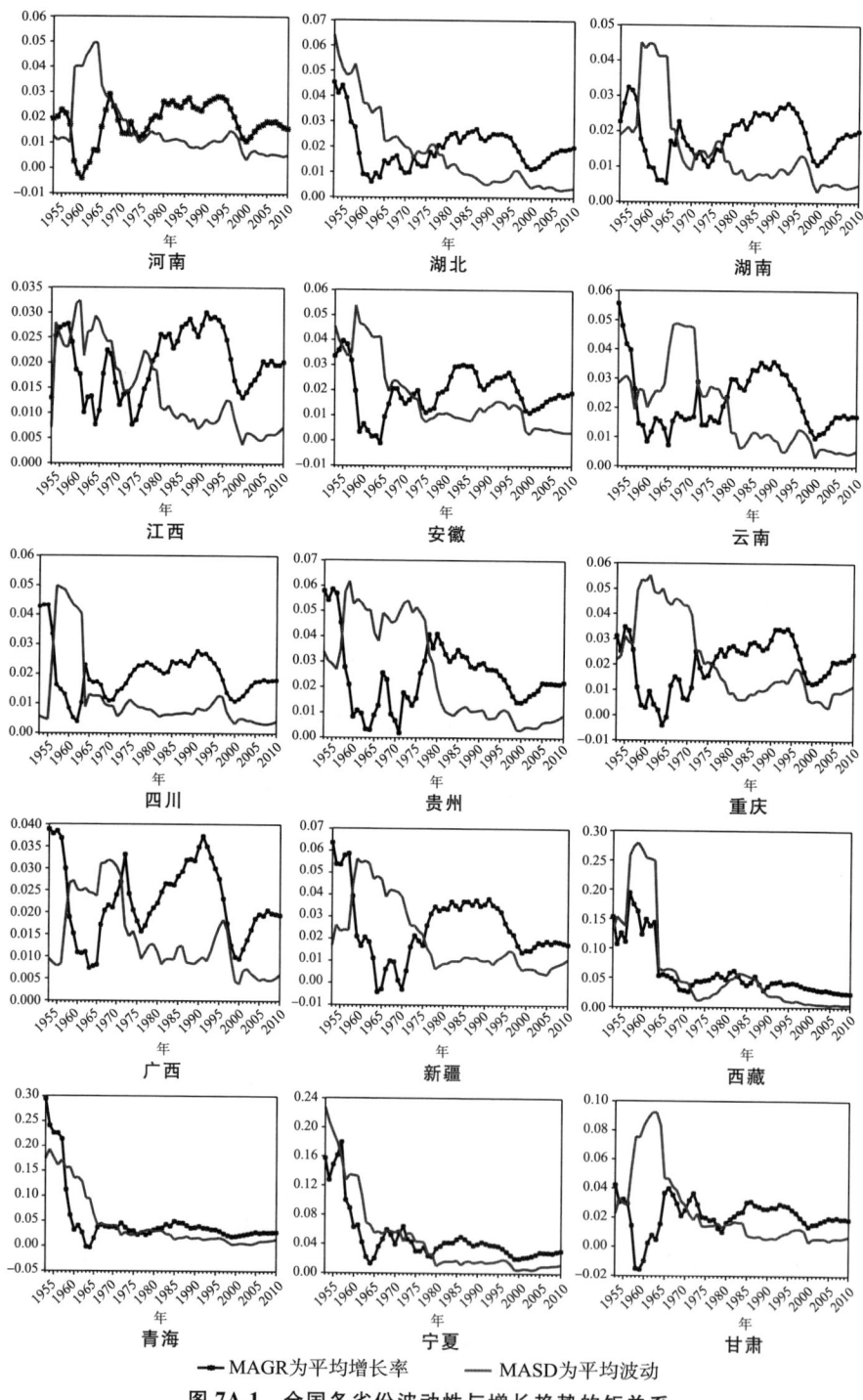

图 7A.1　全国各省份波动性与增长趋势的矩关系

附录 7-2 地区经济波动矩关系表

K=	-6	-5	-4	-3	-2	-1	0	1	2	3	4	5	6
北京	-0.00	0.11	0.24	0.36	0.47	0.57	0.67	0.75	0.77	0.76	0.73	0.69	0.65
天津	0.05	0.19	0.34	0.46	0.53	0.53	0.47	0.50	0.41	0.23	0.09	0.00	-0.03
河北	0.44	0.55	0.65	0.72	0.76	0.78	0.78	0.72	0.64	0.57	0.49	0.43	0.38
山西	0.03	0.14	0.24	0.30	0.33	0.35	0.41	0.49	0.45	0.36	0.34	0.45	0.53
内蒙古	0.55	0.64	0.73	0.77	0.75	0.70	0.63	0.59	0.50	0.40	0.28	0.21	0.12
辽宁	0.52	0.60	0.67	0.70	0.71	0.70	0.67	0.65	0.56	0.42	0.28	0.14	0.00
吉林	0.68	0.76	0.81	0.83	0.81	0.77	0.70	0.65	0.55	0.44	0.34	0.26	0.15
黑龙江	0.56	0.67	0.74	0.75	0.67	0.52	0.33	0.13	-0.09	-0.28	-0.41	-0.48	-0.47
上海	-0.15	0.01	0.18	0.34	0.48	0.58	0.64	0.64	0.61	0.54	0.47	0.39	0.33
江苏	0.57	0.67	0.76	0.82	0.85	0.85	0.82	0.74	0.62	0.47	0.32	0.20	0.08
浙江	0.52	0.60	0.70	0.76	0.80	0.86	0.90	0.82	0.73	0.61	0.50	0.40	0.31
安徽	0.67	0.69	0.71	0.70	0.68	0.65	0.61	0.53	0.42	0.28	0.13	-0.00	-0.13
福建	0.59	0.69	0.78	0.85	0.89	0.91	0.90	0.82	0.72	0.60	0.48	0.38	0.30
江西	0.32	0.40	0.46	0.50	0.51	0.50	0.46	0.44	0.34	0.26	0.19	0.23	0.30
山东	0.54	0.60	0.65	0.66	0.62	0.56	0.50	0.36	0.24	0.12	0.02	-0.01	-0.00
河南	0.50	0.58	0.66	0.71	0.73	0.73	0.70	0.60	0.42	0.26	0.12	0.04	0.01
湖北	0.35	0.38	0.42	0.44	0.44	0.44	0.43	0.44	0.40	0.33	0.27	0.32	0.35
湖南	0.63	0.71	0.76	0.78	0.74	0.65	0.52	0.38	0.21	0.04	-0.10	-0.16	-0.19
广东	0.60	0.70	0.80	0.87	0.90	0.90	0.88	0.81	0.72	0.61	0.51	0.40	0.30
广西	0.77	0.83	0.87	0.84	0.76	0.64	0.50	0.31	0.15	0.00	-0.10	-0.16	-0.17
重庆	0.31	0.51	0.69	0.81	0.83	0.78	0.65	0.48	0.25	-0.00	-0.23	-0.39	-0.50
四川	0.75	0.82	0.85	0.86	0.80	0.70	0.54	0.34	0.13	-0.15	-0.20	-0.30	-0.33
贵州	0.23	0.28	0.34	0.42	0.51	0.65	0.82	0.80	0.66	0.54	0.48	0.49	0.45
云南	0.40	0.43	0.45	0.46	0.48	0.49	0.51	0.52	0.45	0.38	0.38	0.42	0.45
西藏	0.37	0.48	0.59	0.67	0.72	0.74	0.75	0.68	0.61	0.52	0.44	0.40	0.38
陕西	0.15	0.22	0.30	0.34	0.37	0.38	0.38	0.47	0.50	0.50	0.51	0.57	0.57
甘肃	0.03	0.00	-0.03	-0.05	-0.08	-0.07	-0.06	0.08	0.16	0.22	0.28	0.34	0.40
青海	0.23	0.30	0.37	0.43	0.48	0.54	0.60	0.70	0.75	0.76	0.76	0.70	0.66
宁夏	0.36	0.46	0.55	0.59	0.62	0.58	0.53	0.62	0.60	0.55	0.47	0.43	0.41
新疆	0.67	0.78	0.85	0.88	0.84	0.78	0.70	0.60	0.51	0.42	0.31	0.21	0.12

附录 7-3 7.5 节中 Δ 的计算公式

由 $w(\gamma_t, \gamma_{t+1}) = \dfrac{[\eta(\gamma_t)]^\phi}{[\varphi(\gamma_t)]^{\alpha+\phi+\theta-1}[\varphi(\gamma_{t+1})]^{1-\alpha}}$ 得到

$$w''_{11}(\gamma,\gamma) = \dfrac{\eta^\phi}{\varphi^{\theta+\phi}}\left\{\dfrac{\phi[\eta'^2(\phi-1)+\eta\eta'']}{\eta^2} + \dfrac{(s-1)(\varphi'^2 s - \varphi\varphi'')}{\varphi^2} - \dfrac{2(s-1)\phi\varphi'\eta'}{\varphi\eta}\right\}$$

$$w''_{22}(\gamma,\gamma) = \dfrac{\eta^\phi(1-\alpha)[(2-\alpha)\varphi'^2-\varphi\varphi'']}{\varphi^2\varphi^{\theta+\phi}}$$

其中 $s = \alpha + \theta + \phi$。

这样:

$$w''_{11}(\gamma,\gamma) + w''_{22}(\gamma,\gamma) = \dfrac{\eta^\phi}{\varphi^{\theta+\phi}}\left\{\dfrac{\phi[\eta'^2(\phi-1)+\eta\eta'']}{\eta^2} - \dfrac{2(s-1)\phi\varphi'\eta'}{\varphi\eta}\right.$$
$$\left. + \dfrac{\theta+\phi}{\varphi^2}\left[\varphi'^2\left(s+\alpha-1+\dfrac{2(1-\alpha)^2}{\theta+\phi}\right)-\varphi\varphi''\right]\right\}$$

其中,$\eta = \dfrac{\phi\beta}{1-\beta}$,$\eta' = -\dfrac{\phi\beta}{(1-\beta)\gamma}$,$\eta'' = \dfrac{2\phi\beta}{(1-\beta)\gamma^2}$,$\varphi = 1 + \dfrac{\phi\beta}{1-\beta} + \dfrac{1-\alpha\beta}{\gamma(1-\alpha)}$,$\varphi' = -\dfrac{\phi\beta}{\gamma(1-\beta)} - \dfrac{(1-\alpha\beta)^2}{(1-\alpha)\gamma^2}$,$\varphi'' = \dfrac{2\phi\beta}{(1-\beta)\gamma^2} + \dfrac{2(1-\alpha\beta)^3}{(1-\alpha)\gamma^3}$。

当 $\theta + \phi = 1$ 时,有

$$w''_{11}(\gamma,\gamma) + w''_{22}(\gamma,\gamma) = \dfrac{\eta^\phi}{\varphi}\left\{\dfrac{\phi(1+\phi)}{\gamma^2} + \dfrac{2[\alpha+(1-\alpha)^2]\varphi'^2-\varphi\varphi''}{\varphi^2} + \dfrac{2\alpha\phi\varphi'}{\varphi\gamma}\right\}$$

8

利率冲击的周期与增长效应

8.1 引 言

现实经济中执行的政策性利率通常会偏离均衡的实际利率或自然实际利率,一方面是源于政府不能及时感知自然实际利率水平,从而不能及时做出调整,另一方面也可能源于政府刻意地压低实际政策性利率,还有一种可能是政府不能准确判定最优的政策性利率的水平,从而无意识地造成其偏离均衡水平。这些因素是不可避免的。利率是资本的价格,可以度量一切作为资本品的商品的价格,因而是一切商品价格的基础。因此利率扭曲就成为一切商品价格和资本市场价格扭曲的根源。而资本市场和商品市场的价格扭曲会引发更大范围的各类失衡和扭曲,并最终导致经济增长潜力所依赖的基础的崩溃,造成经济增长潜力的下降。因而,利率扭曲不但可能形成短期的经济周期波动,也可能形成长期的增长趋势的变化。这里我们所指的"利率扭曲"包括两个方面的含义:一是现实经济中执行的政策性利率的实际值(去除通货膨胀)偏离中长期经济均衡的自然实际利率水平;二是储蓄利率实际值与贷款利率实际值的差值超过均衡水平。所以,实际的自然利率(或均衡的实际利率)怎样估计、现实经济中执行的政策性利率与实际的自然利率偏离会怎样影响宏观经济周期波动规律等问题是非常值得研究的。

基于传统理论,利率作为货币政策的工具,一般被认为对经济只有中短期效应,而没有长期效应,即货币政策在长期中是中性的。这一理论成立的基础是,现实经济中实际执行的利率在中长期会自动趋近并围绕长期均衡的实际利率波动,因而不会产生中长期的偏离或扭曲。但实际上,这一基础本身并不一定可靠,因为政策制定者完全有可能连续相当长的时间具有受某种利益群体支配的政策倾向。比如代表企业家群体利益的政党可能倾向于执行持续的低利率政策,而代表一般家庭的工人阶级政党实行的利率政策可能会使实际的储蓄利率至少不低于均衡的自然实际利率水平。而执政党一般会连续执政至少一个任期,这样具有某种倾向的政策就会持续一个任期以上的时间。因此实际利率偏离均衡的自然利率水平至少在理论上是有可能的。事实上,现实经济中也确有这种情况发生,比如格林斯潘在任美联储主席期间,就连续执行了太长时间的低利率政策。2007年美国次贷危机引起全球金融危机之后,许多经济体也都纷纷出台应急政策,采用凯恩斯主义的管理思路,低利率政策在很多经济体中被推行,人们相信低利率能够刺激经济复苏。然而现实情况是怎样的呢?世界经济,包括欧美等老牌的发达经济体和新兴经济体,都没有得到预期的经济复苏。这使人们不得不去思考:持续执行扭曲性的低利率政策到底值不值得?有没有用?其长期影响又是怎样的呢?

  习惯上,关于经济的周期波动和长期增长的研究被分成两个学术领域。然而,近年越来越多的研究开始重视短期波动性对长期增长趋势的影响。现有的研究指出短期波动性会影响长期增长的趋势方向,[①]货币政策的冲击会影响短期波动性,从而可能影响长期的经济增长的趋势。对此,我们可以这样理解:货币的长期中性是建立在经济在长期中处于相对平稳的平衡增长路径上的,但经济在转型发展的过程中,行业之间、部门之间形成的扭曲等会引起价格扭曲,并且这种扭曲难以自动恢复,进而会固化为永久性的影响。因而,短期冲击的结果易于形成长期性的效应。基于这样的逻辑,利率扭曲不但会影响短期波动,也可能会造成长周期波动。

  改革开放后中国经济发展取得了伟大的成就,但近些年来,经济中的各种失衡和扭曲成为制约社会经济发展的重要因素。我们从利率的扭曲出发,研究其对实际经济周期波动以及长期经济增长的影响。我们认为,利率扭曲会影响收入分配,而持续长期的利率扭曲通过收入分配的长期扭曲造成财富积累差距悬殊,从而影响长期经济增长。

---

① 详见本书第7章。

我们通过简单的数据分析发现,我们所表述的利率扭曲的两种形式在近年中国的经济发展中有显著的表现。首先,由图8.1可以看到,我国在1979—1990年间资本的边际回报率达到25%～30%,1990—2008年间的资本边际回报率也达到20%以上,这么高的资本边际回报率意味着长期均衡的自然实际利率水平也会比较高,然而我国长期平均的实际利率基本在0附近(见图8.2),因而,实际执行的利率显著偏离均衡的自然实际利率。其次,观察图8.3、图8.4可以发现,我国经济中存贷款利率的差也在逐步放大,特别是在图8.4中,经过滤波后可以更清楚地看到利差扩大的趋势。因而,我们所指的利率扭曲的第二种情形也非常显著。由此看来,我国经济发展中利率扭曲的情况是非常严重的。

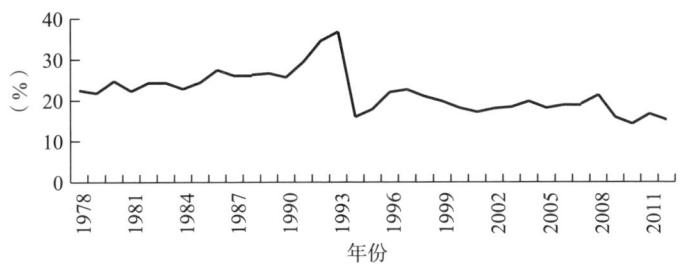

图8.1 我国的资本边际回报率(1978—2012)

资料来源:中国国家统计局,http://www.stats.gov.cn/。

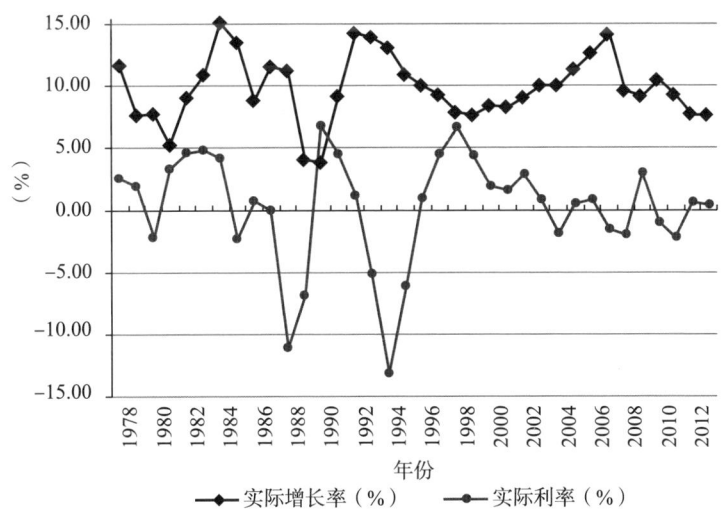

图8.2 我国的实际利率和实际GDP增长率(1978—2012)

资料来源:中国国家统计局,http://www.stats.gov.cn/。

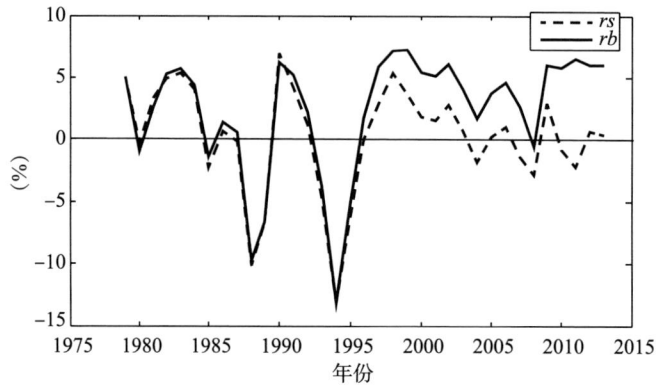

图 8.3　实际储蓄利率和贷款利率(1979—2013)

注:rs 表示实际的储蓄利率,rb 表示实际的贷款利率,原始数据来源于中国统计年鉴,都是经过平均的年度均值。资本的边际回报率的估计方法参考了白重恩、路江涌和陶志刚(2006)的方法,数据延长到了 2012 年,1978—2005 年间估计结果与白重恩、路江涌和陶志刚(2006)的估计结果基本接近,2005—2012 年间的估计结果显示出下降的趋势。

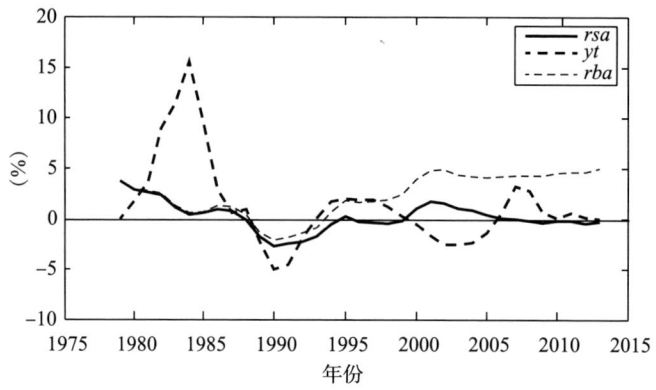

图 8.4　滤波后产出与实际存、贷款利率(1979—2013)

注:rsa 表示实际的存款利率,rba 表示实际的贷款利率,yt 表示实际产出的滤波后的波动特征。其中,产出数据依照惯例取对数后使用 BP5(2,8) 滤波得到,存、贷款利率使用移动平均得到,截断阶数参数 k 等于 5。

在此背景下,本章拟结合我国近年来经济发展的现实情况,建立动态随机一般均衡(DSGE)模型,研究利率扭曲影响经济周期波动及长期增长的可能性和内在机制。关于自然利率的估计方法、相关文献和讨论等在陈昆亭和龚六堂(2004)中已有详细介绍,这里不再赘述。本章接下来的安排如下:

8.2 节建立一个 DSGE 型周期模型,用于拟合实际中国经济;8.3 节推导模型的稳态均衡关系;8.4 节推导离散化的数值近似动态系统方程组,并依据中国 1990—2013 年的年度数据校正模型参数;8.5 节报告中国 1990—2013 年间实际经济的波动特征;8.6 节对模型经济拟合中国实际经济的效果进行分析;8.7 节进行冲击反应实验并对结果进行分析;8.8 节进行相关文献的综述和说明;8.9 节总结本章。

8.2 金融经济周期模型的建立

假定经济中工人家庭的数量为 N_t,企业家数量与工人数量的比例为 μ,存在唯一一家银行(国有银行),每一期消耗的运行总成本 D 与经济发展总规模 y 成正比,即 D/y 为常数。① 假定企业家的劳动价格与工人的劳动价格差异基本平稳,用当量劳动的比值表达为 v,即一个企业家的单位时间劳动的工资是一个工人的单位时间劳动工资的 v 倍,理解为企业家的当量劳动是工人的 v 倍。设每个家庭有一个单位的当量劳动禀赋,l_{wt} 表示全部工人折算后的总当量劳动,l_{et} 表示全部企业家的当量劳动,l_t 表示 t 时期社会总当量劳动,则有:

$$l_{wt} + l_{et} = l_t = N(1 + \mu v) \tag{8.1}$$

式(8.1)表明,假设在一段时间内企业家部门与工人家庭部门的劳动相对稳定,并且两部门劳动之间的相对薪资的定价也相对稳定,则两者的劳动当量的比值也是相对稳定的,为了简便起见,下文假定这一参数值 μv 为常数。其中,μ 表示企业家数量与工人数量的比例,这个数据代表了先富群体的集中度,数值越小,集中度越高;v 表示工资的倍数,代表了阶层之间的收入差距。这两个参数的乘积可以衡量两部门之间总体的相对收入差距,即从社会结构的角度来看,衡量了两部门之间收入的不平衡情况。假定总体劳动市场是有效的,折算后的当量劳动获得平均的边际劳动产出。下面分

---

① 银行金融部门的成本肯定是波动的,但本章重点不在于研究其内在运行机制,考虑到中长期银行金融中介的运行费用与经济发展的规模有直接的关系,所以这里粗略地假定为比值不变,这一假设不影响本章的研究重点和结论。

别讨论不同部门的最优行为。

工人家庭部门：假定工人家庭每期付出 z_t 单位劳动，在完全竞争的劳动市场上按平均劳动工资 w_t 获得收入；每一期在金融部门储蓄 s_{wt}，当期的实际储蓄利率设为 r_{st}；在完全竞争的终端物品市场购买一揽子消费品 c_{wt}。家庭每期的劳动禀赋为 1，于是家庭部门优化问题为：

$$\max \sum_{t=0}^{\infty} \beta_w^t \left[\log c_{wt} + \frac{1}{1-\sigma}(1-z_t)^{1-\sigma} \right]$$

$$\text{s.t.} \quad c_{wt} + s_{wt} = w_t z_t + s_{wt-1}(1+r_{st}) \tag{8.2}$$

其中，β_w 表示工人家庭的一般化偏好折现率，下标 w 表示工人家庭。为简便起见，假设实际的储蓄利率满足：$1+r_{st}=(1+r_{st-1})/(1+\pi_t)$，由动态最优化条件可得：

$$\frac{c_{wt+1}}{c_{wt}} = \beta_w (1+r_{st+1}) \tag{8.3}$$

$$c_{wt} = (1-z_t)^{\sigma} w_t \tag{8.4}$$

定义 $\widetilde{S}_{wt}=S_{wt}-\beta c_{wt}$，经济学意义为：当期实际的储蓄量相对于以当前消费水平衡量的下一期预期消费折现到现在的消费量的增加额，下文简称"实际储蓄增额"。定义 $\widetilde{w}_t=w_t-\beta c_{wt}$，表示当期实际的劳动收入相对于以当前消费水平衡量的下一期预期消费折现到现在的消费量的增加额，下文简称"实际劳动收入的消费剩余"。结合最优化条件，可以推导出家庭实际储蓄增额的增长率的表达式如下：

$$g_{wt} \equiv \frac{\widetilde{S}_{wt+1}}{\widetilde{S}_{wt}} - 1 = \frac{\widetilde{w}_{t+1}}{\widetilde{S}_{wt}} + r_{st+1} \tag{8.5}$$

根据式(8.4)，我们有以下简单推论：

推论 8.1 一般私人家庭部门的长期均衡的消费增长率仅决定于主观折现率 β_w 和实际的储蓄利率(即现实经济中银行部门根据中央银行的政策性指导利率执行的储蓄利率的实际值)。

推论 8.1 明确指出，影响一般私人家庭部门长期的消费增长率的因素，除了主观偏好方面的因素，就只有储蓄利率，工资收入和产出增长等对长期消费都没有影响。一般来说，主观折现率代表在一定的社会文化和经济政治状态下,一般私人家庭部门整体的耐心程度,在中长期是相对稳定的。因此影响均衡的实际消费增长率,进而决定一般私人家庭部门的社会福利水平和幸福感①的因素就只有实际的储蓄利率了。根据式(8.5)可以得到:

推论 8.2 当家庭实际劳动收入的消费剩余 $\tilde{w}$ 为正时,一般私人家庭部门的实际储蓄增额的增长率严格大于实际的储蓄利率;当家庭实际劳动收入的消费剩余 $\tilde{w}$ 为负时,一般私人家庭部门的实际储蓄增额的增长率严格小于实际的储蓄利率;当家庭实际劳动收入的消费剩余 $\tilde{w}$ 为 0 时,一般私人家庭部门的实际储蓄增额的增长率等于实际的储蓄利率。

根据推论 8.2,我们可以看到一般私人家庭部门长期的实际储蓄增额的增长率依赖于家庭实际劳动收入的消费剩余的正负,并围绕实际的储蓄利率波动。实际上,工人家庭的实际储蓄增额就是一般私人家庭部门的资本积累的实际增加额,也是当期的实际投资额,所以该推论意味着在长期均衡时,一般私人家庭部门意愿的实际投资不但决定于实际的储蓄利率,还决定于家庭劳动收入的实际消费剩余。可以想象,如果经济中许多家庭的劳动收入不抵消费,需要通过贷款进行消费,则 $\tilde{w} \leq 0$,此时一般私人家庭部门实际的长期投资增长率小于或等于现实经济中的实际储蓄利率。若此时实际储蓄利率长期偏低,经济中一般私人家庭部门的实际投资水平就会被长期压制,从而经济就会丧失增长最基础的动力。这个推论暗示了:**(1)长期实行信贷消费策略的经济增长模式是不良的(因为这样的策略导致 $\tilde{w} \leq 0$);(2)长期偏低的实际储蓄利率是不利于长期私人部门投资的增长的。**

企业家部门:假定代表性企业家每期以工资 w_t 从完全竞争的劳动市场上雇佣 x_{wt} 当量单位的劳动,每个代表性企业家自己有 1 单位的劳动禀赋,当量劳动为 v。企业家以当期的贷款利率 r_{bt} 在金融部门融资 b_t,在下一期支付本息,企业家融资受到抵押信贷约束。企业家在完全竞争的终端物品市场上出售产品 y_t;融资收入和产品销售收入用于家庭消费、贷款本金和利息的支付,以及增加投资。

---

① 根据已有的偏好理论,决定幸福感的并不完全是绝对的消费水平,而是相对消费水平(攀比效应)或消费水平的改进量,所以消费增长率是决定幸福感的重要指标。

企业家部门优化问题为：

$$\max \sum_{t=0}^{\infty} \beta_e^t (\log c_{et}), \quad \text{s.t.} \quad c_{et} + i_t + b_{t-1}(1 + r_{bt}) = y_t - w_t x_{wt} + b_t \quad (8.6)$$

$$b_t \leq k_t \varphi \quad (8.7)$$

$$k_{t+1} = (1 - \delta) k_t + i_t \quad (8.8)$$

$$y_t = A_t k_t^\alpha (v + x_t)^{1-\alpha} \quad (8.9)$$

其中 $v+x$ 为企业家的劳动总需求，假定企业家劳动和工人劳动是完全可替代的，但每个企业家都无弹性地将自己的全部劳动提供给自己的企业。式(8.6)为资源约束方程，式(8.7)为抵押信贷约束方程，式(8.8)为资本积累方程；β_e 表示企业家家庭的偏好折现率，变量下标 e 表示企业家家庭；式(8.9)表示企业的生产服从 Cobb-Douglas 技术。

为简单起见，假设实际的贷款利率满足：$1+r_{bt} = (1+r_{bt-1})/(1+\pi_t)$；定义变量 $r_{bs} \equiv r_b - r_s$，表示实际的存贷利差，代表了金融市场的摩擦程度，也是度量利率扭曲程度的指标之一。

由最优化动态方程可得：

$$c_{et+2}\left[\beta_e(1 + \varphi - \delta + r_{et+1})\frac{c_{et}}{c_{et+1}} - 1\right] = \beta_e^2 c_{et} \varphi (1 + r_{bt+2}) \quad (8.10)$$

$$w_t = (1 - \alpha) A_t k_t^\alpha (v + x_t)^{-\alpha} \quad (8.11)$$

$$r_{et} = \alpha A_t k_t^{\alpha-1} (v + x_t)^{1-\alpha} \quad (8.12)$$

其中，r_{et} 表示实际的资本边际回报率。定义 $r_{ebt} \equiv r_{et} - r_{bt}$，表示实际的资本边际回报率与实际贷款利率的差。式(8.10)中第一部分，即中括号内的部分与式(8.5)的形式是类似的，不同之处在于，式(8.5)中的利率是储蓄利率，这里的利率是贷款利率，所以企业家家庭部门的消费增长率有和工人家庭的消费增长率相似的部分，它们在本质上都取决于利率水平。但企业家家庭部门除了这一部分，还有式(8.10)中的第二项，在这部分中资本边际回收率与贷款利率的差是关键，在扣除资本折旧后代表了企业净的边际利润，一般来说，这部分是大于零的，且抵押信贷参数 φ 在此处还有放大作用。所以，企业家家庭的消费增长率会显著高于工人家庭。

金融中介部门：假定经济中存在金融部门，其收入来自存贷款利差，而运行需要消耗成本 D。假设金融部门是完全竞争的，因此满足成本等于收益：

$$D_t = N\mu b_t r_{bt} - N s_t r_{st} \qquad (8.13)$$

市场出清：模型中涉及商品市场、信贷市场和劳动力市场。

商品市场出清，有：$Nc_{wt}+N\mu c_{et}+N\mu i_t+D_t=N\mu y_t=Y_t$。将变量人均化，且定义 $d_t = D_t/N\mu$，因此有：

$$\frac{c_{wt}}{\mu} + c_{et} + i_t + d_t = y_t \qquad (8.14)$$

信贷市场出清：$N_t s_t = \mu N_t b_t$，或 $s_t = \mu b_t$ （8.15）

劳动市场出清：$N_t z_t = \mu N_t x_t$，或 $z_t = \mu x_t$ （8.16）

依据上述各式可以推出：$d_t = b_{t-1}(r_{bt} - r_{st}) \equiv b_{t-1} r_{bst}$ （8.17）

这说明金融部门摩擦可以等价地用存贷利差来表示。

政府政策：假定政府执行保守的规则性货币政策，

$$r_{st} = r_{s_0} + \eta(y_t - y_0) \qquad (8.18)$$

其中 r_{s_0} 和 y_0 分别是均衡的自然利率水平和均衡产出水平。由于模型中所有变量都是实际值，所以无须考虑通货膨胀和价格效应。

8.3 稳态均衡解与分析

当经济处于稳态均衡时，我们可以将其视为处于一种长期均衡的潜在增长水平上，此时的产出水平为潜在的均衡产出水平，利率为自然利率水平，按经典的经济学理论，这也是一种折现率水平。但在本章中，我们区分了不同群体的主观折现倾向，这样就会有企业家群体和一般工人家庭群体之间的主观折现差异，正是这种差异构成了均衡时实际的自然储蓄利率和实际的自然贷款利率的差异。根据式(8.3)，我们可以得到稳态均衡时的储蓄利率：

$$r_s = \frac{1}{\beta_w} - 1 \qquad (8.19)$$

这说明，实际的自然储蓄利率主要由工人家庭的主观折现率决定。但现实的储蓄利率不一定会等于这个水平，这就会形成储蓄市场上的利率扭曲。工人家庭的主观折现率受很多因素的影响，比如预期收入、名义利率等。由于人们很难准确估计货币供给增加带来的贬值效应，特别是对于不

可预期的货币供给增加,因而由主观折现率导出的实际的自然储蓄利率是社会整体预期的综合结果。由式(8.17)得到:

$$r_{bs} = \frac{d}{b} = \frac{d}{y} \cdot \frac{y}{\varphi k} = \frac{(\theta/\varphi) r_e}{\alpha} \tag{8.20}$$

根据式(8.10)得到:

$$r_b = \frac{1}{\varphi \beta_e^2} [\beta_e (1 + \varphi + r_e - \delta) - 1] - 1 \tag{8.21}$$

从而,由式(8.19)、式(8.20)和式(8.21)得到:

$$r_e = \frac{\dfrac{\varphi \beta_e}{\beta_w} + \delta + \dfrac{1}{\beta_e} - 1 - \varphi}{1 - \dfrac{\beta_e \theta}{\alpha}} \tag{8.22}$$

经济长期增长的潜力在根本上取决于一个经济潜在的资本边际回报率,因此只有具有较高的资本边际产出水平,才能更具投资吸引力,才会促进经济的发展。根据上式,均衡的资本边际回报率受很多因素影响,其中企业家群体的主观折现率是一个重要因素,资本的产出弹性也是一个重要参数,另外还包括资本折旧率、金融市场杠杆率和均衡的实际贷款利率。

由式(8.11)和式(8.12)得到:

$$\frac{w}{k} = r_e l_1 \frac{1-\alpha}{\alpha} \tag{8.23}$$

其中 $l_1 = 1/(v+x)$。由式(8.4)得到:

$$\frac{c_w}{k} = \frac{(1-z)^\sigma w}{k} = (1-\mu x)^\sigma \frac{r_e l_1 (1-\alpha)}{\alpha} \tag{8.24}$$

由式(8.2)结合上面结果得到:

$$(1-\alpha) \frac{(1-\mu x)^\sigma - \mu x}{(v+x)} = \frac{\alpha \mu \varphi r_s}{r_e} \tag{8.25}$$

此式决定均衡时的劳动供给和需求水平 x^*。记方程左边为函数 $f(x)$。

引理 8.1 在合理的参数范围内,满足 $f'(x) < 0$。

根据上述引理,我们有如下推论:

推论 8.3 长期均衡的劳动需求与实际储蓄利率呈反向关系,因此储蓄利率越高,就业率越低;但与实际的资本边际回报率有正向关系,即资本边

际回报率越高,就业率越高。

引理 8.1 同时表明,式(8.25)在合理的参数值范围内总有唯一解,这保证了均衡的劳动解的存在,也就对应地保证了整体的稳态均衡解的存在和唯一性。通过解式(8.25),得到均衡的 x 值,然后依据各稳态均衡方程可以将所有变量的稳态关系解出。

由式(8.6)至式(8.9),可以得到:

$$\frac{c_e}{k} = \frac{r_e}{\alpha} - \varphi r_b - \delta - \frac{x^* r_e l_1 (1-\alpha)}{\alpha} \quad (8.26)$$

由生产函数,易得:$k/y = \alpha/r_e$。

从而由式(8.24)和式(26)有:

$$\frac{c_w}{y} = \frac{c_w}{k} \cdot \frac{k}{y} = (1-\mu x)^\sigma l_1 (1-\alpha)$$

$$= \frac{(1-\alpha)\mu x}{v+x} + \frac{\mu \varphi \alpha r_s}{r_e} \quad (8.27)$$

此式表明,工人家庭的消费占产出的份额由两部分构成,前一部分是家庭的劳动收入的贡献,后一部分是储蓄收入的贡献。劳动收入的贡献与提供的劳动占总劳动的当量比例有关,企业家劳动当量与工人劳动当量的倍数越高,工人的收入越低,消费也越低;另外,企业家人数与工人人数的比例 μ 对此也有重要影响,企业家比例越高,工人家庭的消费占比越高。储蓄收入的贡献与实际储蓄利率相对于资本边际产出率的大小有关,实际储蓄利率越低,工人家庭消费占产出的份额越低。

$$\frac{c_e}{y} = \frac{c_e}{k} \cdot \frac{k}{y} = 1 - \frac{\varphi \alpha r_b}{r_e} - \frac{\delta \alpha}{r_e} - \frac{(1-\alpha)x}{v+x} \quad (8.28)$$

类似地,上式表明,企业家的消费是总产出扣除金融成本、补偿折旧的投资、支付劳动收入后所有的剩余部分。

由资本积累方程可知,均衡时有 $i = \delta k$,所以有 $i/y = \delta k/y = \delta \alpha / r_e$。由商品市场的出清条件,可以得到 $d/y = 1 - c_e/y - c_w \mu / y - i/y = \alpha \varphi r_{bs}/r_e$,从而有利差公式: $r_{bs} = \frac{\theta r_e}{\alpha \varphi}$。根据假设 D/y 为常数 θ,则存贷款利差相对资本的边际回报率的比值为常数,这说明存贷款利率的变动是一致的,所以利差保持稳定。由

此根据式(8.27)和式(8.28),我们有如下推论:

推论 8.4 在金融部门运行成本相对稳定的假设下,储蓄利率下降,工人家庭的消费比例下降,企业家的消费比例增加;两者的收入差距(v)越大,工人家庭的消费比例越低,企业家的消费比例越高;资本集中度越高(μ 越小),工人家庭的消费比例越高,企业家的消费比例越低。

利差公式也可以改写为 $\varphi = \dfrac{\theta r_e}{\alpha r_{bs}}$,这可以看作关于金融市场杠杆率的一个估计。由此有如下推论:

推论 8.5 金融市场的杠杆率 φ 与实际的资本边际回报率成正比,与金融市场摩擦(利差)成反比。

利差公式表明,金融杠杆率由以下几个因素决定:资本的产出弹性参数 α、金融系统的运行成本与经济总产出的比值、均衡的资本边际回报率和金融市场存贷款利率。一般认为资本的产出弹性在中短期内是稳定的,金融部门的成本产出比我们在前面已讨论过,并假定其为常数,因此这两种因素在短期是相对稳定的。存贷款利差受政策性因素影响较大,因此在短期内可能有较大变化;实际的资本边际产出率只有在受技术进步等实际冲击的影响时才会有较大变化,否则也是比较稳定的。因此,金融系统的杠杆率在短期内主要由存贷款利差 r_{bs} 决定,利差越大,杠杆率就越小。由此可以推断,在利率市场化程度较高的经济环境中,存贷款利率是内生的,利差也由系统内生决定,从而金融系统的杠杆率也是内生的,随着存贷款利差的内生波动,金融杠杆做反向自我调节。在经济繁荣过程中,信贷投资的倾向增强,推动贷款利率上升,此时存款利率受政策性利率和长期均衡利率的影响,其调整步伐滞后于贷款利率,因此存贷款利差逐步加大,于是系统内生的杠杆率开始逐步降低(市场风险的上升,必然会引致金融部门的审慎反应)。这说明带有金融部门的经济系统本身是有内生周期性质的,同时金融系统也是有自我调节的机制的,那么危机为什么还会发生呢?这很可能与信息技术的迅速发展有关。信息技术的高度发达,使得消息的传播速度过快,以至于在市场形成自我调节反应之前,就已经造成了巨大的冲击效应。

但在利率市场化程度较低的经济环境中,这种自我调节的机制就会丧失,因为利差被固化,杠杆率的反应也会迟滞或固化,不能对市场的行为作出良好的反应。所以在这种情况下,每一个外来的或者内生的信息冲击、实际冲击、政策冲击等所形成的经济波动都无法被系统内生地消化吸收,都需要政府采取相应的措施来应对,这样不但给政府造成了巨大的宏观经济管理成本,同时也会使政府的政策信誉受到巨大损失,长此以往,政策的调节能力也会下降。相比而言,虽然在利率市场化程度较高的经济中,也仍然存在发生危机的可能性,但概率要低许多,系统内生的吸收和化解中小冲击的自我调节机制有利于政府提升对经济的管理能力。

由式(8.27)和式(8.28)还可以得到社会总消费占总产出的比率:

$$\frac{Nc_w + \mu Nc_e}{\mu Ny} = \frac{\frac{c_w}{\mu} + c_e}{y} = \frac{r_e - \alpha\varphi r_{bs} - \alpha\delta}{r_e} = \frac{1}{r_e}(r_e - \theta r_e - \alpha\delta) \quad (8.29)$$

式(8.29)表明,在均衡时,社会总收益扣除抵消损耗的投资支出和金融中介部门的摩擦支出后,剩余的社会产品全部被社会消费掉。因而,整个社会的总消费率取决于折旧率和金融摩擦的大小,因此有以下推论:

推论8.6　金融摩擦(存贷利差)越大,整个社会的总消费率越低;资本折旧率越高,整个社会的总消费率越低。

这个结论是符合一般的理论常识的,但它显然是对长期的均衡状况和规律的描述,并不能刻画短期的波动性规律,因而有可能与短期的实际规律不一致,但这并不影响其正确性。

图8.5是中国1978—2013年的社会总消费率(消费产出比)、储蓄率与实际利率的变化图,其中左图是实际数据的变化趋势,右图是针对储蓄数据和实际利率使用HP滤波后所得的波动关系图,从滤波后的波形可以发现显著的反向波动关系。数据表明:(1)随着社会贫富差距的不断拉大,总体的消费率由60%～70%逐步下降到了50%左右;(2)消费率的波动与实际利率的波动没有显著的关系,但实际利率的波动性与储蓄率的波动存在较显著的反向联系。这一实证结果可以这样理解:消费的数据是全社会的,所以受实际利率的影响很小,但储蓄主要来自工薪阶层,因此虽然也表现为整个社

会的总体数据,但更多地反映了工薪阶层的行为,所以受实际利率的影响较为明显。这些实证结论与模型的结论是基本一致的。

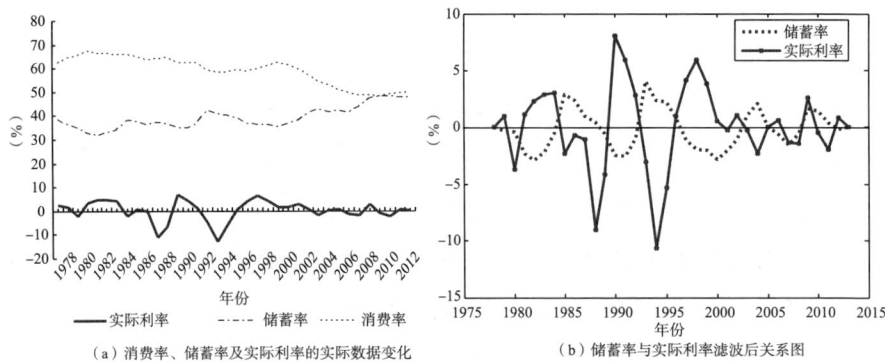

图 8.5 社会总消费率、储蓄率与实际利率的变化(1978—2013)

数据来源:中国国家统计局,http://www.stats.gov.cn/。

8.4 动力系统与参数校正

本章一个重要的研究内容是估计实际的自然利率以及利率扭曲情况。由前面的讨论我们知道基于 DSGE 框架的估计方法是最具可信度的,类似于 Edge, Kiley & Laforte(2008);Justiniano & Primiceri(2010);Laubach & Williams(2003)。我们将式(8.3)至式(8.14)构成的系统沿稳态均衡进行线性化处理,得到如下离散化的动力系统:

$$\hat{c}_{wt+1} = \hat{c}_{wt} + \hat{r}_{st+1} \tag{8.30}$$

$$\frac{c_w}{y}\hat{c}_{wt} + \mu\varphi\frac{k}{y}\hat{s}_t = \frac{wl_w}{y}\hat{w}_t + \mu\varphi(1+r_s)\frac{k}{y}(\hat{s}_{t-1} + \hat{r}_{st}) \tag{8.31}$$

$$\hat{c}_{et+1} = \hat{c}_{et} + \frac{1}{\theta_0}(\theta_1\hat{r}_{et+1} - \varphi\hat{r}_{bt+1}) \tag{8.32}$$

其中,$\theta_0 = 1-\varphi$,$\theta_1 = 1+l_e(1-\alpha)/\alpha$

$$\hat{k}_{t+1} = \frac{1}{\theta_0}[1-\delta-\mu\varphi(1+r_b)+\theta_1 r_e](\hat{k}_t + \theta_1\hat{r}_{et} - \mu\varphi\hat{r}_{bt}) - \frac{1}{\theta_0}\hat{c}_{et}$$

$$\tag{8.33}$$

$$\hat{r}_{et} = \hat{A}_t + (\alpha - 1)\hat{k}_t \tag{8.34}$$

$$\hat{y}_t = \hat{A}_t + \alpha\hat{k}_t \tag{8.35}$$

$$\hat{r}_{bt} = \hat{r}_{st} + \varepsilon_{dt} \tag{8.36}$$

$$\hat{A}_{t+1} = (1-\rho)\hat{A}_t + \varepsilon_{At} \tag{8.37}$$

$$\hat{r}_{st} = \eta\hat{y}_t + \varepsilon_{st} \tag{8.38}$$

其中,式(8.30)和式(8.32)是离散化的需求方程;式(8.31)是资源约束方程,也可以理解为产品与信贷的平衡方程;式(8.33)是资本积累方程,也可以理解为供给方程;式(8.34)是实际的资本边际回报方程;式(8.35)是生产技术方程;式(8.36)是贷款利率与储蓄利率的关联方程,ε_{dt}表示金融部门的内生冲击,是金融冲击的一种典型类型;式(8.37)是技术冲击的方程,ε_{At}表示技术冲击;式(8.38)是储蓄利率的政策规则方程,ε_{st}是政策性冲击。三种冲击都假定为服从随机正态分布。

上述动力系统可以概括为矩阵方程组:

$$\widetilde{X}_t = G(\theta)\widetilde{X}_{t+1} + M(\theta)\widetilde{\varepsilon}_t \tag{8.39}$$

其中,X_t表示冲击外的所有变量构成的向量;$G(\theta)$和$M(\theta)$是两个由模型系统参数构成的常数矩阵;$\widetilde{\varepsilon}_t$是由各种冲击构成的随机向量;$\theta$表示参数集,其中一部分参数是可以预知的,一部分参数需要使用系统进行估计。接下来我们使用中国的年度数据对参数进行估计,通过系统估计得到的参数就可以用于估计均衡的实际利率等。我们可以观察或直接推算出的数据有实际的产出y_t、实际的固定资产总投资I_t、实际的储蓄利率r_{st}。由此根据式(8.30),可以推算出工人家庭的消费数据c_{wt}和实际的资本边际回报率r_{et}。

参数估计说明:系统中包含的全部参数有:生产函数中的资本产出弹性参数α、当量劳动的比值ν、劳动比例参数μ、资本折旧率δ、工人家庭的折现率β_w、企业家的折现率β_e、技术冲击的自相关系数ρ、金融市场的杠杆率参数φ,以及政策规则中产出偏差的反应参数η。其中个别参数可以通过参数校正和已有研究的估计直接观测到。表8.1中的参数值是通过校正得到的,表8.2中的参数值是依据中国1990—2013年的年度数据做极大似然估计得到的。

μ 的估计:根据 1990—2013 年间所有的注册公司数(企业的数量)、平均每个公司的主要股东数,以及同期的就业人数,大致推算 μ 的取值为 0.008 3。

ρ 的估计:这个参数是描述技术冲击的一阶自相关度的,我们根据中国经济的年度数据的周期滤波结果进行直接估算,详细方法以及说明可参见陈昆亭和龚六堂(2004)。

表 8.1 校正估计的参数值

ρ	μ
0.78	0.008 3

表 8.2 极大似然法估计的参数值

α	δ	φ	ν	β_w	β_e
0.358	0.13	0.996	2.88	0.952	0.995

从表 8.2 估计的参数值来看,中国近 20 年的实际资本折旧率高于一般的 10%的水平,达到 13%。企业家的平均工资水平是一般工人的 2.88 倍。

稳态均衡解的分析:按照上述参数值可以计算出一组稳态均衡的变量及变量关系值。由式(8.19)推算,均衡的储蓄利率水平为 0.028 8,这说明我国中长期的自然储蓄利率水平应当是 2.88%,但现实的储蓄利率水平波动性很大,平均水平在 0 值附近(见图 8.2)。如果按照传统的滤波方法或均值估计方法,得出的自然利率应当在 0 值附近。因此,如果我们将经济中长期实行的利率的平均值误判为自然利率,那么长期的利率扭曲在现实中就是存在的。这样造成的结果就是长期的储蓄利率低于均衡的自然利率水平,这一扭曲也是长期收入分配严重不平衡的主要原因,并进而影响到长期的经济增长率(已有不少学者[①]认识到长期的储蓄不足是制约经济增长潜力的重要因素,其根本原因就在于储蓄利率的扭曲)。

根据式(8.22)可得,长期均衡的资本边际回报率为 0.203 3,这一结果应

---

① 例如《21 世纪资本论》的作者托马斯·皮凯蒂。

当基本接近我国的实际经济(见图 8.3)。模型估计的长期均衡的实际投资率为 23%,这一结果看起来大大低于每年公布的名义投资率,即便扣除通货膨胀率后也仍与实际经济的投资率不太一致。对此,我们暂时还没有很好的解释,唯一的推测是实际的投资率并没有那么高。模型估计的金融部门的摩擦占 GDP 的比例达到 8%,这一参数并不太敏感,也就是说,再高一点的参数值(比如 20%)也基本不会改变模型系统的稳定,但会对投资和社会总消费水平造成等量的挤出。

8.5　1979—2013 年中国经济周期特征的描述

在这一节里,我们对 1979—2013 年中国经济周期的特征进行一些描述,以便后续对我们所建立的模型拟合实际经济的能力进行评价。我们关注的宏观经济变量包括实际 GDP、总消费、政府需求、存贷款利率等。这些数据分别从中国人民银行和中国统计年鉴整理获得,实际 GDP 通过名义 GDP 除以 GDP 平减指数获得,总消费以中国统计年鉴上的居民消费数据作为近似。我们通过中国人民银行的统计数据计算存贷款利率的实际值,并进行季度化光滑处理,如果在同一年度出现一次以上调整的,进行简单算术平均作为年度值。

下面给出使用 BP5(2,8)滤波后的宏观总量数据以及金融政策变量的周期特征的估计结果,其中直观的波动统计特征在表 8.3 中集中报告。

表 8.3　实际中国经济的金融经济数据特征(1979—2013 年年度数据)

	标准差	同产出的横向相关 corr($x(t),y(t+k)$)											
		6	5	4	3	2	1	0	−1	−2	−3	−4	−5	−6
corr(y,y)	0.0428	−0.55	−0.26	−0.02	0.22	0.53	0.84	1.00	0.84	0.53	0.22	−0.02	−0.26	−0.55
corr(rb,rb)	2.1602	0.55	0.60	0.66	0.75	0.85	0.95	1.00	0.95	0.85	0.75	0.66	0.60	0.55
corr(y,rb)		**−0.54**	−0.43	−0.29	−0.18	−0.12	−0.09	−0.04	0.01	0.05	0.07	0.08	0.11	0.15
corr(rs,rs)	0.0145	0.02	0.08	0.22	0.45	0.69	0.90	1.00	0.90	0.69	0.45	0.22	0.08	0.012
corr(y,rs)		−0.44	−0.23	0.04	0.23	0.30	0.31	0.33	0.42	0.48	**0.50**	0.45	0.41	0.28

(续表)

	标准差	同产出的横向相关 corr($x(t),y(t+k)$)											
		6	5	4	3	2	1	0	-1	-2	-3	-4	-5	-6
corr(c,c)	0.0528	-0.41	-0.18	0.08	0.34	0.60	0.85	1.00	0.85	0.60	0.34	0.08	-0.18	-0.41
corr(y,c)		-0.43	-0.17	0.11	0.35	0.58	0.82	**0.95**	0.82	0.54	0.23	-0.03	-0.26	-0.50
corr(g,g)	0.0621	-0.19	-0.48	-0.54	-0.26	0.24	0.73	1.00	0.73	0.24	-0.26	-0.54	-0.48	-0.19
corr(y,g)		-0.33	-0.32	-0.16	0.07	0.34	0.55	**0.69**	0.61	0.41	0.16	-0.04	-0.20	-0.36

注:原始数据来源于中国人民银行网站,本表表现的是滤波后纯波动部分的关系。第 2 列数据为对应的第 1 列参数的标准差,从第 3 列开始右边对应的数据表示对应于第 1 列的同行变量的不同阶数的共动性,阶数对应于顶端显示的所在列的数据。0 左边的六阶数据表示滞后产出的阶数,0 右边的六阶数据表示超前产出的阶数。比如第 7 行的(y,c)峰值出现在 $k=-1$ 所在的列,表明消费 c 是超前产出 y 一个季度,峰值为0.82,表示与产出的相关度为 0.82。

表 8.3 的构造采用的是标准的周期分析的报告方式,例如 NBER 的经典研究 Stock & Watson(1999)中报告了七十多种总量特征,包括三种主要的统计特征的对比报告:波动性、共动性、黏滞性。下面逐一分析这些关系。

实际储蓄利率 rs 与产出 y 的关系:表 8.3 表明储蓄利率滞后于产出 3 期,rs 与 y 的滞后相关度的最高峰值为 0.50。此外,实际储蓄利率表现出较高的一阶自相关度,达到 0.90,高于产出的一阶自相关度 0.84,标准差大约是产出标准差的 1/3,说明实际储蓄利率的波动幅度是温和的。因而实际储蓄利率的周期特征可以表述为:滞后顺周期,相对平稳。

实际贷款利率 rb 与产出 y 的关系:由表 8.3,实际贷款利率作为企业融资成本的主要指标,具有与储蓄利率极为不同的周期特征。首先,波动幅度(标准差)非常大,基本上是产出波动幅度的 5 倍。其次,实际贷款利率有极高的一阶自相关性,达到 0.95,这说明企业融资成本在现实中具有极高的黏滞性,这一特征对于解释整个经济的周期波动特征是非常重要的,但实际贷款利率与产出水平的波动的关联度不大,数据表现为两者在同期几乎是不相关的,在前期表现为很弱的负相关性,仅在很远的前期(前 6 期)有较强的负相关性,这似乎比较牵强。这与常识有一定偏差,一般而言,作为企业融资成本的价格指标,实际贷款利率的波动应当与产出波动有极高的相关性。造成这样的事实的原因是什么,还有待进一步研究。若非我们的数据有误,那么中国经济中的这一异常现象是值得研究的。

总消费 c 与产出 y 的关系:由表 8.3,社会总消费与产出有较高的共动性,其一阶自相关性和波动性与产出接近,大体符合一般经济的特征。

实际政府需求 g 与产出 y 的关系:由表 8.3,实际政府需求与产出的波动有显著的至多滞后半期的相关性,其一阶自相关性弱于其他宏观变量,波动性略高于产出和消费,表明政府需求有较多的应对随机事件需求的可能。这些特征与一般经济的特征基本一致。

8.6 模型经济的波动特征及与实际经济波动特征的比较

判断一个宏观经济模型的好坏,最可靠的办法就是看依据这个模型得到的周期波动特征能否很好地拟合现实经济。但一个能够很好地拟合某个外部经济的模型,不一定能够很好地模拟本国经济,所以模型没有严格的好坏,只是适不适合的问题。研究一个经济就一定要找到适合的模型,最基本的就是要基于本国的实际情况建模,并不断验证使之真正能够解释实际经济。现代最前沿的周期理论就是在基于 RBC 类模型发展起来的 DSGE 框架下引入各种冲击,从而产生出各宏观经济总量的周期波,然后计算其波动特征,并与实际的经济总量的波动特征进行对比。模型经济所产生的统计特征与实际经济的波动特征越接近,就说明模型拟合实际经济的程度越高,该模型解释实际经济的能力也越强。这样就有了一个量化的评判模型好坏的标准。这一方法被 Kydland & Prescott(1982)发现之后,立刻引起广泛认同和应用,RBC 方法很快成为 20 世纪 80 年代最流行的方法。如今这类方法已经得到充分的发展,并融合了凯恩斯主义的价格黏滞、非完全竞争等重要假设,近期又进一步完善为包含了金融市场因素的金融经济周期(Financial Business Cycle,FBC)理论。在这类方法中用于对比的标准的波动特征有:黏滞性、共动性和波动性。这一套方法已经很成熟,在国内也已经有广泛的介绍、应用和发展。①

我们在本章建立的模型经济中引入实际冲击源形成波动,以拟合实际的中国经济。表 8.4 中反映了模型经济的波动的基本统计特征。

表 8.4 模型经济的金融经济数据特征

	标准差	同产出的横向相关 corr($x(t)$,$y(t+k)$)											
		6	5	4	3	2	1	0	-1	-2	-3	-4	-5	-6
corr(y,y)	0.0137	-0.02	0.16	0.35	0.47	0.68	0.83	1.00	0.83	0.68	0.47	0.35	0.16	-0.02
corr(rb,rb)	0.0390	-0.58	-0.38	-0.06	0.22	0.60	0.79	1.00	0.79	0.60	0.22	-0.06	-0.38	-0.58
corr(y,rb)		-0.69	-0.66	-0.55	-0.28	-0.05	0.26	0.33	0.48	0.54	**0.56**	0.54	0.45	0.30
corr(rs,rs)	0.0038	-0.57	-0.39	-0.06	0.20	0.58	0.76	1.00	0.76	0.58	0.20	-0.06	-0.39	-0.57
corr(y,rs)		-0.69	-0.65	-0.54	-0.26	-0.04	0.28	0.32	0.47	0.53	**0.54**	0.52	0.43	0.29
corr(c,c)	0.0085	-0.49	-0.26	0.04	0.38	0.69	0.91	1.00	0.91	0.69	0.38	0.04	-0.26	-0.49
corr(y,c)		-0.08	0.19	0.46	0.70	0.82	**0.84**	0.72	0.58	0.38	0.16	-0.02	-0.21	-0.37
corr(g,g)	0.0238	-0.52	-0.27	0.04	0.39	0.70	0.92	1.00	0.92	0.70	0.39	0.04	-0.27	-0.52
corr(y,g)		0.11	0.39	0.64	0.79	**0.83**	0.75	0.62	0.43	0.21	-0.01	-0.19	-0.35	-0.47

注:本表的基本结构与表 8.3 一致。

下面对比表 8.3 与表 8.4 中实际经济的对应的波动特征。

储蓄利率 rs 与产出 y 的关系:表 8.4 报告的储蓄利率滞后于产出 3 期,这一点与表 8.3 一致;表 8.4 中 rs 与 y 滞后的相关度的峰值为 0.54,也与表 8.3 报告的 0.50 基本接近。但在表 8.4 中储蓄利率的一阶自相关度只有 0.76,远低于表 8.3 中的 0.90;产出的一阶自相关度为 0.83,与表 8.3 中的 0.84 非常接近;在表 8.4 中,储蓄利率波动的标准差大约也是产出波动标准差的 1/3,与表 8.3 基本一致。因此综合来看,储蓄利率与产出的关系与实际经济基本一致。

贷款利率 rb 与产出 y 的关系:由表 8.4,模型经济中的贷款利率的波动特征与表 8.3 中的波动特征差别较大,模型经济中的贷款利率与储蓄利率的

---

① 关于 RBC 类周期理论、模型等的综述性介绍可以参见陈昆亭和周炎(2007),关于 FBC 方法的综述性介绍可以参见周炎和陈昆亭(2014)。

波动高度一致,但在实际经济中贷款利率波动与储蓄利率波动的关联性不强。

总消费 c 与产出 y 的关系:由表 8.4,在模型经济中消费与产出的关联度、一阶自相关度等都略低于实际经济,但总体的波动特征大体相同。

政府需求 g 与产出 y 的关系:由表 8.4,在模型经济中,政府需求与产出的波动有显著的相关性。

总体来看,本章模型经济可以较好地模拟实际经济,因而可以应用于解释实际经济的主要规律和特征。

8.7 冲击反应实验与结果分析

在验证了模型经济具有较好的拟合实际经济的能力之后,本节使用模型经济进行冲击反应实验,以模拟实际经济受到冲击后的反应。

我们首先进行一个单一的技术进步冲击的反应实验,见图 8.6。给定一个 1% 的技术进步,在 $t=3$ 时,得到一个带有显著的内生周期性质的波动反应图。从图 8.6 可以看到,在 $t=4$ 时,产出水平(y)获得了大约 3.4 倍于冲击的波动幅度,其高度保持一期,在 $t=5$ 后开始逐步衰减。但不同于传统的 RBC 模型,当其衰减到 0 后,并没有停止,而是持续波动直至为负。这说明模型经济具有显著的内生波动的性质和信贷放大的功能。在冲击发生后的一期内($t=4$),工人家庭消费(cw)、企业家消费(ce)、资本边际回报率(ret)、实际贷款利率(rbt)、实际储蓄利率(rst)等均出现不同程度的上升,但在一期之后,这些变量出现了极不同的反应路径。工人和企业家两个部门的消费出现了完全相反的周期波动特征,工人家庭消费在自发波动的阶段与产出波动完全同向;资本的边际回报率在初期与产出同向、等幅度波动,但在内生周期过程中的波动几乎与产出波动反向,但与企业家消费的波动有滞后一期的同向关系(这一关系可以这样解释:由于我们在模型中没有假定企业家有储蓄行为,因而企业家的消费部分应包含了储蓄和财富投资的部分,因而企业家消费具有投资的周期波动属性也是正常的)。对这个常规的反应实验,其结果总体上是符合实际经济的一般波动特征的。下面我们将讨论一些特别设计的实验。

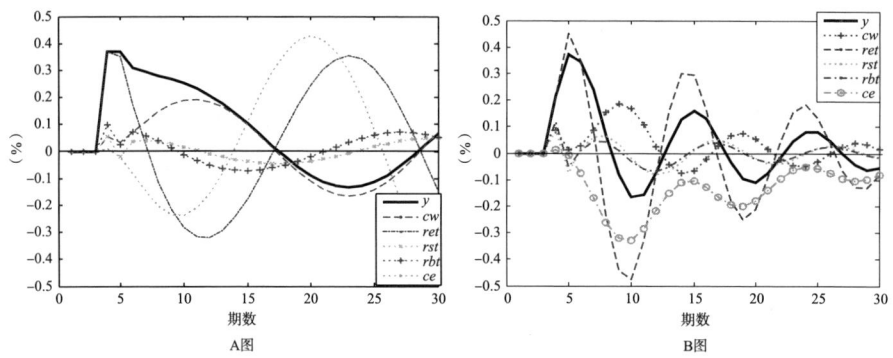

图 8.6 单一的技术进步冲击反应

注：图形的参数配置如下（1%的单一技术进步冲击反应）。

A 图：$\delta = 0.1800$；$\alpha = 0.33$；$u = 0.008755$；$v = 2.2$；$\beta_w = 0.952$；$\beta_e = 0.9995$；$\varphi = 0.9996$；$A = 1$；$\rho = 0.78$；$\sigma = 0.0285$；$x_0 = 100$；$\theta = 0.12$。

B 图：$\delta = 0.130$；$\alpha = 0.358$；$u = 0.008755$；$v = 0.25$；$\eta = 0.9$；$\beta_w = 0.988$；$\beta_e = 0.9895$；$\varphi = 0.9996$；$A = 1$；$d_y = 0.06$；$\rho = 0.78$；$\sigma = 0.0285$；$x = 100$；$\theta = 0.15$。

实验1：金融摩擦冲击反应实验

见表8.5，参数θ是决定存贷款利率差异的关键参数，其变化一一对应地反映了利差的变化，因而考察θ的变化等价于考察利差的变化。实验是通过稳态关系方程进行的，即考察稳态均衡的系统方程在个别参数发生微小变化时，对应的系统稳态解的关系发生怎样的变化。表8.5的数据表明，θ值1%的增加（意味着金融部门需求增加1%），被转化为对投资和消费的挤出，其中对投资的挤出最多，达到全部挤出的81%，剩余的19%中仅有1%是对企业家消费的挤出，其余的18%都是对工人家庭的消费的挤出。同时，金融摩擦还会造成企业贷款利率和资本边际回报率的上升。该实验表明，金融摩擦冲击影响到稳态均衡的结果，因而证实了短期的波动因素存在引致中长期潜在趋势水平发生变化的可能。由此我们得到一个结论：

推论8.7 金融摩擦冲击会影响长周期波动的潜在趋势，银行中介部门需求的增长会对社会投资和私人消费造成等量的挤出。

表 8.5　金融摩擦冲击反应实验：金融摩擦(θ)增加 1% 的影响

变量	稳态均衡结果	θ 增加 1% 后的结果	变化百分比
均衡劳动(x)	99.571 3	99.794 4	
均衡实际储蓄利率(rs)	0.028 8	0.028 8	不变
均衡资本边际回报(re)	0.203 3	0.210 7	增加 0.74%
均衡实际贷款利率(rb)	0.074 0	0.081 5	增加 0.75%
工人总消费份额(cw/y)	0.673 5	0.671 7	减少 0.18%
企业家消费份额(ce/y)	0.016 3	0.016 2	减少 0.01%
投资比例(i/y)	0.230 2	0.222 1	减少 0.81%
金融部门消费份额(d/y)	0.080 0	0.090 0	增加 1%

注：表格第一列是稳态均衡时对应右边同行变量的值，第二列是金融摩擦增加 1% 后新的均衡结果，第三列是金融摩擦增加 1% 引致的其他变量的均衡结果变化的百分比。

为了能更清楚地看出不同冲击影响的差异，我们调整数据时间节点参数，将波动衰减全过程呈现于图形上；为便于比较，我们也给出了单一技术冲击的反应图(图 8.7)。

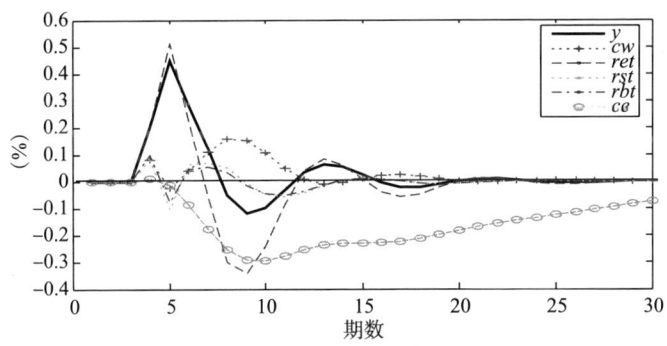

图 8.7　单一的 1% 的技术进步的冲击反应

实验 2：储蓄利率冲击反应试验

下面考察储蓄利率的冲击反应。首先考察单一的储蓄利率单次下降的冲击反应。见图 8.8，在 $t=3$ 时给出一次 1% 的储蓄利率下降的冲击，结果显示：在 $t=4$ 时，产出上涨，存贷款利率同时反弹，工人家庭的消费上涨，但资本的边际回报率下降，企业家消费没有明显变化。在 $t=5$ 时，工人家庭的消费持续上涨，存贷款利率保持前一期水平不变，但产出和资本边际回报率都大幅度下降,产出下降的最大幅度接近2%,资本边际回报率达到最低点,振幅大约为-3.5%。此后经济出现大幅的反转震荡,企业家部门的消费在这一期开始上升,幅度在冲击后5年期内不超过2%,但这种上升是持续的,在其他变量已经衰减到均衡水平后,企业家部门的消费仍持续上升,这看起来很令人难以理解,储蓄利率对自然实际利率的偏离带来了企业家部门持续的福利改进。

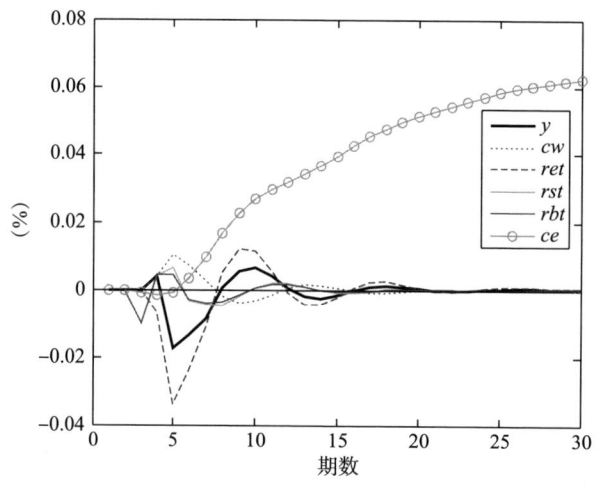

图 8.8　储蓄利率单次下降 1% 的冲击反应

图 8.9 反映的是储蓄利率连续 5 次下降的冲击反应,看起来同图 8.8 中的反应很相似,但仔细看冲击波动的振幅和持续的时间有很大不同。在图 8.8 中,产出向下的幅度不足 2%,而在图 8.9 中产出向下的最大幅度接近 4%。资本的边际回报率在图 8.8 中向下的最大幅度大约为 3.5%,谷底出现在 $t=5$ 时,而在图 8.7 中,资本的边际回报率向下的最大幅度大约为 7.5%,谷底出现在大约 $t=7$ 和 $t=8$ 中间的位置,这正是连续负冲击结束的地方。在图 8.9 中产出在底部持续了较长时间,在大约 $t=9$ 时才开始出现复苏性上涨,而在图 8.8 中则呈现出 V 形反转的形态。企业家部门的消费形态在两种情况下类似,但后一种情形的幅度大得多,几乎是前者的 5 倍。因而,从实验结果可以清楚看出,持续的利率扭曲是收入差距扩大的根本原因。同时我们可以得到如下结论:

推论 8.8 储蓄利率的下降仅能在非常短的时间内带来产出的有限幅度的增长,但此后产出会加倍下降,这同时也是导致收入差距的重要根源。

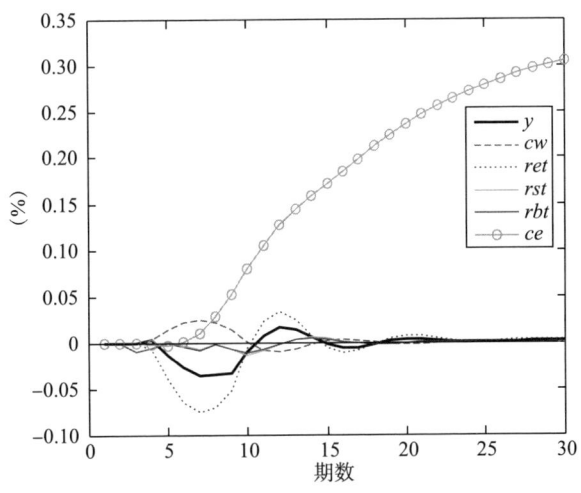

图 8.9 储蓄利率连续 5 次下降 1% 的冲击反应

该结论对传统观点提出了挑战。根据凯恩斯主义的理论,降低利率可以刺激投资、促进增长,但根据本章的模型,这种短视的行为实在是得不偿失,注重长远利益的政府不应采取这样的政策。

实验 3:联合冲击反应实验

我们首先观察一个技术冲击与储蓄利率冲击同时发生的周期波动效应。在 $t=3$ 时,同时给 y 以 1% 的技术冲击和 1% 的储蓄利率的负向冲击,结果如图 8.10 所示。为了便于比较,我们并列给出单一的技术冲击的反应图(图 8.11)。通过比较可以发现,储蓄利率的负向冲击削弱了技术冲击对经济的正向拉动效应:在图 8.11 中,单一的技术冲击形成的资本边际回报率和产出的正向波动的最大幅度接近 5%,而在图 8.10 中产出增长的最大幅度不足 3%,资本边际回报率的波动幅度仅约为 2%。但同时也可以看到,图 8.10 中的负向波动的幅度也有较明显的减小,图 8.11 中产出的负向波幅大约为 1%,而在图 8.10 中大约仅为 0.5%,同时企业家消费也呈现出较大幅度的改变,对于企业家群体而言,图 8.10 中的结果显然更有吸引力,未来持续的增长预期可能成为企业家群体长期努力的内在动力。由此我们可以得出结论:

推论 8.9 储蓄利率的负向冲击会削弱技术进步对经济的正向拉动效应,但也会削平经济在萧条阶段下跌的深度。

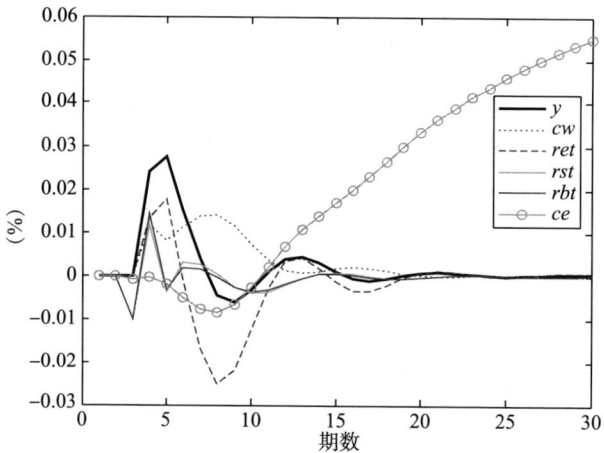

图 8.10 1%的技术冲击和 1%的储蓄利率下降

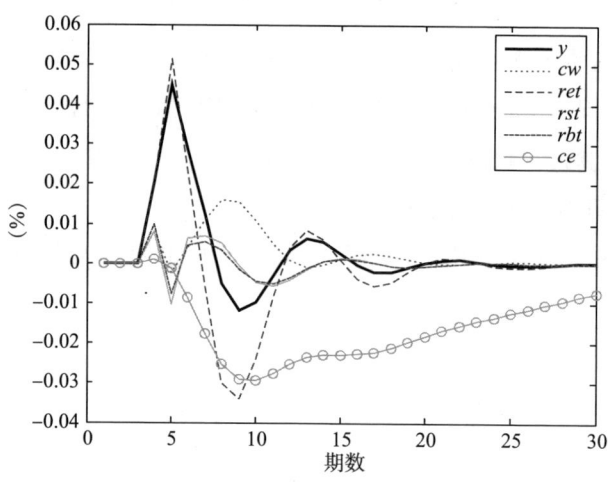

图 8.11 单一的 1%的技术冲击

8.8 相关的研究综述与说明

与本章相关的研究包括以下几个方向:一是关于中国收入分配不平等的诱因的研究。如林毅夫和陈斌开(2013)指出国家发展战略和产业结构是影响收入分配的重要原因,中国经济在高速增长的同时,中国的收入分配结构在持续恶化。自 20 世纪末以来,我国的国民收入分配结构不断向企业和政府倾斜,居民收入占国民收入的比重由 2000 年的 64.2% 快速下降至 2007 年的 57.5%,国民收入分配结构的快速恶化直接导致中国消费需求萎靡不振。类似的研究还有 Kuijs(2005)、Aziz & Li(2008)、李扬和殷剑峰(2007)、徐忠等(2010)。关于我国国民收入分配结构的决定因素的研究有白重恩和钱震杰(2009a,2009b),李稻葵、刘霖林和王红领(2009),龚刚和杨光(2010)等。这些研究指出工业化和城市化进程等因素可能成为中国居民收入占比快速下降的重要原因。这些研究分别从不同角度分析了收入不平衡的原因,与本章提出的利率扭曲的观点形成互补和对比。

二是关于自然利率估计方面的研究。这方面的方法和研究前面已有简介,这里我们特别提出关于中国经济中自然利率估计方面的两个先发的研究。一个是石柱鲜等(2006)发表在《世界经济》上的文章,这可能是关于中国的自然利率估计最早的研究;另一个是贺聪、项燕彪和陈一稀(2013)发表在《经济研究》上的关于均衡利率的估算。除此之外还有很多这方面的研究,这里仅以这两个为代表进行比较,这两个研究在方法上都使用了 DSGE 框架,类似于 Ferguson(2004)、Justiniano & Primiceri(2010)等的思路。在理论上这些研究方法应该都是近似的,但实际估计的结果却有较大差别,石柱鲜等(2006)估计的自然实际利率低于现实经济中的利率,贺聪、项燕彪和陈一稀(2013)估计的结果则相反。由于无法了解他们各自具体的估计过程,所以无法解释为何会出现如此显著的不同,一种可能的原因是两者选取的样本数据的时间段不同。

三是关于金融经济周期理论的研究,这应该是宏观经济领域近年来最流行的研究方向。自从 2008 年全球金融危机以来,在把金融中介部门嵌入 DSGE 框架中研究金融市场因素(金融冲击、金融摩擦、金融中介等)对经济周期与增长的影响机制方面,已经有不少代表性的作品。如 Jermann & Quadrini(2012)强调企业盈利能力的变化对银行资产造成的冲击;Gertler & Karadi(2011)以及 Gertler, Kiyotaki & Queralto(2012)假设银行在获得存款时会受到资产负债表的约束;Kollman(2012)、Iacoviello(2014)则考虑贷款损失对银行造成的冲击,并分别考虑了银行资本率要求的变化和信贷标准的变化对银行的冲击;Christiano,Motto & Massimo(2010)发现同金融合同相关的代理问题、银行自身的流动性约束,以及改变市场风险分布的冲击和对金融中介的冲击,是经济波动的基本决定因素。

在实证方面,Claessens, Kose & Terrones(2011)用44个国家1960—2007年的金融和经济数据,分析经济周期和金融周期之间的关系,并研究了金融和经济变量之间的同步性以及作用机制等。Iacoviello(2014)使用贝叶斯方法估计嵌入银行的DSGE模型,发现源于银行贷款损失的财富再分配冲击,与其他冲击一起,可以解释萧条期间产出下降的一半以上。

国内在该领域的研究包括杜清源和龚六堂(2005)、许伟和陈斌开(2009)、谭政勋和魏琳(2010)、梁斌和李庆云(2011)、汪川(2011a,2011b)、吕朝凤和黄梅波(2011)、刘安禹和白雪梅(2011)、梅冬州和龚六堂(2011)等。杜清源和龚六堂(2005)把信贷约束机制嵌入DSGE模型,进行了理论分析,可惜没有进行数值试验。许伟和陈斌开(2009)将信贷作为生产函数的要素直接引入模型,这样模型比较简单,但在理论上无法产生出金融放大器机制。谭政勋和魏琳(2010)、梁斌和李庆云(2011)假定贷款人为家庭,考察抵押信贷约束对房地产市场的影响。汪川(2011a,2011b)在一个引入流动资本的RBC模型中讨论银行信贷和经济波动之间的关系。周炎和陈昆亭(2012a,2012b)把金融中介部门嵌入DSGE框架下进行研究。

8.9　小　结

本章建立DSGE模型估计中国实际的均衡利率以及实际利率的扭曲情况,研究发现:(1)储蓄利率是影响一般工人家庭消费增长的关键因素。实际储蓄利率过低会影响广大工人群体的社会幸福感,并导致收入分化加剧。(2)实际利率的扭曲不但会造成收入分配不平等,还会影响长期增长。一条路径是通过收入分配拉大工人家庭和企业家家庭的收入差距,从而影响长期增长;另一条路径是实际储蓄利率过低,导致私人部门储蓄意愿不强,从而降低信贷市场上可贷资金的供给,限制了投资,而影响增长。(3)通过对中国经济数据的分析,发现长期实际执行的储蓄利率均值接近于0,因此我们认为,中国改革开放后社会贫富差距的加大与利率扭曲有重大关系。压低利率,最初可以推动经济增长、增加总体的收入,但随着人们财富的增加,消费开始出现剩余，但正常的储蓄途径变得毫无吸引力，于是在房地产等被强加了投资和投机功能后，受到社会剩余资本的疯狂追捧。但房地产行业的发展从长期看是没有激励创新的功能的，因而，长期增长的动力在利率扭曲的环境中极难形成。利率扭曲是造成经济中许多行业失衡的内在诱因。

(4) 我们对劳动群体进行了划分，也对利率进行了细分。传统的研究常常笼统地把储蓄利率、企业融资贷款利率和资本边际回报率等混为一谈，因而无法判断利率对于收入分配的实际影响。经过本章模型的特殊处理，不同的利率的影响变得非常清楚，从而也可以清楚地认识到利率对收入分配的影响。利率的定价归根到底是劳动阶层之间分配的基础，从而会从根本上影响所有的分配。解决利率扭曲问题不单是解决收入分配问题的基础，也是解决长期增长问题的关键。江浙地区中小企业融资难问题是困扰学界和业界许久的难题，因为民营经济是整个社会经济活跃和可持续发展的基础，很多学者建议通过降低利率来缓解该难题，这种观点实际上违背了内在规律，结果是问题总得不到解决。实际上，利率被压得越低，家庭部门的储蓄倾向就越低，信贷市场上的可贷资金供给就越不足，结果自然是不言而喻的。所以，只有当利率趋于均衡的自然利率水平，经济才能实现总体的平衡，中小企业的信贷需求也就自然可以得到保证。经济的健康发展和总体平衡的实现归根结底在于基础性价格的平衡，因此要促使实际利率趋于均衡的自然利率水平。

第四部分
有限需求理论

9

有限需求假设下的经济动态研究

9.1 引 言

在物质紧缺的年代,供给能力决定了经济增长水平。但在产能过剩的经济中,需求又成为制约经济增长的主要因素。中国经济在1990年以后逐渐进入买方市场,产能相对过剩成为大多数主要产业(除一些新生产业外)的特征,需求成为决定大多数产业均衡的主要方面。在一般的成熟经济中(即脱离了重要的转轨阶段,进入平衡增长的均衡阶段),经济增长的实现由供需双方的均衡决定,供需双方的变化都可以成为经济偏离均衡的扰动源。因而,需求与供给双方的变化规律和机制对经济增长而言都是非常重要的。但是,传统的经济理论框架的发展主要关注供给方,[①]对需求的研究则陈旧过时、脱离实际。比如传统的宏观经济学理论通常假定需求是所有消费品

[①] 实际上,近代增长理论和RBC类周期理论在拟合实际经济方面的改进主要集中在供给侧。如增长理论从新古典增长理论到内生增长理论和统一增长理论,在本质上是从内生储蓄率、内生技术进步率、再到内生人口增长率的发展过程;周期理论从RBC理论到广义经济周期理论(GBC理论,也称融合的周期理论),再到金融经济周期理论(FBC理论),在本质上是嵌入资本的形成成本、劳动的搜寻成本和资本的匹配成本、技术创新成本,再到市场摩擦、市场不完备以及嵌入金融市场因素等,这些都是对供给侧和市场方面因素的改进。对需求侧进行改进的研究虽然也有,比如偏好函数形态、主观偏好率的内生等,但总体上来看非常少,而且缺乏对需求侧变化规律的细致研究。

的加总,因此会随收入水平的增长而不断增长,但现实中人们对不同商品的具体需求行为是不同的,且在不同阶段有显著不同的结构化特征。加总以后的总需求量掩盖了不同商品结构的动态变化特征,很难对实际的需求行为作出深刻细致的刻画。再者,人们对大多数商品的实际需求都是有限的,在达到一定的水平后就会饱和,除了补偿折旧的部分,不再会有大量的新的需求。这些对需求侧刻画的瑕疵是基础性的,使得主流的宏观经济理论在总体框架上存在巨大的问题。基础理论的错误,即使看起来很小,也可能对现实经济的发展造成严重的误导。当前,从全球范围来看,现实经济的发展的确存在很多有共性的重大问题。

第一,现有的经济增长理论的发展显著滞后于现实世界经济发展的需要,且不能较好地解释近年来世界经济的新的发展趋势。世界上主要国家的增长趋势表明了世界经济增长的总体动力严重不足,这些现象既不能由现有的增长理论给出解释及好的解决方案,也不符合主流增长理论对平衡增长路径的预测。

第二,NBER 的经典研究清晰地表明经济周期波动存在显著的内生性特征,即波动总是存在的,是无休止的。虽然每一次波动的长短高低有不同,但持续不断地波动是肯定的。然而这种波动的持续性特征在现代经济周期理论的主流框架中无法内生。现有的内生经济周期的理论多是从模型的多重均衡、心理因素等方面进行解释,但这些模型解释实际经济的能力非常有限。

从以上两点来看,现有的主流宏观经济学理论无论是在增长问题还是在周期问题上,都无法很好地解释和指导当前的经济发展。我们认为,出现这样的问题的一个可能的原因是传统理论对需求侧的忽视。因此,我们试图从需求行为的规律出发,探索能够更好地解释现实经济增长与周期波动动态的方法。

传统理论是如何研究需求的影响的呢?对需求的经典定义①聚焦在"需求与市场价格的关系"上,需求曲线的重要特征是向右下方倾斜。高级微观

---

① 在传统理论中,需求是指消费者在特定时间和特定市场内,在各种可能的价格水平上愿意并能够购买的某种商品的数量。

经济理论中关于需求的讨论无非是增加了更多影响这一关系的变量,并对一些极端情形进行讨论。因而,传统的需求理论主要研究价格水平和需求量之间的关系。这在本质上是建立在市场的总供需会影响价格并受价格影响的基础上的。因而,经济中实现的价格代表了供需平衡的均衡。

关于需求行为的研究,必须提到非常著名的马斯洛的"需求层次理论"(Maslow,1943)[①],其核心可归结为几点:人都有需求,某个层次的需求满足后,另一层次的需求才会出现;需求的满足按顺序递进,首先满足紧迫需求;一个层次的需求满足后,不再有激励作用,后面的需求开始显示激励作用。Hall & Nougaim(1968)认为这种层次可能并不明显,但肯定了两级分类的存在。他们发现,随着主管人员的升迁,低级需求(生理需求和安全需求)在重要程度上有逐渐减少的倾向;而高级需求(爱与归属、尊重与自我实现的需求)有递增倾向。还有更多的研究愿意接受两级需求的划分,并认同低级需求有限而高级需求可能是无限的,但这方面的认知并没有引起主流理论更多的关注。

近年来主流经济学家们关于消费行为的研究已经开始增加。"消费习惯"(habit formation)已经被嵌入很多领域的模型框架中,其思想是假定人们有潜在的"消费习惯",如 Pollak(1970,1971)在讨论消费需求时假定存在一个潜在的或者合意的需求水平"b",但这个"b"被理解为"习惯"。最近 Chetty & Szeidl(2016)又提出了"消费承诺"(consumption commitments)的概念,[②]实际上也是假定人们有消费的潜在"倾向"水平。但这些关于消费的研究都是基于对消费总量的观察,实际上太宏观了,并不能准确刻画实际的商品的需求行为,因为不同家庭对具体分类的商品的消费需求行为不是"习惯"或"承诺"能够反映的。

基于此,陈昆亭和周炎(2020)首次提出了"有限需求"假说,认为现实中,任何家庭对任何商品的需求都是有限的。比如,每个人每天所需要的热

---

① 该理论将人的需求分为五个递进的层次:生理需求、安全需求、爱与归属的需求、尊重的需求、自我实现的需求。

② 这篇 2004 年写就的文章直到 2016 年才发表在"Econometrica"上,因而"消费承诺"的概念早已广为流传。

量是有限的。根据世界卫生组织的研究,一个健康的成年女性每天需要摄取 1 800～1 900 卡路里的热量,男性则需要 1 980～2 340 卡路里的热量。过度的热量摄入其实不但不像传统经济学假设的那样是效用持续增加的,反而可能是效用减少的。每个家庭所需要的日常用品是有限的,比如牙膏、洗面奶、润肤露等。每个家庭每阶段需要的家用电器、手机、汽车、旅游产品、娱乐产品等,也都是有限的。因而,长虹电视的黄金时代随着中国家庭需求的饱和而结束;汽车行业也必将随着家庭需求的饱和而淡出;实现温饱的人不会再希望每日暴食。

这一思想实际上并不新鲜。Warr(1987)就曾用"维生素模式"说明需求过量并无益处。莱恩·多亚尔和伊恩·高夫指出:"如果想要实现人的健康和自主的优化,就需要特定水平的中间需求的满足。但是一旦超过这个水平,任何额外的投入将不会进一步提高基本需要满足。"(多亚尔和高夫,2008)他们还举了一个例子说:"一个住所一旦安全、温暖、不拥挤、有清洁的水和令人满意的卫生条件,任何进一步的改善——如增加空间,添置设施,豪华装饰等等——都不能提高居住者与居住相关的需求满足。"这些其实都是早期的"有限需求"的思想。

因而,"需求是有限的"这一思想显然使"需求层次理论"得到新的生机,实际上可以理解为对"需求层次理论"和"消费习惯"理论的整合和升华,是从长期和宏观的角度完成对消费需求行为效应的深刻观察,其意义在于打开了"需求进入主流框架"的新思路。无论如何,这些关于消费需求的改进性刻画都显著引致了"需求的黏滞性",这将极大地影响经济的动态特征。

在有限需求假设下,产品的需求(销售)市场也是有限的,但在传统的宏观经济的代表性理论框架的假设中,消费需求总被假定为无限的。改变这种假设将会产生怎样的影响?本章将在有限需求假定下建立模型,从新的角度研究经济增长问题。

本章下文安排如下:9.2 节陈述一些经济周期和增长的事实,对有限需求假设进行简单的验证;9.3 节建立模型经济,研究在有限需求假设下的基本均衡经济理论;9.4 节对模型的结果进行讨论;9.5 节进一步讨论经济长期可持续增长的实现条件和经济周期波动的内生机制问题,并对本章的内容进行总结。

9.2 周期与增长的事实

本节展示中美两国经济在增长与周期方面的主要特征。美国是最大的发达经济体,中国是最大的发展中经济体,对比两个典型的大国可以观察经济在不同的发展阶段的规律特征。

事实 1 在中美两国中具体商品的需求都表现出有限性特征。图 9.1 反映了美国六类商品 1989—2019 年的人均消费数据。

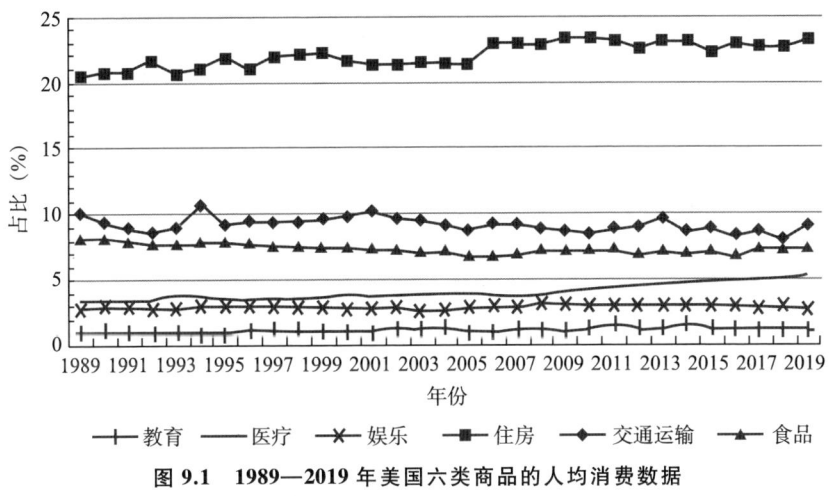

图 9.1 1989—2019 年美国六类商品的人均消费数据

数据来源:美国劳工统计局,http://stats.bls.gov/。

从图 9.1 可以发现,在观察期内,除住房和医疗保健的需求有微弱的增长外,美国人对大多数商品的需求都是稳定而有限的。住房具有金融资产的属性,医疗保健行业还处于上升阶段,需求尚未饱和,因此它们的上升是合理的。因此,美国经济的第一个事实是,每种商品的需求几乎都是稳定的。这可以被看作卡尔多事实的一部分,也可以被看作典型的经济在 BGP 平衡路径上的表现。

图 9.2 至图 9.5 是中国的数据。图 9.2 是中国每百户城市家庭每年消费的耐用品数量,图 9.3 是中国每百户农村家庭每年消费的耐用品数量,图 9.4

展示了中国城市家庭年人均主要消费的商品数量,图9.5是中国农村家庭年人均主要消费的商品数量。经过调查,我们发现我国城市家庭对粮食的需求基本稳定,表明城市家庭的需求已经达到饱和,且大部分农村家庭的需求也基本饱和,其中猪肉、水果等商品的需求仍有较大幅度的增长。城市家庭对一些常用电器的需求基本饱和,但对手机、家用汽车、空调等的需求明显增加。农村家庭对手机、家用汽车、空调、冰箱和洗衣机的需求都显著增加。

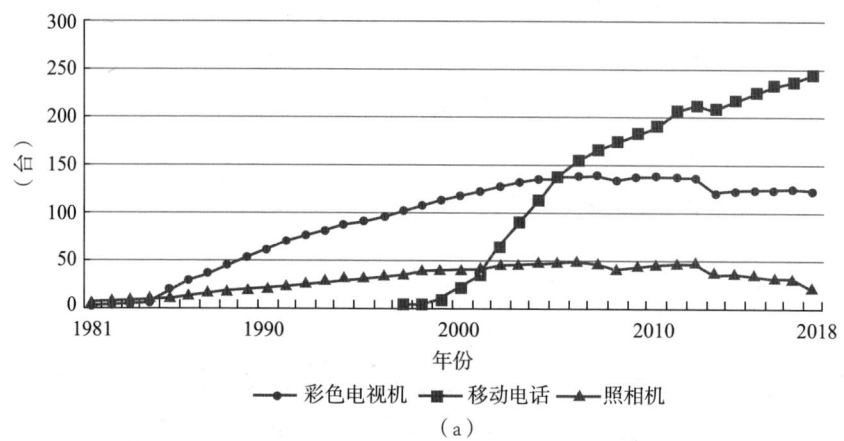

(a)

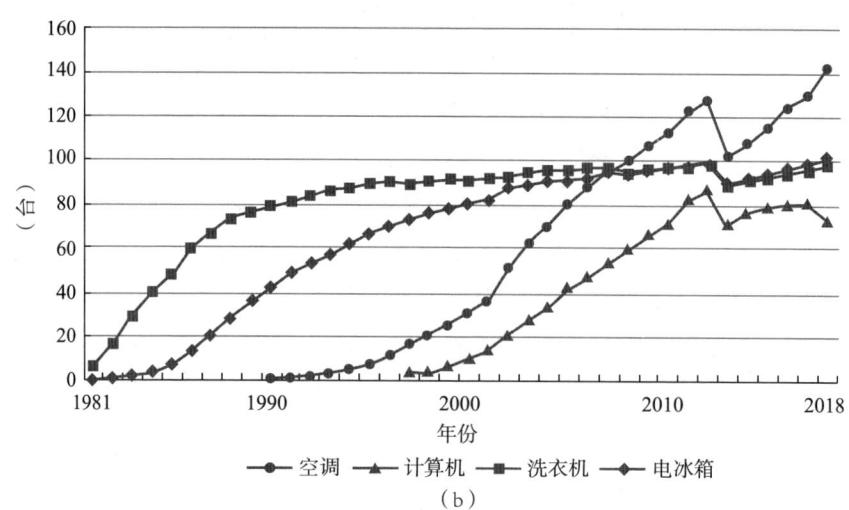

(b)

图9.2 中国每百户城市家庭年耐用品消费量(1981—2018)

数据来源:中国国家统计局,http://www.stats.gov.cn/。

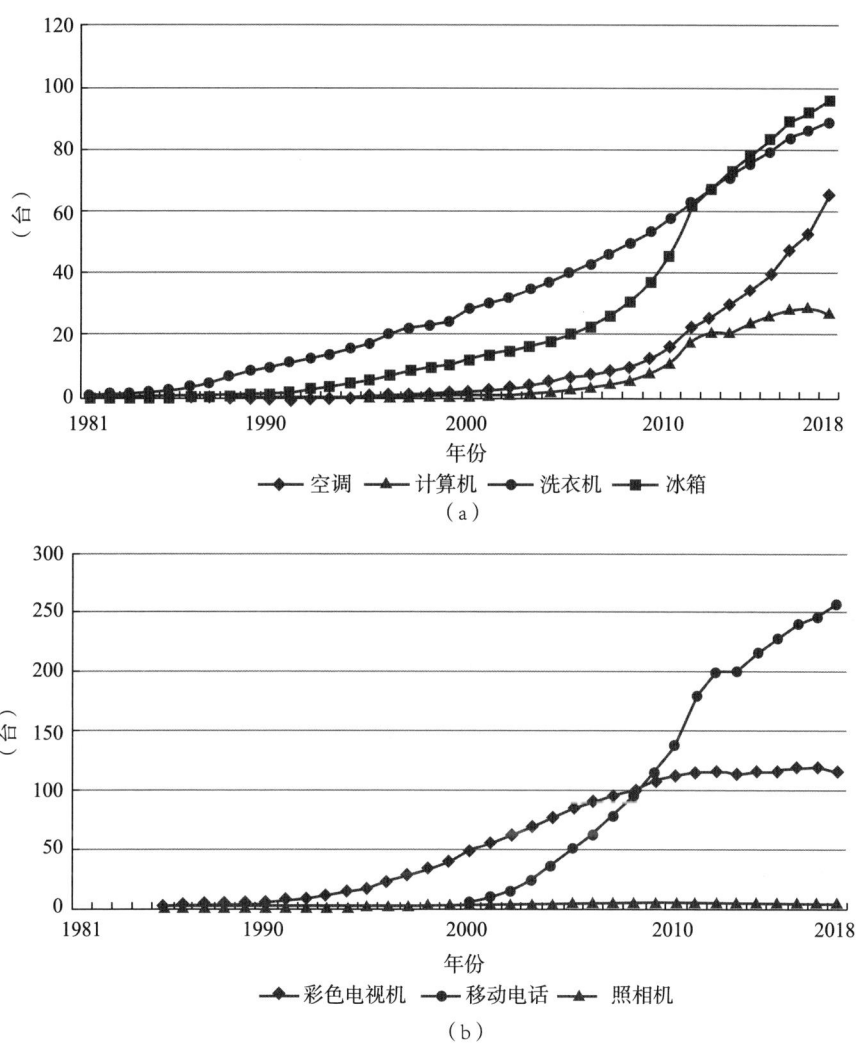

图 9.3 中国每百户农村家庭年耐用品消费量(1981—2018)

数据来源:中国国家统计局,http://www.stats.gov.cn/。

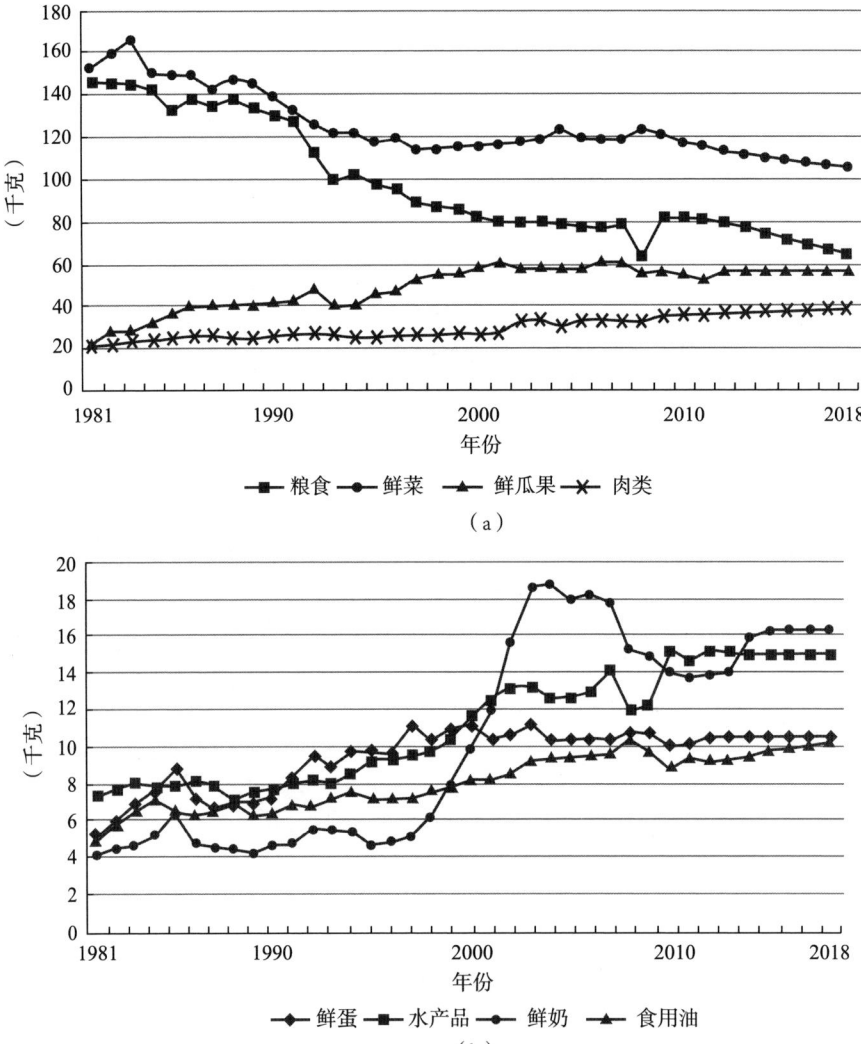

图 9.4 中国城市年人均商品消费量(1981—2018)

数据来源:中国国家统计局,http://www.stats.gov.cn/。

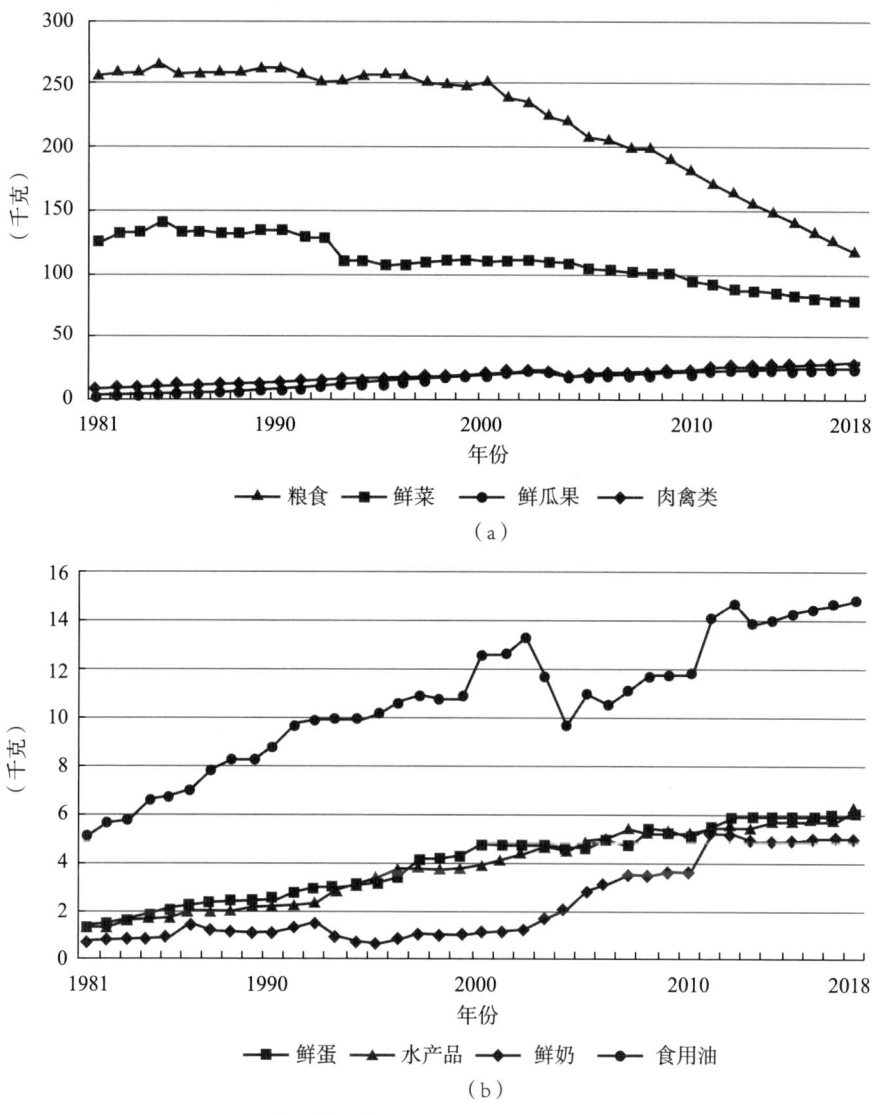

图 9.5 中国农村年人均商品消费量(1981—2018)

数据来源：中国国家统计局，http://www.stats.gov.cn/。

对比中美两国主要工业的发展，发现处于不同发展阶段的经济体的产业具有不同的特点。在发达经济体中，大多数工业产品的需求已经达到饱和状态，需求稳定。在处于转型发展阶段的经济体中，一些产业的需求已经饱和，但很多产业仍处于上升期。国家整体的经济增长率与其工业产业的需求饱和程度有着显著的关系。

事实 2 产业通常表现出驼峰形状的动态模式,其增值份额首先增加,达到峰值,然后下降。这一特征是直接引用 Ju, Lin & Wang(2015)对美国经济增长典型特征的总结,他们使用美国 NBER-CES 数据库中 473 个产业 1958—2005 年的数据进行了分析。我们把这看作库兹涅茨事实的一般例子,即农业在国内生产总值中所占的份额是下降的,工业(制造业等)所占的份额呈驼峰状,服务业所占的份额则是增加的。其他类似的研究也发现了典型的驼峰形状的产业生命周期,如 Chenery & Taylor(1968)、Haraguchi & Rezonja(2010),以及 Lin(2009)等。事实上,我们也可以从对中国数据的简单观察中发现类似的规律,如图 9.2 和图 9.5。

事实 3 就像存在"中等收入陷阱一样",也存在高收入陷阱。随着中等收入的经济体大量遭遇"中等收入陷阱",发达经济体正面临着高收入陷阱。

如图 9.6 所示,在 2009—2019 年的这 10 年中,英法两国的人均 GDP 增长率明显比以前更低,几乎进入零增长状态,这是一个新的平衡增长陷阱,可以称之为"高收入陷阱"。其他发达经济体,如美国、瑞典、德国、澳大利亚和瑞士,也都有类似的趋势。它们在过去 30 年的经济增长率明显低于 1950—1980 年。不仅是发达国家,如图 9.7 与图 9.8 所示,一些发展中国家与欠发达国家也面临同样的问题。

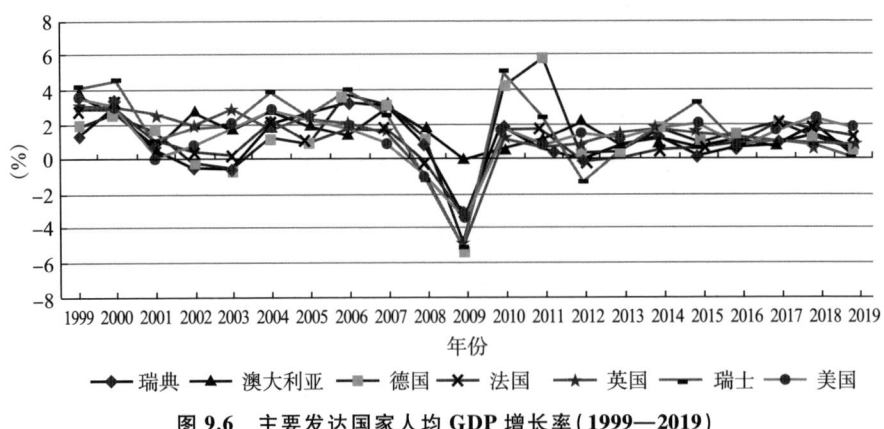

图 9.6 主要发达国家人均 GDP 增长率(1999—2019)

数据来源:世界银行(基于不变价本币),https://databank.worldbank.org。

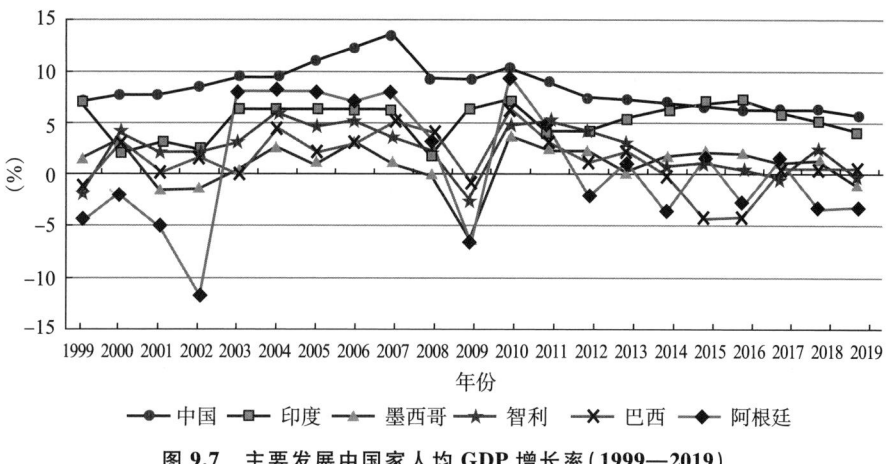

图 9.7 主要发展中国家人均 GDP 增长率(1999—2019)

数据来源:世界银行(基于不变价本币),https://databank.worldbank.org。

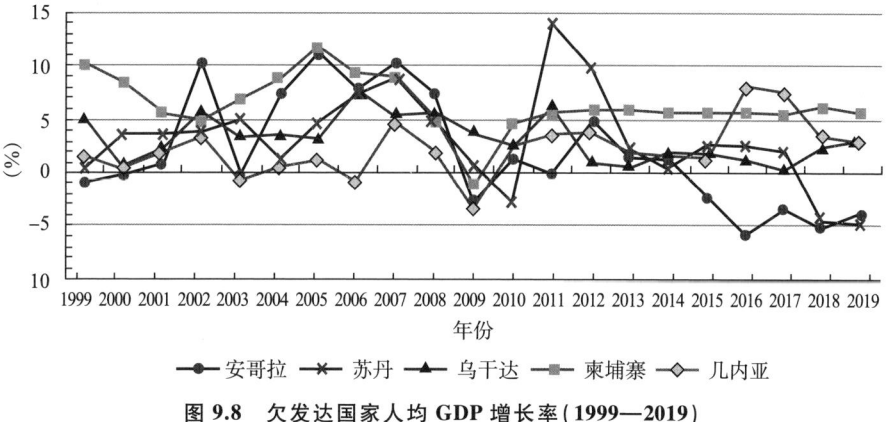

图 9.8 欠发达国家人均 GDP 增长率(1999—2019)

数据来源:世界银行(基于不变价本币),https://databank.worldbank.org。

事实 4 经济的周期波动具有内生性。基于 NBER 对周期的经典研究,滤波后的经济周期波动是一个具有很高节律的近似正态函数波形的图形。Stock & Watson(1999)给出了美国经济的七十多个数据,例如,图 9.9 显示的建筑就业的周期,较细的线表示的是就业的波动,较粗的线表示的是产出的波动。虽然每个波动的幅度不同,波动的周期也不是严格一致的,但波动的节律是显著一致的。在这里,商业周期波动的持续性显示了波动的系统内生的性质。这种波动的内生性存在于 Stock & Watson(1999)给出的七十多个图表的每一个之中。

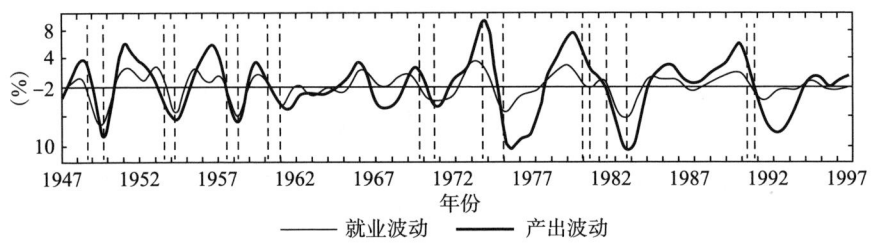

图 9.9 美国经济的合约与建筑就业①

这种周期的内生性也存在于中国经济中,如表 9.1 和图 9.10 所示。表 9.1 显示,在 1952—2001 年间,中国经济波动的平均周期为 8 年,下降持续期为 3 年,上升持续期为 5 年。

表 9.1 中国经济上升和下降周期

峰(年)	1957	1965	1970	1979	1987	1995	2001
谷(年)	1951	1961	1967	1975	1982	1990	1998
上升持续期(年)	6	4	3	4	5	5	0
下降持续期(年)	0	4	2	5	3	3	3

注:数据采用中国 1952—2001 年的时间序列数据,数据来源于中国国家统计局网站,采用截断长度为 5 年的 BP(2,8)滤波算子处理。

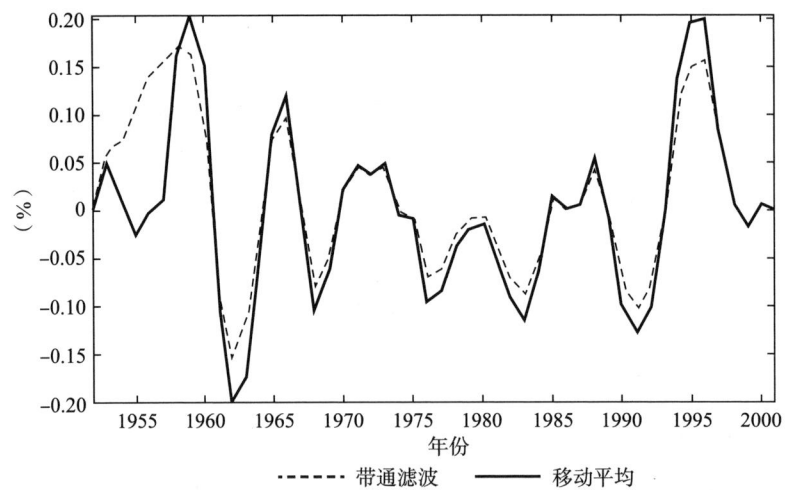

图 9.10 中国 1952—2001 年 BP(2,8)和移动平均滤波

注:数据采用中国 1952—2001 年的时间序列数据,数据来源于中国国家统计局网站,采用截断长度为 5 年的 BP(2,8)滤波算子处理。

---

① 来自 Stock & Watson(1999)中的图 9.1。

事实 5 美国近年来经济增长率持续下降的原因并不是禀赋基础发生了改变,美国的制度、文化、宗教习俗等也没有明显的变化。因此,与供给侧相关的因素无法解释或避免美国经济面临的高收入陷阱。

图 9.11 至图 9.14 表明,劳动力增长率的变化不是经济增长率持续下降的原因。根据这四个图,可以发现:首先,在 1975 年前劳动力的平均增长率是上升的,但从 1960 年开始平均的经济增长率就已经出现下降了。其次,劳动力增长的几个高峰都出现在经济增长率下降时期。此外,实际劳动力增长与经济增长之间的波动大多是反向或显著不一致的,因此,很明显,劳动力增长率的变化不是经济增长率变化的原因。

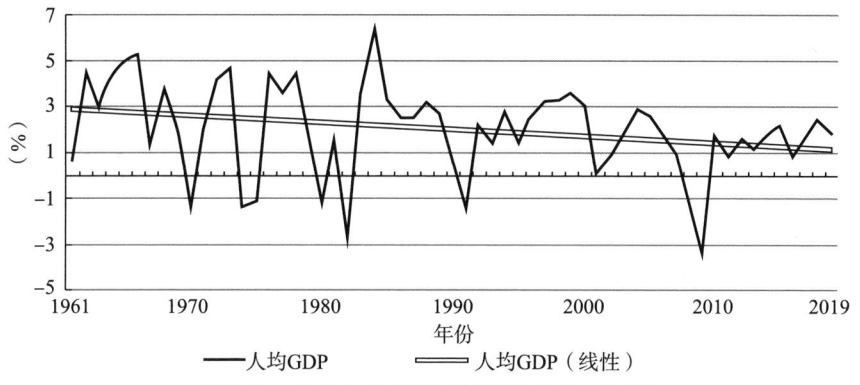

图 9.11 美国人均 GDP 增长率(1961—2019)

数据来源:世界银行(基于不变价本币),http://stats.bls.gov/。

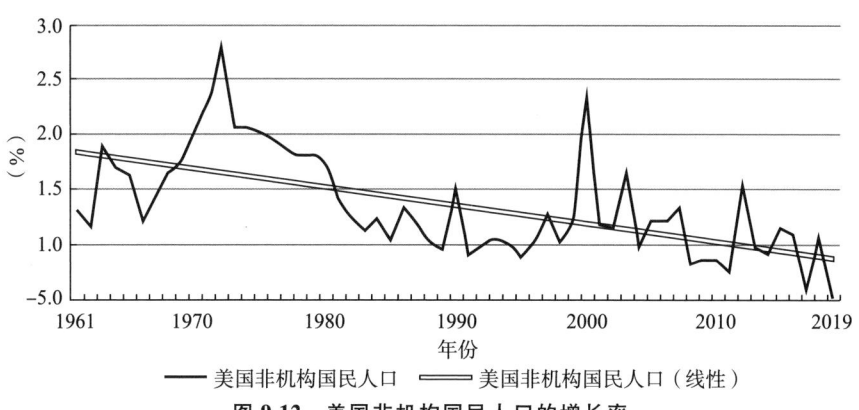

图 9.12 美国非机构国民人口的增长率

数据来源:美国劳工统计局,http://stats.bls.gov/。

注:在美国,非机构国民人口是指居住在 50 个州和哥伦比亚特区的 16 岁及以上、不是囚犯也不在武装部队中服现役的人口。

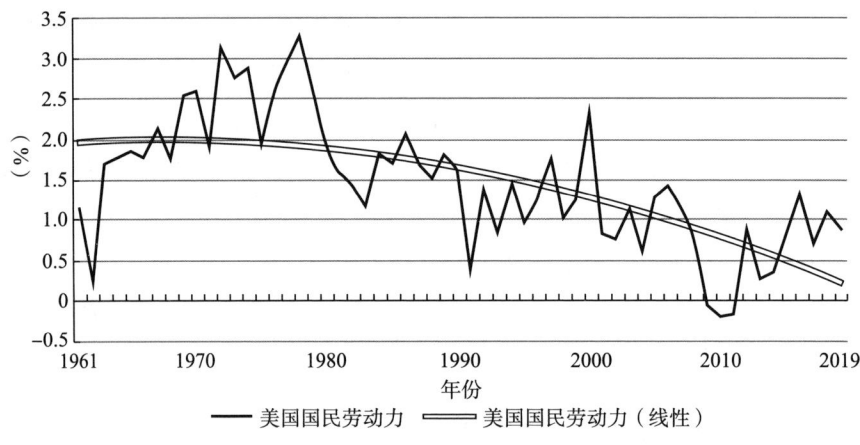

图 9.13　美国国民劳动力的增长率

数据来源：美国劳工统计局，http://stats.bls.gov/。

注：美国劳工统计局统计的"国民劳动力"（civil labor force），是指由被判定为有工作或失业的美国人，不包括军事人员、联邦政府雇员、退休人员、残疾或无意愿找工作的人以及农业人口。

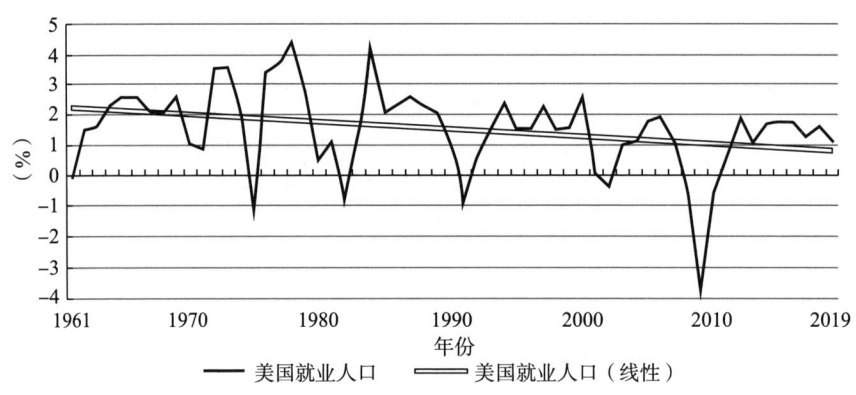

图 9.14　美国就业人口增长率

数据来源：美国劳工统计局，http://stats.bls.gov/。

9.3　产业结构分类发展的动态经济模型

9.3.1　总需求

本节将考虑一系列基于商品需求有限假设的模型。基于 9.2 节对商品需求的讨论，我们可以将商品分为不同类型。假定经济中存在不可替代的可数商品空间(横向产品的多样性)$R=\{1,2,3,\cdots\}$。在 t 时刻,代表型经济中已经发明并可以生产的产品集为 $R_t=\{1,2,3,\cdots,J_t\}$,并假定每一种商品的需求都有有限的饱和水平。在第 t 期经济中有 J_t 种不同类型的商品,消费者对这些商品的需求按照需求的刚性排序,随着顺序的增加,商品的必需性逐渐降低,我们假定其权重逐渐降低。

$$\theta_1 > \theta_2 > \cdots > \theta_{J_t} \tag{9.1}$$

假定经济中所有人都是理性的,并且有基本相似的偏好,即所有人对商品的偏好顺序是一致的。

假设 1 对任意 $i \in R$,经济中所有人有相同的饱和需求水平 c_i。

假设 2 对任意 $i \in R$,经济中所有人有相同的偏好 θ_i,且满足式(9.1)。

假设 3 对任意 $i \in R$,经济中所有人有相同的对单一商品的分段效用函数:

$$u(c_{it}) = \begin{cases} \log c_{it} & c_{it} < c_i \\ \log c_i & c_{it} \geqslant c_i \end{cases}$$

以及相同的总效用函数:

$$U(C_t) = \sum_{i=1}^{J_t} \theta_i u(c_{it}) \tag{9.2}$$

假设经济中有 N 个结构相似的家庭,每个家庭有一位代表性劳动者,都拥有 1 单位的时间禀赋。假定劳动市场是无摩擦的完全竞争市场,每位劳动者在初始时是无差异的,但他在进入劳动市场之前可以自由地选择不同的专业方向进行学习,由此形成拥有不同专业技能的人力资本。劳动者在完成学习后,根据专业的不同进入相应的产业工作,不同产业中的劳动因专业不同而不能自由流动,希望离开本行业进入其他行业的劳动者必须重新学习相应的专业知识。这样均衡时劳动者的工资函数 $w(i)$ 与产业高度相关。[①]

[①] 假定劳动因专业不同不可以在行业之间流动,由此形成行业壁垒(摩擦),这是造成劳动者收入差的基本微观基础。在现实经济中,新兴行业的平均劳动收入往往是传统行业的很多倍。虽然青年学生可以自由选择进入不同的行业学习,但通常学习周期都比较长,往往在学业完成时,原先热门的产业可能已经过时。在改革开放后,劳动市场曾经出现过多种热门行业,如法律热、财会热、经济热、计算机热等,这些热点的持续期大多很有限。隔行如隔山,这是劳动市场之间摩擦的主要原因,是构成行业间收入差的重要依据。

为了便于讨论,假设经济中不存在失业。代表性家庭的最优选择问题是:

$$\max \sum_{t=1}^{\infty} \beta^t u(C_t) \tag{9.3}$$

$$\text{s.t.} \quad \sum_{i=1}^{J_t} p_{it} c_{it} + S_{t+1} = S_t(1 + r_t) + w_t^q$$

其中, P 表示价格水平, S 是储蓄, r 是利率, q 表示家庭的收入层次。

上述问题的解满足:

$$\theta_i u'(c_{it}) = \lambda_t P_{it} \quad i = 1, \cdots, J_t \tag{9.4}$$

$$\lambda_t = \beta \lambda_{t+1}(1 + r_{t+1}) \tag{9.5}$$

由式(9.4)和式(9.5)得到, $c_{it} = \dfrac{1}{\lambda_t} \cdot \dfrac{\theta_i}{P_{it}} \quad i = 1, \cdots, J_t \tag{9.6}$

实际上,在达到均衡的时候,需求非饱和的家庭的预算约束一定是紧的,其收入全部用于消费,因而有:

$$w_t^q = \sum_{i=1}^{J_t} P_{it} c_{it} = \frac{1}{\lambda_t} \sum_{i=1}^{J_t} \theta_i = \frac{1}{\lambda_t} \tag{9.7}$$

于是可得:

$$c_{it}(q, \theta_i, P_{it}) = w_t(q) \frac{\theta_i}{P_{it}}, \text{对任意} i \in R \text{ 成立}。\tag{9.8}$$

结论 9.1 对任意 $i \in R$, $\dfrac{\mathrm{d}c_{it}(q, \theta_i, P_{it})}{\mathrm{d}q} > 0$, $\dfrac{\mathrm{d}c_{it}(q, \theta_i, P_{it})}{\mathrm{d}\theta_i} > 0$, $\dfrac{\mathrm{d}c_{it}(q, \theta_i, P_{it})}{\mathrm{d}P_{it}} < 0$。

该命题的经济学含义是:消费者对任意商品的需求与其收入正相关,与偏好正相关,与商品的价格负相关。这一结论与通常的结论是一致的,反映了需求的一般规律。

在完全竞争市场的假设下, $c_{it} = w_t(q) \dfrac{\theta_i}{P_{it}} \triangleq w_t(q) \tilde{\theta}_i$,其中 $\tilde{\theta}_i \triangleq \dfrac{\theta_i}{P_{it}}$,表示商品 i 的"性价比"。商品的需求量决定于效用的权重 $\tilde{\theta}_i$。

定义：对于任意 i，存在 $q^*(i)$ 刚好满足 $c_i = w_t(q)\tilde{\theta}_i$，或者定义 $q^*(i)$ 为满足

$$c_i = w_t(q)\tilde{\theta}_i \tag{9.9}$$

的临界水平。

根据结论 9.1，对于任意商品 i，消费者的需求是关于 q 的递增函数，又由假设 2，所有人有相同的饱和需求水平，所以，对任意 $q < q^*$，有 $c_{it}(q) < c_{it}(q^*) = c_i$；对任意 $q > q^*$，有 $c_{it}(q) = c_{it}(q^*) = c_i$。

第 i 种商品的总需求函数 C_{it} 其实是 $q^*(i)$ 的函数，$q^*(i)$ 越大，表明社会平均的收入水平越高。设 $\varphi(q)$ 为 q 型家庭的人口分布密度函数，假定其为均匀分布，有 $\varphi(q) \equiv \varphi$，这样参数 φ 实际上代表了人口总规模的大小，也代表了市场规模的大小。

造成劳动收入差异的因素有很多，比如能力、机会、产业等。观察发现同等学力的劳动者之间的收入差异更多来自行业的不同。造成行业之间收入差异的原因很清晰，主要是所需要的特殊的专业知识是不同的。俗话说，隔行如隔山，这种行业之间客观上的专业性知识壁垒阻碍了行业之间劳动的流动。随着知识学习层次的提升，专业划分越细，最终进入职业领域时各项工作的差异就越大。因而，即使当初选择的专业收入出现下滑，这些领域的大量的劳动者也很难重新接受完全不同的知识训练，因而无法流动到收入较高的行业。这在客观上造成了行业之间存在巨大的收入差异的可能性。

不管造成收入差异的原因是什么，我们首先需要刻画这种差异，为此引入 q 作为刻画劳动收入差异的指标。假定经济中所有劳动者在能力、机会等方面都没有任何差异，如果行业也没有差异的话，所有劳动者的工资收入都是相同的 $\bar{w}$。但如图 9.15 和图 9.16 所示，实际的收入差异呈现出显著的高阶幂函数的图像特征，因此我们引入 m 作为刻画不同行业间劳动者收入结构性特征的参数。很显然，当 $m = 1$ 时，收入是关于 q 的线性函数；当 $m = 2$ 时，是一个关于 q 的开口向上的抛物线；当 $m > 5$ 时，非常接近图 9.15 和

图 9.16 所体现的实际的收入结构的差异形态。因此定义家庭的收入函数为以下形式：

$$w_t(q) = q_t^m \overline{w}_t, \forall q \in [0,1] \quad (9.10)$$

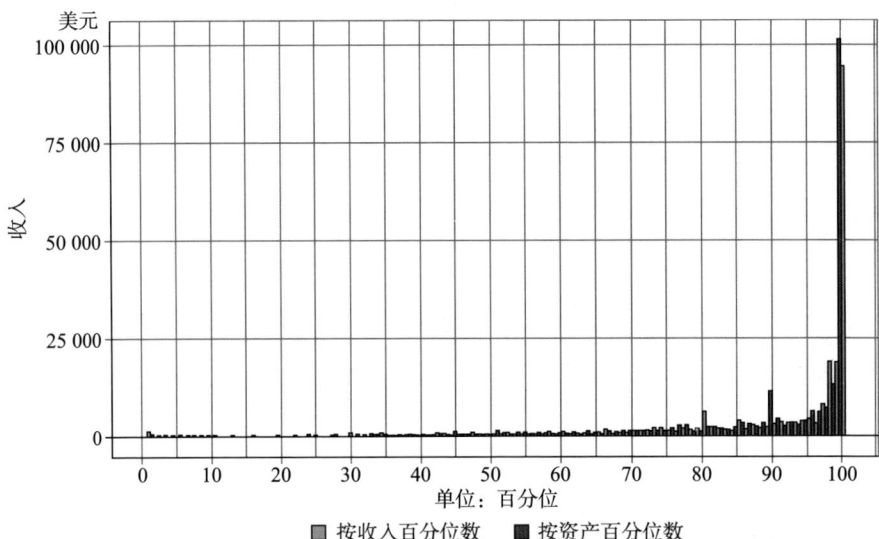

图 9.15　美国 2016 年家庭收入的结构

资料来源：Selim Banabak, et al. Class Matters：Philanthropie US-amerikanischer Haushalte[J].Zeitschrift für Sozialen Fortschritt, 2019, 8(3)：131-147.

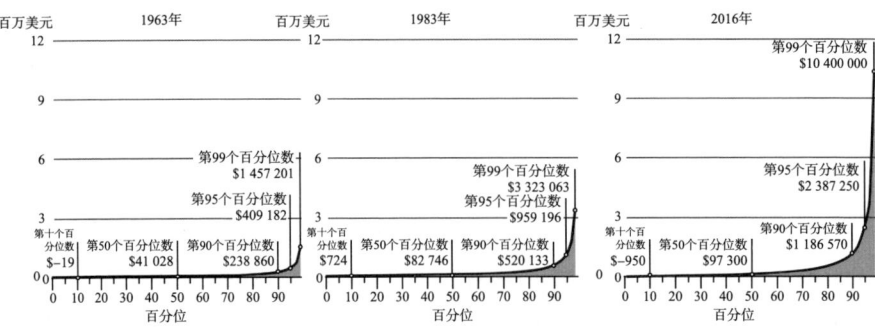

图 9.16　美国 1963 年、1983 年和 2016 年家庭收入结构的拟合图

资料来源：Urban Institute. Nine Charts about Wealth Inequality in America[Z/OL].(2017-10-05)[2022-03-23].https://apps.urban.org/features/wealth-inequality-charts/.

对于任意代表性产品 i,不同家庭的需求函数是不同的。一类是对产品 i 的需求已经达到饱和水平的家庭,其需求最多会保持稳定,仅需要补充折旧部分(对于易腐品,则令其折旧率为 100%)。另一类是对产品 i 的需求尚未达到饱和水平的家庭,其需求会随收入水平而增加。对产品 i 的总需求是不同收入水平的家庭需求的总和:

$$c_t(i) = \int_0^{q^*(i)} \varphi w_t(q)\widetilde{\theta}_i \mathrm{d}q + \int_{q^*(i)}^1 \varphi c_i \mathrm{d}q \delta i$$

$$= \varphi\widetilde{\theta}_i \int_0^{q^*(i)} w_t(q) \mathrm{d}q + \varphi c_i [1 - q^*(i)]\delta i$$

$$= \left[\delta i - \left(\delta i - \frac{1}{m+1}\right)(l_{it} p_{it})^{1/m}\right]\varphi c_i \quad (9.11)$$

其中,$l_{it} = c_i/(\overline{w}_t \theta_i)$。

要使式(9.11)有意义,需满足折旧率 $\delta i > \dfrac{1}{m+1}$ (9.12)

该条件意味着被研究的产品 i 不应当是折旧率极小的商品,对于折旧率极低的商品会有价值储存的功能,因而会具有金融属性,不在我们研究的范围内。因此这里的讨论主要针对非耐用品或耐用但折旧率不太低的产品类别。在实际中,年度折旧率高于 30% 的商品的类别非常广泛,大多数日常用品的年度折旧率在 50% 以上,而食品的折旧率可以埋解为 100%,而食品和日用品构成了一般性需求的主要部分。在条件式(9.12)下有:

结论 9.2 代表性商品 i 的社会总需求与市场规模 φ 呈正相关,与饱和需求水平 c_i 正相关,与价格水平 p_{it} 负相关,与社会平均的收入水平 $\overline{w}$ 以及产品效用权重参数 θ_i 正相关,与家庭收入结构性参数 m 负相关(即收入差距越大,总需求越小)。

证明:(此处仅证明最后一条,其余的证明都很简单)由式(9.11)关于 m 求导可以得到:

$$c'_{tm} = e^{\frac{1}{m}\ln(l_{it}p_{it})}\left[\frac{1}{m}\ln(l_{it}p_{it})\left(\delta i - \frac{1}{m+1}\right) - \frac{1}{(m+1)^2}\right]\varphi c_i \quad (9.13)$$

由式(9.6)和式(9.7)知:$l_{it} p_{it} = q^m \leqslant 1$,所以,$\ln(l_{it} p_{it}) \leqslant 0$;由式(9.12)知:$\delta i - \dfrac{1}{m+1} > 0$,所以有:$c'_{tm} < 0$。

9.3.2 总供给

在经济中有很多不同的产业,每一个产业有许多家相似的企业生产同一类商品,不同产业部门生产的产品是不可以相互替代的。每一种商品的生产部门内部的技术创新只能改进这类商品的品质和生产效率,但不会改变商品的本质功能和属性,因而,这种技术进步称为纵向创新[仿照 Aghion & Howitt(1992)的质量改进型增长模型]。同时,假定经济中存在一个独立的教育和科研部门,这一部门除了培养各行业所需的专业化劳动,还创新和开拓新的理论领域,而这些新的理论领域是形成不同于现有商品类别的全新商品类的理论基础。实际上,我们假设所有重大的创新都源于重大的基础理论的突破。我们将发明新产品类的创新称为横向创新[参考 Gino & Fabrizio(2005)的横向创新增长模型]。为了简单起见,假定经济中只有从事基础研究的人才能够产生出横向创新,其他人才分散在不同产业中,或者进行生产活动,或者进行产业内的纵向创新。下面分别讨论纵向和横向创新的发展。

代表性产品 i 的生产与纵向技术进步:假定市场上商品集如前,对每一个商品 $i \in [1,\cdots,J_t]$ 存在一个独立的劳动市场,商品的生产需要用到劳动,并以规模报酬不变的技术进行。进入市场 i 的劳动者,拥有进入该行业所需的专业技术知识。在 t 时刻,有总数为 $l(i,t)$ 的工人进入市场 i,用 $e(i,t)$ 表示 t 时刻市场 i 的实际就业数,则有:

$$l(i,t) \geq e(i,t) \tag{9.14}$$

假定第 i 个市场上有许多家本质相似的企业,分别雇用进入这个市场的劳动者。每个企业都雇用研究人员进行研究,但每期只有首先获得创新的一家企业可以组织生产,假设成功的企业会雇用该产业内所有剩余的劳动者。设产品 i 的生产仅需技术和劳动,仿照 Gino & Fabrizio(2005)采用简单生产函数 $y_{it}=A_{it}x_{it}$,其中 A 是技术,x 是实际参加生产的劳动。

设 A_{it-1} 是产业 i 在 $t-1$ 期期末的技术水平,假定产品 i 生产技术的一次标准的创新对效率的改进为 $\gamma>1$,即在 t 期首先实现创新的企业的技术为 $A_t=\gamma A_{t-1}$,这也将成为 t 期期末产业 i 新的可以共享的技术前沿(假定每一个创新只有一期的专利权)。因此代表性企业有:

$$\lg A_t = \begin{cases} \lg A_{t-1} + \lg\gamma, \text{以概率 } \mu \\ \lg A_{t-1}, \text{以概率 } 1-\mu \end{cases} \tag{9.15}$$

其中 μ 是该企业进行创新的概率，设研发的劳动投入为 $z(i,t)$，创新发生的概率为 $\mu = \lambda z(i,t)$，① 那么进行生产的劳动人数为：

$$x(i,t) = e(i,t) - z(i,t) \tag{9.16}$$

下面考虑产业 i 的代表性企业的最优化问题（为了表述的简单，本节下文的变量暂时都先省略下标 i）。从 t 期开始，如果代表性企业在上一期的研发获得成功，那么该企业获得本期生产权。在制定最优的生产计划时，代表性企业需要决定本期雇用的劳动数、生产的产量和价格来最大化利润 π_t，即：

$$\max \pi_t = p_t(y_t) y_t - w_t x_t \tag{9.17}$$

其中 w_t 为工资，p_t 为第 t 期产品 i 的价格。由式（9.11）得到产品 i 的逆需求函数为：

$$p_t = \frac{1}{l_t} \left(\frac{\delta - \tilde{y}_t}{\tilde{\delta}} \right)^m \tag{9.18}$$

其中，$\tilde{y}_t \triangleq y_t / (\varphi c_i)$，$\tilde{\delta} \triangleq \delta - \frac{1}{m+1}$。

求解该优化问题，得到最优化条件：

$$w_t = \frac{A_t}{l_t} \left(\frac{\delta - \tilde{y}_t}{\tilde{\delta}} \right)^{m-1} \left[\frac{\delta - (m+1)\tilde{y}_t}{\tilde{\delta}} \right] \tag{9.19}$$

式（9.19）成立需要满足条件：$\frac{\delta}{m+1} > \tilde{y}_t$。这实际上意味着在最优解存在时，产品折旧率越低，饱和率越低；收入差距越大，饱和率越低。

由此可得企业的利润函数：

$$\pi_t(w) = \frac{m\varphi c_i}{l_t \tilde{\delta}^m} (\delta - \tilde{y}_t)^{m-1} \tilde{y}_t^2 \tag{9.20}$$

---

① 为简单起见，代表性企业研发成功的概率在本章中定义为研发人员数量的线性函数，因而是对研发劳动可加的。多家企业都在研发，因而行业技术前沿转移概率是行业中总研发人员数量的线性函数。

若 $m>1$，在其他参数不变的情况下，上述利润有最大值点：$\tilde{y}_t = \dfrac{2\delta}{m+1}$。当 $\tilde{y}_t < \dfrac{2\delta}{m+1}$ 时，利润上升，当 $\tilde{y}_t > \dfrac{2\delta}{m+1}$ 时，利润下降，呈倒 U 形。当饱和度接近 δ 时，利润趋于 0。为了更细致地分析产业的生产行为，下面作简单化处理，取 $m=1, \delta=1$。

由此可得：

$$x_t = \frac{\left(1 - \dfrac{l_t w_t}{2 A_t}\right) \varphi c_i}{2 A_t} \tag{9.21}$$

式(9.21)需要在 $w_t < 2 A_t / l_t$ 时有意义，这意味着在一个新产业发展的初期，生产技术水平比较低，对应的劳动收入也会比较低。

由此得到利润：

$$\pi_t(w) = \frac{2\theta_i \overline{w_t}}{\varphi c_i^2} y_t^2 = \frac{\overline{w_t}\theta_i}{2}\left(1 - \frac{l_t w_t}{2 A_t}\right)^2 \varphi \tag{9.22}$$

由式(9.19)得到：

$$w'_{tA} = \frac{2}{l_t}(1 - 2\tilde{y}_t) = \begin{cases} > 0, \text{当}\tilde{y}_t < 1/2 \\ < 0, \text{当}\tilde{y}_t > 1/2 \end{cases} \tag{9.23}$$

其中 $\tilde{y}_t = y_t / \varphi c_i$，刻画了需求的饱和度。

由式(9.21)可得：

$$x'_{tA} = -\frac{\left(1 - \dfrac{l_t w_t}{2 A_t}\right)\varphi c_i}{2 A_t^2} = \begin{cases} > 0, \text{当} A_t < w_t l_t \\ < 0, \text{当} A_t > w_t l_t \end{cases} \tag{9.23'}$$

由式(9.22)得到：当 $w_t < 2 A_t / l_t$ 时，$\pi'_{tA} = \varphi c_i \left(1 - \dfrac{l_t w_t}{2 A_t}\right) \dfrac{w_t}{2 A_t^2} > 0$。

这说明，对每一个新生的行业，在初期技术效率较低的时候，技术进步对于就业是正效应的，会促进产业工人就业；在技术进步达到一定的水平之后，更进一步的技术进步开始挤出就业。在竞争的市场中，企业不会停止技术研发（因为技术进步是增加企业利润的，而且停止研发意味着失去市场），

因而,此后的市场行为将引发技术对劳动的替代。因而有:

结论 9.3 在产业发展初期,纵向的产业内的技术进步会增加就业;在技术达到一定水平后,纵向的技术进步开始挤出劳动,降低就业。

下面讨论科研部门的优化问题。单个的科研部门选择投入的技术型劳动的数量为 z,目标为最大化预期的研究/创新效益:

$$\lambda z_t V_t - w_t z_t$$

其中 V_t 为第 t 个创新的价值。

考虑对创新价值的估计,应当注意的一点是,对于拥有当前创新的专利的企业来说,下一个创新的发生不是一件好事,因此他不会投资下一个创新,至少投资下一个创新的动力不如其他公司强烈。我们假设所有新技术创新都可以无条件地以当前的创新技术为基础,因而,对所有公司而言,下一轮创新的起点都是相同的。在这样的情况下,当前创新者进行下一轮创新的价值是 $V_{t+1} - V_t$,显然小于其他研发者的价值 V_{t+1}。因而 V_t 由外部公司对于第 t 个创新所产生的垄断利润 π_t 的期望折现值决定,即有:

$$V_t = \frac{\pi_t}{r + \lambda z_t} \tag{9.24}$$

求解科研部门的最优化问题,可以得到最优的研发劳动投入:

$$z_t(w) = \frac{1}{\lambda}\left[\left(\frac{\lambda r \pi_{t(w)}}{w}\right)^{\frac{1}{2}} - r\right] = \left(\frac{r\varphi c_i}{2\lambda l_t w_t}\right)^{\frac{1}{2}}\left(1 - \frac{l_t w_t}{2 A_t}\right) - \frac{r}{\lambda} \tag{9.25}$$

由此可得横向的技术进步增长率:

$$g_A(w) = \frac{A_{t+1}}{A_t} - 1 = \frac{\lambda z_t \gamma A_t + (1 - \lambda z_t) A_t}{A_t} - 1 = (\gamma - 1)\lambda z_t(w) \tag{9.26}$$

由式(9.16)、式(9.21)和式(9.26),可得产业 i 的劳动均衡方程:

$$z_t(w) + x_t(w) = e_t \tag{9.27}$$

其中 e_t 为产业 i 在 t 期的实际就业数据。式(9.27)体现了产业 i 劳动市场的供给与需求的均衡关系,均衡的结果决定产业 i 在该期实际的工资 w^*。

由此有均衡工资率的确定方程:

$$\left[\left(\frac{r\varphi c_i}{2\lambda l_t w_t}\right)^{\frac{1}{2}} + \frac{\varphi c_i}{2A}\right]\left(1 - \frac{l_t w_t}{2 A_t}\right) = e_t + \frac{r}{\lambda} \tag{9.28}$$

式(9.28)表明,产业 i 在 t 期的劳动工资指数 q 与劳动供给数据 e_t、利率 r,以及该行业的技术水平 A_t 都有直接的关系,当然也同总人口密度参数 φ、人均绝对饱和需求水平 c_i、效用强度 θ_i 以及创新的概率参数 λ 等有关系。

由式(9.28)可得:

结论 9.4 $w^* < 0, w_{tA}^{*'} = \begin{cases} > 0, w_t^* > A_t \varepsilon_t / l_t \\ < 0, w_t^* < A_t \varepsilon_t / l_t \end{cases}, w_{t\varphi}^{*'} > 0$

其中 $\varepsilon_t = \left(\sqrt{1 + \dfrac{A_t r \, l_t}{8\lambda \varphi \, c_i}} - \sqrt{\dfrac{A_t r \, l_t}{8\lambda \varphi \, c_i}} \right)^2 = \begin{cases} 1, A_t \to 0 \\ 0, A_t \to \infty \end{cases}, \varepsilon_{tA}' < 0, \varepsilon_{t\varphi}' > 0$。

(9.29)

结论表明:第一,假定在一个新生的行业,起初从事该行业的劳动比较少,但随着从事该行业的劳动的增加,行业的平均收入会逐渐下降,这是基本符合实际的;第二,行业纵向的技术进步对于行业劳动收入的影响是分段的,初期的效应是正的(即当技术水平较低时,劳动收入较高),但随着劳动人数的增加,劳动收入会下降,而技术水平不断提高,最终达到反转的条件,此后技术进步对收入的效应是负的。这一结论与由式(9.23)展示的局部均衡关系一致。

由式(9.19)、式(9.26)以及以上分析,图 9.17 描述了均衡的劳动收入与技术进步的长期动态关系。

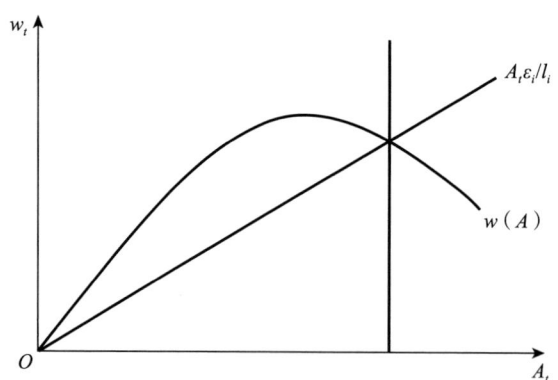

图 9.17 代表性行业 i 中劳动收入与行业技术进步的模拟动态关系①

---

① 可以实证考察电器行业劳动实际收入与总体社会平均劳动收入的比值随时间(替代技术进步)的动态变化趋势,同时可以考察市场规模大小的影响。

劳动收入的倒 U 形的长期动态关系决定了行业产出周期的基本形态。如式(9.26)所示,技术进步是持续增长的,但仅技术进步的持续增长就足以引起劳动收入的长期动态关系的逆转,劳动收入的持续下降导致劳动供给的减少。产出的动态本质上取决于技术效率和劳动参与率。传统的理论、现有的研究和基本的常识都表明劳动供给与工资存在正相关关系。为简单起见,我们假定劳动工资与劳动供给是线性正相关关系: $e_t = \mu w_t$,则劳动供给的增长率必与工资一样是倒 U 形的,且有同向的周期关系。由于我们假定劳动市场总是出清的,即工资会自动调节使供给与需求相等,因而,

$$g_e = g_w(w) = \begin{cases} > 0, \dfrac{w}{A} > \varepsilon/lt \\ < 0, \dfrac{w}{A} < \varepsilon/lt \end{cases} \quad (9.30)$$

假定所有函数连续可微,性态足够完美光滑,在经济动态过程中任意点处的局部小邻域内可以近似看作一个瞬时的平衡增长的过程,这样在时刻 t 的邻域内有 z_t 和 x_t 都近似为 e_t 的线性函数,此时有 $g_x = g_z = g_e$。进而有:

$$g_y = g_x + g_A = (\gamma - 1)\lambda z_t + g_x \quad (9.31)$$

当 z_t 是约束于 e_t 的 w_t 的函数,服从倒 U 形特征,由式(9.23'),g_x 服从倒 U 形特征的分段函数,总之 g_y 会服从近似倒 U 形关系的分段函数。但由于 z_t 是持续大于 0 的,因而,产出的动态会表现为持续的长尾,如图 9.18 所示。

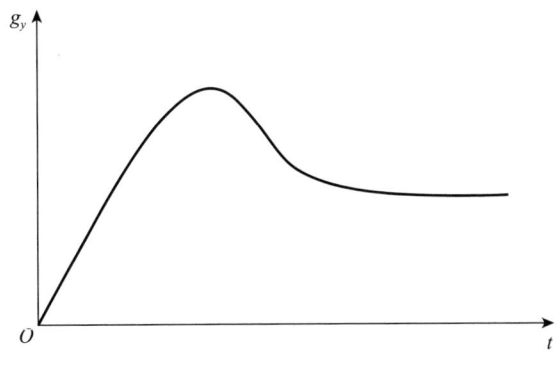

图 9.18 产出增长率的动态

因而,一个新生的产业对总体经济增长的贡献期只在其产出上涨的阶段。一旦到达顶峰,对增长率就不再有贡献,此后生产仍会继续,就业仍会存在,但对经济增长率没有贡献。这与行业是否进行创新无关,但与市场规模的大小有关。根据定义,人口规模参数 φ 越大,ε 就越大,图 9.17 中的直线就越陡峭,产业的平均增长率越高,总的增长贡献也越大。

社会总产出动态:假定当前市场上全部的产品类是确定的 J_t 个。如果这些已有的产业是匀速有序出现的,而且假定所有产业的产出周期动态规律是相似的,则有如图 9.19 所示的特点,有多个有相同周期特征的产业均匀发生,这些产业叠加后形成的经济总产值的周期动态在图 9.20 用粗线表示,表现为均匀的、稳定的、具有微小波动的持续增长的情形。

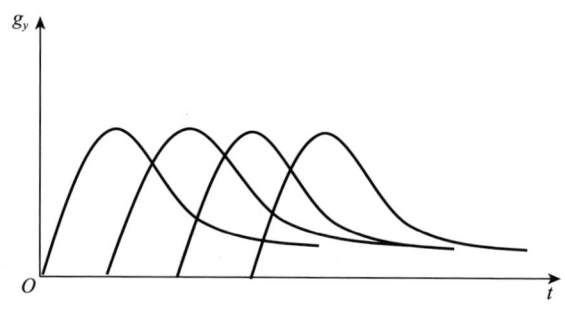

图 9.19 模拟产业动态均匀交叠状态

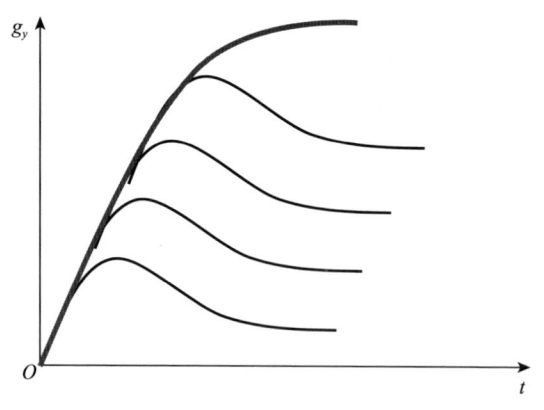

图 9.20 产业叠加后总经济动态

当然,在现实中,不同的产业周期不同,新产业形成的时间也是随机的,因而,实际的总量经济的周期动态不会那么均匀持续上升,而是会存在不同的周期波动幅度和不同的周期长短。当数个产业密集产生时,就会形成较大的叠加增长效应,表现为一个持续时间较长、幅度较大的上升周期;当某个阶段出现的新产业较稀疏时,总经济周期就会进入一个低谷,表现为一个萧条的阶段。

图 9.21 是将图 9.20 中产业出现的时间加以调整所得。在 OA 阶段,新产业密集出现,形成持续时间较长的增长周期;在 AB 阶段,新产业形成的间隔较长,形成一个巨大的萧条阶段;BC 阶段是一个低速增长的阶段。由此可以推知,长期可持续的增长依赖于持续的新产业的创新发展,没有新产业的出现,局部和总体的经济增长就会停滞。

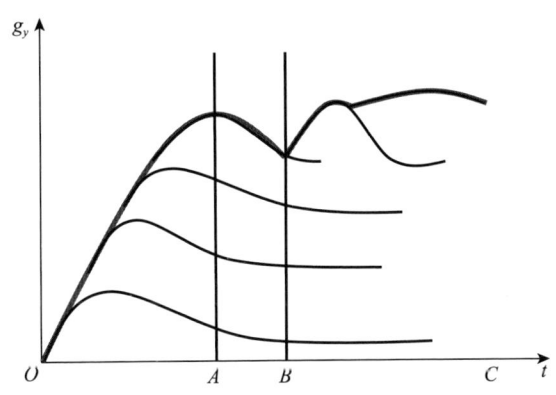

图 9.21 不均匀发生的产业叠加后的总动态

为了考察长期可持续增长的规律,我们对数据进行一些必要的近似处理。首先,图 9.17 中代表性产业的周期动态只有在第一个阶段是增长的,如图 9.22 中,OB 阶段是增长的,此后阶段是负增长或不增长的。OB 部分的弧线过程是由最初的高增长逐渐到零增长的 B 点处。我们连接 OB 直线,将整个增长过程近似为沿着直线的匀速增长,同时必然存在一个水平线 AD,使得 AD 下面的面积近似等于 B 点右侧曲线下方的面积,即用 AD 直线近似 B 点后的产业动态,相当于将波动的产业周期用"匀速增长阶段 OA+水平稳定零增长阶段 AD"来替代。

如果将图 9.20 中的所有产业动态作如上的近似处理,然后叠加,那么得到的总产出动态如图 9.23 所示。

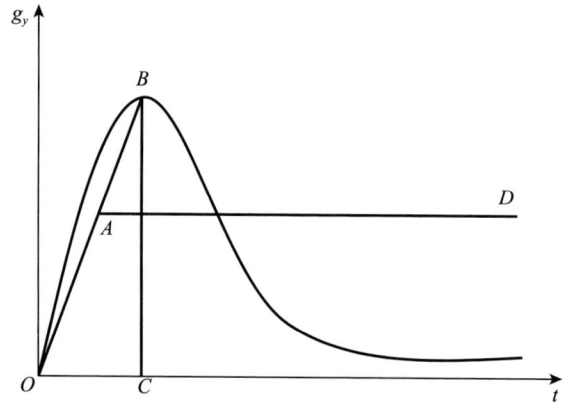

图 9.22 产业周期动态的近似

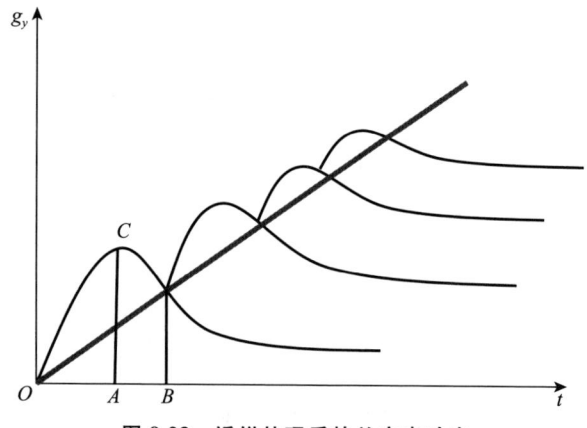

图 9.23 近似处理后的总产出动态

为了计算经济总的长期增长率,首先从理想状态出发,按照上面的假设,所有产业的增长动态是相似的,则如图 9.23 所示,长期平均的总增长率是以粗线表示的斜率。因为假定了所有创新步长和增长周期长度都相同,平均增长率必经梯线的斜线部分和平线部分的中点。

设单个代表性产业的增长率为 g_i,即为 OC 线的斜率,设单个代表性产业的增长期为 $OA=t_i$,设每个新产业发生的时间长度为 $OB=t_t$,则有:

$$AC = t_i \cdot g_i$$

因此以粗线表示的斜率,也就是总的经济增长率为:$AC/OB = t_i \cdot g_i/t_t$

(9.32)

因而有:

结论 9.5 长期的经济增长率与代表性产业的增长率 g_i 及增长期 t_i 正相关,与新产业发生的间隔时间长度 t_t 负相关。

当 $t_i = t_t$ 时,总产出的增长率等于代表性产业的增长率,如图 9.24 所示。这是一种理想情形,即在一个创新产业增长周期结束时,恰巧另一个新的产业开始形成,总产出的增长率就等于代表性产业的增长率。

图 9.25 代表产业增长周期重叠的情形,这在现实中是比较常见的。在这种情形下,总产出的增长率高于单个产业的增长率。计算公式可使用后文的式(9.35),只是此时 $t_i > t_t$。

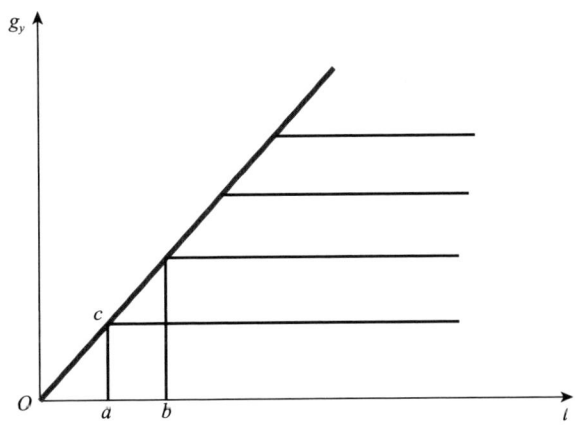

图 9.24 创新周期长度与产业增长波时长相同情形下的总动态

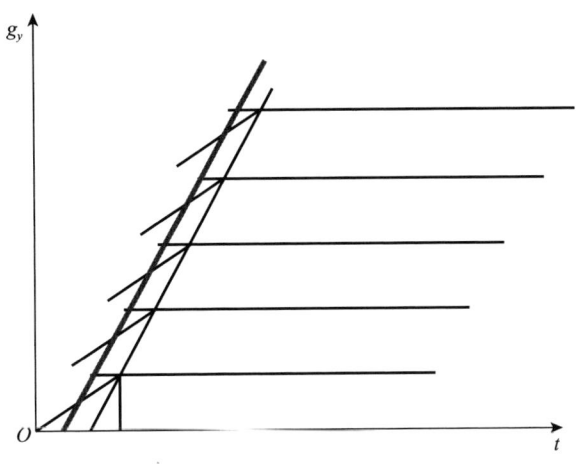

图 9.25 创新产业增长周期重叠的情形

产业增长周期的决定机制:直观来看,决定代表性产业 i 的增长上升期的因素有市场规模、技术进步水平、劳动力供给增长率等。对这一问题,我们不在本章作深入讨论,此处我们仅聚焦于新产业产生的频率。

9.3.3 横向技术进步——新产品的创新

假定只有基础知识的积累和重大突破才能形成横向创新,发明新产品。实际上人类历史上重要的技术进步无不以基础科学理论的重大突破为基础。"干中学"和应用型科学研究能够改进纵向的产品质量,也可以提升同类产品的效率,但一般很难形成新领域的突破。作为理论研究,我们假设横向创新的产生严格依赖于基础性科学的技术人才,新产品的生产需要以相关理论知识为基础,但仅有理论知识并不能直接形成新产品的生产能力。基于这一思想,我们关于基础知识和横向创新发生的机制大体采用 Aghion & Durlauf(2005)的处理办法。设基础知识的增长方程为:①

$$\dot{B}_t = \delta B_t m_t^\alpha \tag{9.33}$$

在现实世界中,新知识的积累来源于科研人才在基础知识方面的突破性贡献。在实际中,只有新知识的增量积累到一定程度,才会有一个新产品类被创新出来,不同的新产品所需要的知识积累量是随机而且相互不同的。

为理论研究的便利,假设每一个新产品类的产生都需要知识量增长一倍,②因此第 t 期是否有新产品类产生,或有多少新产品类产生,取决于新知识的投资量的多少。将式(9.33)改写为离散型方程:

$$B_{t+1} = B_t + \delta B_t m_{t+1}^\alpha \tag{9.34}$$

每一种新产品的基础理论突破以后,专门从事应用研究的部门可以此为基础展开对新产品的进一步开发,这一过程就进入纵向创新的程序,前文已经讨论。这里仍聚焦于基础理论的创新发展过程。由式(9.34)有:$g_{Bt} = \delta m_t^\alpha$,从而一次标准创新所需要的时间为

$$tt = \frac{1}{\delta m_t^\alpha} \tag{9.35}$$

---

① 这一假设引用了 Aghion & Durlauf(2005)对横向技术进步的刻画方法。
② 如此,式(9.32)隐含了每个新产品类所需要的累计劳动投入为 $1/\delta B_t$。

假定社会计划者在决定基础研究投入时,遵循的规则为基础部门的投入占财政收入的比例稳定保持在 ρ,财政收入是总产出的线性函数,因而可以直接有:

$$m_{t+1} \leq \rho y_t + \tilde{\varepsilon}_t \qquad (9.36)$$

其中,$\tilde{\varepsilon}_t$ 为基础研究的政策扰动,服从长期的宏观经济调节规则。由于人才培养有巨大的时间滞后,因而 t 期的投入只能到 $t+1$ 期才能形成实际可用的劳动。在不考虑不确定性时,有:

$$tt = \frac{1}{\delta (\rho y_t)^\alpha} \qquad (9.37)$$

9.4 平衡增长均衡

假定社会管理者的目标是使长期可持续的均衡增长率最高。为了简便起见,我们把所有的横向创新都看作均质的,即虽然所形成的新的产品类有完全不同的功用,但人们对所有产品类的偏好强度相同。在这样的假设下,社会给所有商品类的劳动配置也是均质的,这样才能形成平衡增长均衡的状态。在平衡增长均衡的状态下,需求已经饱和的产业持续的纵向技术进步带来的效率改进恰巧能够弥补劳动的退出所带来的产能下降效应,从而维持该产品的总产量恰好等于总需求。这样,实际上每期新增加的劳动会全部分配到基础研究部门和新生的产品类部门。这是一种为了便利研究而假设的极端理想的状态,但其效果是等价于实际的长期平衡增长均衡的一般状态的。这样每期总的劳动分配只需要在基础部门和新增行业之间进行。假定 t 期社会总劳动的基数为 L_t,新增劳动比率为 v_t,[①]于是有每期新增劳动的分配约束方程:

$$m_{t+1} + e_{t+1} \leq v_t L_t \qquad (9.38)$$

---

① 实际上新增的劳动不可能全部分配到新行业或基础研究部门,会有大量的无效劳动,即未受过高等教育的劳动,这些人不可能掌握新技术或成为基础科研人员,因而这里定义此比率已经包含了对这些因素的考虑,相当于 $v_t = v_{1t} v_{2t}$,v_{1t} 表示新增的劳动比率,v_{2t} 表示新增劳动中受高等教育的比率。

社会管理者最优问题为

$$\max \rho \left\{ \frac{ti \times g_A}{tt} \right\} = l_1 z(e_{t+1}) m_{t+1}^{\alpha}$$

$$\text{s.t.} \quad e_{t+1} + m_{t+1} \leq v_t L_t; m_{t+1} \leq \rho y_t \quad (9.39)$$

其中，$l_1 = ti(\gamma - 1)\lambda\delta$。

求解上述问题，得到最优的政策规则方程：

$$\rho = \frac{\alpha z(e_{t+1})}{z'(e_{t+1}) y_t} \quad (9.40)$$

假定中央政府在平衡增长路径上实施稳定的政策规则，有最优政策规则：

$$\rho^* = \frac{\alpha g_A^{-1}}{y^*} \quad (9.41)$$

其中用到了 $g_A = g_z = z'(e_{t+1})/z(e_{t+1})$，$y^*$ 为均衡的潜在产出水平。

由此有最优的横向技术增长率：

$$g_B^* = \delta \alpha^{\alpha} \frac{1}{g_A^{\alpha}} \quad (9.42)$$

结论 9.6 假定理性有为的政府采取稳定的最优规则性政策 $\rho^* = \dfrac{\alpha g_A^{-1}}{y^*}$，则最优的横向知识进步率与纵向技术进步率之间存在互偶关系，即 $g_B^* \times g_A^{\alpha} = \delta \alpha^{\alpha} = $ 常数。近似的长期的平均经济增长率满足 $ti \times g_A^* \times g_B^* = ti \times g_A^{1-\alpha} \times \delta \alpha^{\alpha}$。

结论表明，在政府采取最优规则性政策的情形下，有限的资源可以自动实现最优配置，纵横向技术进步呈现稳定的互偶关系，这种状态表明了资源配置具有完全等价的效应，因而是实现了最优效率的状态，也反过来说明这样的规则性政策是最优的。

但这种最优的规则并不代表经济是自动平稳的，实际上隐含了潜在的内生周期的可能性：当横向的知识进步积累到一个从量变到质变的临界水平，一个全新的产品类被创新出来，社会资源开始聚集到这个领域，这个新产业的纵向技术不断快速发展，新的一波经济增长开始启动，这时横向知识的进步率会因为资源流失而下降，但随着新产业的发展市场逐渐进入饱和阶段,市场需求开始下降,前瞻性的私人部门开始减少在该产业的投入,资源又会慢慢回流到横向研究部门,这是一个新的横向知识进步率g_B^*开始上升的阶段,直到横向知识的积累达到激发下一个新的产品类的水平。如此循环,周期内生。这一长周期的内生性思想实际上早在陈昆亭和龚六堂(2004)中就有刻画。

式(9.41)可以改写为$\Delta \rho^* = \Delta \alpha - \Delta g_A - \Delta y^*$,由此可以更清晰地看出最优政策规则的影响因素和机制:产出水平的增长和纵向技术进步率的提升都会形成对基础研究投入的替代效应,而基础研究的产出贡献弹性的增加则会提升基础研究部门的投入比例,出现补偿效应。这一结论符合一般规律,也能够进一步解释经济潜在的内生周期波动的机制:当新产业的横向技术进步较快且产出增长率较高时,社会资源更多地集中到应用性研究和生产部门是整体最优的;当横向技术进步缓慢且产出增长率下降时,基础研究投入的增加有利于促进新产业的形成,因而增加基础投入对经济总体来说是最优的。

长期经济的增长率取决于三个方面:(1)决定每一个新生产业增长期的长短的因素;(2)产业纵向的技术增长率;(3)基础研究劳动的产出弹性参数和创新贡献率参数。其中,纵向技术进步只有短期效应,由市场行为决定;纵向技术进步和产业增长期取决于社会的计划机制。

推论9.1 在$\alpha = 1$时,存在对称的互偶关系:$g_B^* \times g_A^* = \delta$,此时经济在均衡时的长期增长率为$ti \times g_A^* \times g_B^* = ti \times \delta$。

在此极端情况下,长期经济的增长率几乎完全取决于产业增长期的长短,以及基础知识积累率的参数δ。但这两个方面的影响因素都属于微观基础层面,经济中相关的制度和政策是影响这两个因素的关键,其中产业政策和国际贸易政策是决定产业增长期的主要因素。

9.5 讨论和总结

本节在前文分析的基础上,进一步讨论经济长期可持续增长的实现条件和经济周期波动的内生机制问题。在本章的模型中,需求的动态决定经济增长的动态和周期波动的特征。产品需求的有限性决定了每一种商品总需求市场规模的有限性,也就决定了产业发展的上限,由此形成了每一种产业从初始上升发展,到逐渐饱和,再到逐渐衰退的倒 U 形特征。从而,每一种产业对于总体经济增长的贡献也分为三个阶段:高增长阶段、低增长(或稳产出、稳就业但零增长)阶段,以及负增长阶段。而总体经济增长是全部产业增长的总和,因而经济增长依赖于两个方面:(1)非饱和产业增长期的长短、增长率的大小和非饱和产业的数量。单个产业的增长期越长,对经济增长的贡献期就越长;产业的增长率越高,对经济增长率的贡献就越大;在一个时期内,能够实现正增长的产业越多,经济总体的增长率就会越高。(2)新生产业产生的频率越高,或新产业形成的间隔时间越短,总体经济的增长率越高。

但在要素禀赋有限的条件下,当最优配置内生实现时,纵横向的分配增长存在共轭效应,在此情形下,单个产业的增长期成为唯一外生影响长期经济增长的关键要素。因而,产业政策的目标应当是努力延长产业的增长期。

本章的模型假定了产业内部纵向的技术进步是由市场内生决定的,但同时也假定了横向创新依赖于基础教育的投入,是由政府政策性决策形成的。这是一个市场与政府"混合型"的驱动机制,这种机制更加符合中国的实际情形。

虽然在封闭经济中讨论有限需求更容易一些,但扩展到开放经济的框架也不会在本质上改变基本的结论,反而更能突出市场规模的重要性。一个产业一旦进入国际市场,将面临更大的市场需求,因而在竞争中占优势的本国产业的增长周期会更长,但处于竞争劣势的产业的增长周期会大大缩短。因而,国际化对于技术优势显著的产业有利。但即便有优势的产业,国际总市场也仍然是有限的,其基本规律仍服从倒 U 形特征,至少理论上如此,但在国际市场上占优势的产业可持续发展的周期会非常长。这毫无疑问是所有经济都希望实现的。

本章模型存在天然的内生周期的机制。产业发展的周期性是总体经济周期性的微观基础。图 9.16 至图 9.18 所展示的周期性波动在本质上仍源于技术进步,这一点与传统的 RBC 理论以及在此基础上发展起来的以 DSGE

为基础的周期理论一致。传统 RBC 类模型基本可以完美地解释周期的成因源于技术进步等[如 Prescott(1986)估计产出波动的 70%—80% 可以归因于实际冲击]。不同的是 RBC 类模型依赖于外生的技术进步冲击来解释周期性波动,但本章的模型将技术进步冲击内生化了。本章基于产业周期叠加的机制,区分了技术进步的不同类型,不同类型的技术进步产生不同的效应,横向的知识积累产生出新产业,具有离散特征,因此横向技术进步是点射性激发的,这一特征具有随机性和趋势性。这一机制的引入补充了 RBC 理论外生冲击的不足,使得技术进步冲击成为内生性行为,而且产业增长叠加效应可以很好地解释周期波动的特征。

通过本章在有限需求的假设下对产业迭代、经济增长和周期的动态特征的分析,我们产生了一些基于实际经济事实和模型理论的认识。

认识一:长期经济增长归根结底取决于社会需求。需求是推动生产的根本动力,没有需求的创新无法获得支持,无法实现;超过需求的供给不能通过市场出清而获得社会的"认同/承认",同样无法实现。创新和生产无法得到实现,经济增长就会停滞。

实际的社会经济发展取决于总供给和总需求的均衡水平的不断进步,单方面的进步不能构成实际的进步。在生产力相对落后的发展阶段,供给能力远远落后于需求,因而,供给的增长水平就是实际的增长水平,在此阶段供给决定增长。但到了工业化充分发展的阶段,在基本需求得到充分满足后,增长的实现越来越清晰地展示出由需求决定的特征。[①] 生产者首先要调查并准确预测市场需求,制定正确的生产计划,才能创造利润。需求的变化决定生产者的计划调整。需求增长,经济就能增长;需求停滞,经济增长就会停滞。增长越来越清晰地表现为需求的增长,或新需求的不断发现。社会的供给能力和社会生产必须尊重需求才能实现价值。因而,市场的关系已经清晰地表现为需求决定生产。

---

① 洪银兴(2013)指出,我国经济发展的发动机由投资转向消费需求。孙豪(2015)指出:"大国经济增长主要依赖内需驱动,选择消费主导型增长模式。……不同类型国家的增长模式选择不同;处于不同发展阶段的国家消费主导型程度不同,经济增长模式最终趋于消费主导型。"

认识二：现实经济中既有纵向的技术进步,也有横向的创新发展。纵向的技术进步不能促进需求增长,反而会扩大家庭之间的收入差距,导致财富逐步聚集。而社会财富的过度聚集不利于长期经济增长,因为不能形成有效的需求,无法促进增长。横向的技术进步可以促进社会总需求的增加,从而推动经济增长和社会进步。但横向技术进步对经济的长期可持续增长的推动作用会受到社会财富结构、一般社会家庭偏好结构,以及新旧产品饱和度的对比值等因素的影响。

任何新技术的发展都能促进人类文明不断进步,但不同技术的发展所起的作用有很大不同。纵向改进性的技术进步能提高生产效率,带来的影响是减少了对工人劳动的需求,而不是提高工人的工资,或者工人工资提高的幅度远低于资本收益增长的幅度,由此造成资本与劳动收益差距的扩大。横向技术的进步会增加所有人的需求,也会增加就业,带来社会总财富的增加,表现为总体经济的增长。但富人群体很快可以充分实现对新产品的需求,因而,在大多数时间内,对新产品保持持续渴求状态的是一般工人家庭(受财富约束的群体)。因而,财富结构会影响到增长的持续期,增长的质量也取决于财富的结构。[①] 很多家庭不是没有对新产品的需求,而是他们的收入仅够维持基本的生活需求,无法支撑新的需求。

认识三：一个(规模)确定的经济,在对某种创新产品的市场总需求达到饱和之前,[②]该商品的生产受到市场需求的推动,能够拉动经济实现增长。市场越大(经济规模越大),商品需求达到饱和需要的时间越久,[③]单项创新拉动经济增长的贡献期就越长。但在规模确定的市场中,任何新产品的总需求是有限确定的,总会达到饱和。在需求饱和后,该商品就会失去继续拉

---

① 沈坤荣和刘东皇(2012)指出,居民收入分配的不合理等严重地制约着我国居民消费的增长。

② 实际上达到最优需求水平之后,该产业的产能就会出现过剩,拉动经济增长的作用就开始下降。

③ 这取决于产业政策设置,为避免一哄而上的瞬灭式发展格局(类似光伏产业的案例),也为保护产业盈利周期足以培养出产业创新的内生能力(可持续发展的需要),需要规定进入新产业的资质、限制规模,要根据市场容量计算产能投入量。

动经济增长的效应。

经济的规模决定了商品的需求规模。比如一个国家的总人口数就决定了对汽车总需求的大致上限。如果许多企业同时投资,产能达到总需求量的一半,那么粗略地计算,汽车市场只需要两期就会达到饱和,那么所有的投资尚未收回成本就已经进入淘汰期,这样也就谈不上任何对经济增长的贡献。但如果该国一开始就将上马产能控制在总需求①上限的 1%,而且此后不许扩大生产规模,即使考虑到纵向技术进步引致后期效率的改进,在需求到达饱和之前至少可以持续 50 期,那么这个产业对经济增长的拉动作用至少可以持续 50 期,企业也有足够的时间收回成本、实现盈利。并且企业只有保持盈利,并有充分的时间和资本的有效积累(包括人力资本的积累),形成研发创新的能力,才能逐步实现可持续升级发展。国家实现经济增长和企业实现盈利是一致的,经济中每一个产业都能实现可持续的内生创新发展,则国家经济才能实现整体的内生可持续发展。反之,在一个缺乏管理的无序经济中,每个新产业一出来,大家都一哄而上,结果没有一家企业能够实现盈利,反而造成社会资源的巨大浪费,也必将拖累经济发展。

由此我们延伸出对市场权②的思考,我们认为:(1)市场是稀缺、有限的,源于需求是有限的。(2)市场具有共有性与专属性的属性,这是由制度基础决定的。(3)市场是国民权、国家专有权、话语权的综合。这些由市场的稀缺性、有限性和共有性决定。(4)各级政府应该替人民管理好它们应有的市场权,应合理分配公民共有的市场权。(5)社会主义市场经济与资本主义经济的本质区别除了生产资料所有制的不同,还应有市场权的分配方式的不同:在资本主义经济中资本家独占市场,无产阶级丧失市场权,无法获得市场权的红利;但在社会主义市场经济中,市场权应归属于全体人民,每一位公民都应当参与市场红利的分配。(6)在互联网时代,市场管理陷于混乱,

---

① 本章重在理论讨论,暂时不考虑产品使用寿命等精确计量问题。
② 市场权与西方经济学中使用的 market power(市场势力)不是一个概念,这里的市场权是指对于市场所拥有的所有权属性,market power 刻画的是市场中参与者占有的市场权的份额,前者是内在的权属属性,后者是使用属性。

资本掠夺性地占领和无序使用市场,破坏市场使用效率,因此急需建立秩序,对市场的使用进行规范化管理。(7)当代发达经济体走过的增长之路不是值得我们学习的榜样,在发达经济体中高比例的服务业是导致经济低增长的重要因素。(8)创造 GDP 和就业不等于经济增长,大部分产业不带来经济增长,带来经济增长的产业只有新生产业和需求尚未饱和的产业(次新产业)。

10

需求约束、货币政策体系与经济增长

10.1 引 言

2020年年初最引人注目的经济新闻莫过于纽约证券交易所5月交货的轻质原油(WTI)的期货价格收于-37.63美元/桶,各大媒体惊呼"历史首次""送油还给钱",这的确颠覆了人们的传统思维,也必将成为经济学教科书中又一经典案例。为什么会出现如此罕见的颠覆常识的现实?背后的原因是罕见的新冠肺炎疫情引起全球性经济活动暂停,导致能源需求急速下降,短期内呈现严重的供大于求的情形,库存严重超负荷。实际上,本次疫情并不仅仅引起了"原油价格跌到负值"这样的历史上首次发生的经典事件,在此之前还引发了"美股10天内4次熔断,欧美主要股指跌幅一致超过30%"这样史无前例的事件。如此超越大萧条和2008年金融危机的历史罕见的事件为什么会频频发生?新冠肺炎疫情是导火线,但背后的原因是否真如此简单?

这些事件所显示出来的科学问题是:(1)需求的约束性构成了制约经济增长的刚性限制;(2)现代金融系统的复杂性构成其自身的高度脆弱性,过度的短期波动性成为引致长期经济增长下降的又一机制。而传统的增长理论中单方面强调供给侧因素,忽略需求侧因素的影响,也缺乏对金融部门诱发过度波动性的影响的考虑,因而受到现实状况的严重挑战。

这一问题本身不但制约了增长理论的发展,也限制了对现代增长现象的阐释,因而毫不夸张地说,这是当前宏观经济学理论中最急迫最重要的问题。近年全球经济增长乏力,发达经济体集体出现增长动力衰减的势头,作为发展中经济龙头的中国近10年增速也持续下降。而本次疫情的冲击,成为叠加性的负向冲击,大概率会引致大级别的萧条。在这种情况下,更加迫切需要理论的创新和进步。所以,本章进行探索性的讨论,寄希望于抛砖引玉,引发对这些问题的广泛思考和进一步的研究。下文安排如下:10.2节在需求约束机制下分析增长问题的机制和逻辑;10.3节讨论金融体系的发展、问题及与增长之间的内在"螺旋式"关联机制;10.4节结合当前国内外局势,探索分析最优的发展方针和政策取向。

10.2　需求有限性对增长的制约机制

在物质紧缺的年代,供给能力决定了经济增长水平。但在产能过剩的经济中,需求又成为制约经济增长的主要因素。在成熟经济中,经济增长的实现由供需均衡决定,供需双方的变化都可以成为偏离均衡的扰动源。因而,需求与供给两方面的变化规律和机制都是同等重要的影响长期经济增长的因素。但是,近代传统的经济增长理论的发展主要集中在对供给侧的研究。从新古典增长理论(如 Solow 模型、Ramsey 模型等)到内生增长(如 P. Romer 的技术内生模型和 Lucas 的人力资本内生模型以及 Howitt 的内生创新过程模型等)和统一增长模型(如 Galor 的系列研究)等,都是从资本、劳动、技术、人力资本等因素的形成机制和规律等角度出发展开研究,都是生产方及供给侧的思路,在研究中基本都是假定需求关系(如偏好等)是稳定不变的。传统的增长理论领域几乎没有关于需求结构的讨论(可喜的是最近已有学者开始了这方面的初步探索,见 Ju, Lin & Wang,2015;Wang & Tang,2019;陈昆亭和周炎,2020等)。但总体来看关于需求侧的研究还很不成熟,比如传统的主流理论总是假定需求为所有消费品的加总,从而使其随收入水平增长可以无限增长,但现实中人们对不同商品的需求行为是不同的,且在不同阶段具有显著的不同的结构化特征,而加总以后的总需求量掩盖了不同商品结构的动态变化特征,很难对实际的需求行为作出深刻细致的研究。再者,人们对大多数商品的实际需求都是有限的[见陈昆亭和周炎(2020)中关于有限需求的详细论述],达到一定的水平后就会饱和,从而不再会有大量的新的需求(除了折旧部分的增补)。传统研究对需求侧刻画的瑕疵是基础性的,造成现行的宏观经济增长理论的总体框架存在巨大的问题。

第一,需求如何影响长期经济增长? 这其实是一个很复杂的问题。在传统研究中,储蓄率与增长率之间存在重要的正向关系,如 Houthakker(1965) 和 Modigliani, Rasche & Cooper(1970) 所论证的。这样的证据被视为对增长理论模型的支撑。如在 Solow 模型以及内生增长模型中,储蓄率的增加的确会引起均衡水平的提升,但均衡水平的提升并不等价于增长率的提升。增长模型实际上并不能准确解释储蓄率与增长率之间的全部内在关系。如 Carrol, Overland & Weil(2000) 提出问题:储蓄增加引致了增长率提升,还是增长引致了储蓄率增加? 东亚经济高增长的阶段远远早于超高储蓄的阶段。Bosworth(1993)、Deaton & Paxson(1994) 等得出的结论也是增长导致了储蓄。这形成了对传统增长模型更深刻的挑战。

第二,需求变化是否具有黏滞性? 我们在第9章中提到的 Maslow(1943) 的需求层次理论、Pollak(1970) 的消费习惯、Chetty & Szeidl(2016) 的消费承诺、Warr(1987) 的维生素模式、多亚尔和高夫(2008) 的有限需求的思想等等,都明显展现了需求的黏滞性,这将极大地影响总经济的动态特征。

在有限需求假设下,产品的需求(销售)市场也是有限的,改变这种假设将会从根本上改变宏观经济(周期与增长)领域的许多重要结论。当前这方面的研究还刚刚初步,研究结果也还局限于理论层面。

陈昆亭和周炎(2020)的结论显示,在封闭经济模型机制中,需求的动态决定经济增长的动态和周期波动的特征。产品需求的有限性决定了每一种商品总需求的市场规模的有限性,也就决定了产业发展的上限,由此形成了每一种产业从开始上升、发展,到逐渐饱和,再到逐渐衰退的倒 U 形的典型特征。从而,每一种产业对总体经济增长的贡献也分为三个阶段:高增长阶段、低增长(或稳产出稳就业但零增长)阶段,以及负增长阶段。而总体经济增长的实现是全部产业增长的总和,因而长期经济增长依赖于两个方面的因素:(1)非饱和产业增长期的长短、非饱和产业增长率的大小和非饱和产业的数量。产业增长期越长,对总体经济增长的贡献期就越长;单个产业的平均增长率越高,对总体经济增长率的贡献就越大;同期能够实现正增长的产业越多,总经济增长率就会越高。(2)新生产业出现的频率越高,或新产业发生的时间越短,则总体经济增长率越高。

陈昆亭和周炎(2020)建立了产业结构分类发展的动态经济模型,引入了纵横向分类的技术进步内生机制,由此形成了不同于传统模型的增长和周期波动的机制方法,同时模型能够较好地解释增长和周期理论领域主要的典型事实,产生了一些基于实际和模型理论的认识。(1)长期经济增长归根结底取决于社会需求。需求是推动生产的根本动力,没有需求的创新无法获得支持,无法实现;超过需求的供给不能通过市场出清而获得社会的"认同/承认",同样无法实现。创新和生产无法得到实现,经济增长就会停滞。(2)现实经济中既有纵向的技术进步,也有横向的创新发展。纵向的技术进步不能促进需求增长,反而倾向于扩大不同层次之间的收入差距,导致财富逐步聚集。而社会财富的过度聚集不利于长期经济增长,不能形成有效的需求,从而不能促进增长。横向的技术进步可以促进社会总需求的增加,从而推动经济增长和社会进步。但横向技术进步对经济的长期可持续增长的推动作用会受到社会财富结构、一般社会家庭的偏好结构,以及新旧产品饱和度量对比值等的影响。(3)一个(规模)确定的经济,对某种创新产品的市场总需求到达饱和之前,该商品的生产受到市场需求推动,能够拉动经济实现增长。市场越大(经济规模越大),商品的平均饱和期到达的时间越久,单项创新拉动经济增长的贡献期越长。但在规模确定的市场中,任何创新商品的总需求有限确定,且有饱和期。到达饱和期后,该商品就会失去继续拉动增长的效应。

10.3 金融化趋势、危机策略与增长关联机制

近20年来在"金融繁荣"的导向下,国际经济中金融因素已经成为经济波动的第一扰动源,金融冲击、金融摩擦等成为经济波动的主要诱因。在这样的环境中,以美国为主的国际经济出现投机过度伴随着实体经济日益衰落的现象;而金融市场中复杂的衍生产品的最终标的资产都是基于实体经济,因此实体经济的持续衰弱又造成金融产品最终标的资产价值的下降,进而加剧系统性风险,波动日趋频繁;而为应对金融经济波动和危机出台的货

币政策逐渐形成低利率的趋势特征;利率的负向扭曲又进一步恶化长期经济增长动力形成的基础。如此形成多因素循环向下的螺旋式萧条路径,即金融危机、货币政策体系与长期经济增长三者之间相互影响、互为递进,形成"负向下沉螺旋"。该机制包括三个逻辑环节:(1)长期或中长期的(向下)有偏的货币政策对长期经济增长存在显著的负向效应;(2)长期经济增长的持续衰减是金融危机的基础原因;(3)应对危机的政策手段存在向下有偏的依赖性和惯性。下面分别分析这三个过程的逻辑。

10.3.1 持续负向有偏的货币政策的长期经济增长效应

近年来零利率和负利率现象正成为一种趋势,由此造成利率显著地向下偏离均衡利率水平,而且这种负向偏离的趋势表现出相当时期的持续性。这种持续的负向有偏的政策将产生怎样的短期效应和长期影响是当前全球主要经济体都需要思考和面对的一个重要课题。

中国社会科学院学部委员、国家金融与发展实验室理事长李扬教授在2020年1月的讲座中指出:"我们提出了一个'世纪之问':负利率究竟是一个短期现象,还是金融领域的'新常态'?如果是后者,举凡金融的功能、金融与实体经济的关系、金融的发展方向等问题,都需要重新审视。我自己倾向于后者。这意味着,我们面临着改写整个金融学说的历史机遇。"(李扬,2020)此次全球大范围的负利率持续的时间即使从2014年算起也有近六年了,而对长期负利率的研究却并没有多少进展。根本原因是传统的宏观经济理论倾向于货币长期呈中性的认识,因而缺乏深入系统的货币政策对长期经济增长效应的探讨。但近年来这种认识正在发生改变,已有充分的证据让越来越多的学者认识到,货币政策确实会对长期经济发展趋势产生影响。

支持负利率有效的研究认为低利率使风险资产比安全资产更具吸引力,从而促使市场中的基金投资者将其投资组合从货币市场转移到风险较高的股票市场,这意味着零利率与负利率政策可以鼓励投资者放弃持有安全的政府债券,转而投资风险更高的资产,有利于促进市场投资(Harald & Lai, 2016; Boubaker et al., 2017)。

但多数研究认为负利率在短期内存在正效应或弱正效应,而在长期中存在负效应。Praet(2017)认为欧元区实施的超低利率的货币政策效果显著,目前银行贷款利率的下降使家庭和企业的贷款增速明显好转,居民消费开始复苏;他同时也指出货币政策可以将产出带回其潜在水平,但不能持久地提高长期增长,这需要在结构和体制改革方面取得进一步的进展。Cebiroglu & Unger(2017)指出负利率政策可通过控制债务通货紧缩来有效地减缓衰退现象和解决债务危机。Honda(2017)认为日本央行于2016年推出的负利率政策有效地刺激了私人住宅投资,同时还可能比较有效地阻止日元升值。但同样使用日本数据,Yoshino,Hesary & Miyamoto(2017)则认为由于日本的投资曲线是垂直的,因此负利率政策并不能解决长期货币紧缩问题。Netzén Örn(2017)使用欧元区的数据,认为负利率会促使家庭更多地负债,反而不利于消费。对房地产市场来说也是如此,Stroukal & Kadeřábková(2016)指出低利率会加大房地产泡沫,会阻碍货币政策的传导。Jobst & Lin(2016)认为在零利率与负利率政策的背景下,削减政策利率并不能刺激经济。Arteta et al.(2016)认为长时期的负利率政策会降低银行和其他金融中级机构的盈利能力,会危害到金融稳定。

还有些学者认为零利率与负利率的效果依赖于传导渠道。Hannoun(2015)认为超低利率的货币政策效果取决于信贷渠道、通货再膨胀渠道、汇率渠道、资产组合调整和风险承担渠道,以及资产估值渠道的此消彼长,但这些渠道的有效性存在非常大的不确定性。Aurissergues(2016)发现长期低利率可通过企业净值渠道和预防渠道影响企业投资,这两个渠道在实际利率下降时对投资的影响方向相反,因此无法确定降低实际利率能否有效促进企业投资。Grisse,Krogstrup & Schumacher(2017)认为负利率政策的有效性取决于市场参与者是否向下调整他们对长期利率下限位置的预期,若政策利率远离该下限,常规政策对长期利率的传导效果将会有所提升。

综合来看,专门针对负利率长期效应的研究还非常缺乏。陈昆亭、周炎和黄晶(2015)可能是这方面为数不多的专门研究。文章建立了DSGE周期模型,引入异质偏好、利率分类,分别考察各类利率偏差的形成机制和周期波动性影响,研究利率扭曲冲击对宏观经济的影响。模型预测:(1)实际储蓄利率的负向冲击,只在很短的时间内,以很有限的幅度引致经济增长,接着形成远超过增长幅度的大幅度萧条,并导致一般工薪家庭社会平均消费水平下降，企业家家庭平均消费水平上升；(2)金融市场摩擦(存贷款利差)冲击影响经济稳态解，因而影响中长期经济发展趋势。实验表明，金融部门的一单位需求中，81%来自对投资的挤出，18%来自对一般工人家庭消费的挤出，1%来自对企业家部门消费的挤出。因而，金融摩擦对收入分配和长期经济增长都有影响。综合来看，持续的利率扭曲是阶层之间收入差距扩大的重要原因；长期持续的利率扭曲通过收入分配的长期扭曲，导致财富积累差距悬殊，从而影响长期经济增长的潜在动力；利率扭曲对长期经济的影响来源于直接的对投资的挤出和间接的收入分配两种途径。

Belongia & Ireland(2018)的研究证实了货币的长期效应的存在。他们对货币规则的改进也包括了对于货币量的计量方法的改进，他们拒绝传统的基于MZM(零期限货币)的简单加总(非加权)，代之以修订的币基，只包括现金和所需准备金。他们的实证工作使用一个单侧Hodrick-Prescott滤波器预测趋势速度，以便使用实时数据进行预测。他们预设了一种政策规则：货币供应量被调整以抵消预测的经济增长速度的变化。研究发现，在追溯到1967年的数据集中，货币与经济展现出显著的长期相关性，这与William Barrett的说法是一致的，即在20世纪80年代大多被认定的货币需求的不稳定性是由于研究人员使用了有缺陷的货币总量。更重要的是，他们发现这种长期关联实际上在2000—2015年期间更强，尽管人们普遍认为"流动性陷阱"削弱了货币与经济之间的联系。同时他们的调查结果也支持弗里德曼的判断(政策变化滞后于实际)及更一般化的卢卡斯批判。

Hetzel(2008)对比货币主义者和凯恩斯主义者对央行角色的看法来进行分析：凯恩斯主义者认为市场经济本质上是不稳定的，美联储可以用反周期政策来改进产出。货币主义者认为，除非受到扰乱价格体系运行的货币政策冲击的干扰，否则市场经济的运行是可以良性自洽的。他认为，在沃尔克/格林斯潘时代，美联储找到了如何做出可信的承诺的方法，以保持低通货膨胀和稳定，并使产出接近潜在水平。他称这项政策为"依靠信誉之风"，并认为，2008年后美联储未能坚持这一政策，从而加深了衰退。

关于规则性货币政策体系的实践已经进行了几十年，但却问题不断：全球经济增长的动力持续衰减，经济金融危机也无法避免，为了应对危机还造成了大范围量化宽松及负利率趋势。这在欧美经济中表现更为突出，引起了人们更深层次的思考（Selgina & Sumner, 2017）。大萧条和次贷危机之后，都出现戏剧性和决定性的结局：抑制危机的手段又会引致新的更严重的不稳定性的爆发。当利率首当其冲地"被衰减"下来，当这些经济被管控直至通货膨胀回归正常水平，继之而来的是宏观波动性大缓和（Great Moderation）。Fagan, Lothian & McNelis（2013）进行了数值模拟实验，结果指出，如果在金本位时期执行在大缓和时期使用过的泰勒规则政策，并不会得到更好的福利改进，产出和就业波动性也不会减少，反而会导致更大幅度的利率和货币量波动。

类似的质疑（Laidler, 2017）认为，在不确定但相当长的时间内，被固定在正式的条例和规范之下的标准的规则，并不能与曲折的经济思想相协调，许多在今天的现实状态下看起来睿智而时髦的思想，在不久的将来就会过时。他认为，迫使央行遵循一些目前流行的货币规则只会"在未来制造错误，就像过去一样"。

同时，利率扭曲的持续存在，引致收入和财富分配的差距严重放大，这是另一个引致长期增长动力衰减的根源（陈昆亭、周炎和黄晶，2015）。此外，利率扭曲和银行系统的结构变化还导致了房地产和信贷泡沫。贷款标准遭到侵蚀，快速上升的房价成为美国不可持续的高消费融资的抵押品，价值体系崩溃，结果是美国家庭的储蓄率下降到接近于零（价格的扭曲是价值体系崩溃的表现）。美国消费增长的大部分资金来自不断增长的经常账户赤字，而不是实际的收入增长。这些都成为潜在的引致增长衰减的因素。

法国著名经济学家、世界银行前副行长弗朗索瓦·布吉尼翁（François Bourguignon）2020年在复旦大学的报告《不平等、制度与发展》中指出，美国和欧洲发达国家的量化宽松政策对这些国家经济增长的推动作用不大，但对不平等的影响则是巨大的。原因是，便宜的信贷本应增加投资，但因为经济体的需求低迷，投资并没有发挥作用。事实上，量化宽松后钱和信贷变得更加便宜，但市场机会并不好，因此该政策对经济活动并没有，或者说在短时间内没有产生较大影响（比如美国的情形）。但在欧洲，量化宽松对欧洲造成了打击，因为欧洲不幸地发生了另一场危机，即在希腊、葡萄牙和西班牙等国家发生的欧债危机，这也是欧洲多年来一直处于低迷状态的原因。在量化宽松的背景下，货币变得便宜，利率下降，金融资产价格以及房地产价格会上升。这意味着因为宽松的货币政策，富人（持有资产的人）的财富水平大大增加了。在过去十年中观察到的一个现象是，由于美国和欧洲中央银行推行的货币政策，财富不平等的程度大大增加了。从经济中实际观察到的情况非常复杂，但可以肯定的是，在许多国家财富不平等程度的大幅增加对公众舆论也产生了巨大影响。

资源分配和收入差距可以通过许多渠道对经济效率和经济动能产生影响，并且影响幅度超过收入对它们的影响幅度。这一判断是正确的，但布吉尼翁下面的分析并不准确，他假设资本所有者的储蓄和投资比经济中的其他人更多，因而通过税收体系将他们的收入或财富进行再分配以缓解不平等现象，投资将会减少，从而抑制经济增长。实际上，在有限需求假设下，结论恰恰相反，收入差距越大，社会有效总需求越低，从而总体经济产出受到制约（陈昆亭和周炎，2020）。因而，减少收入差距的措施有利于提升社会总的有效需求，推动经济增长。实际经济长期发展的观察结果显然更支持后者。

综合上述逻辑可知，负利率和量化宽松等持续性有偏的货币政策的长期效应是引致经济增长的潜在动力逐渐衰减。

10.3.2 长期经济增长的持续衰减是诱发金融危机的根本原因

为什么说长期经济增长衰减是危机的根本原因？在经济稳定持续增长的过程中，危机不会发生。所有危机都是潜在的增长动能开始下降，达到明斯基时刻后开始的。危机的本质是增长动能的不足。实际上所有的金融衍生证券的最终标的就是增长。看起来复杂的金融工具通过各种衍生证券工具相互嵌套，但最终依赖的基础标的都取决于经济的增长。金融市场越是健全完善，相互的嵌套就会越封闭、越紧密，从而也更加深刻地依赖于基础标的的稳健性。因而增长基础的毁坏，才会使某个个体的崩溃成为"压死骆驼的最后一根稻草"。究其原因，缺乏长期稳定的体系，即缺乏对长期项目稳定的支持，就很难保证新产品类（即横向创新）的持续稳定出现，增长就会持续衰减，进而成为诱发危机的根本原因。这一逻辑在 Brunnermeier（2009）中也有讨论。Brunnermeier & Oehmke（2013）提出美国次贷危机源于两个他认为极端重要的趋势性要素，即在美国次贷危机之前两个变化最终诱致了危机:(1)持续的低利率;(2)银行系统经历了一个深刻的结构性变化。其中第一条属于货币政策的内容,第二条属于银行金融部门结构性制度方面的变化,这两个变化的共同点是都将对中长期趋势产生影响。在传统的规则性货币政策中,利率会随着短期周期性波动进行调整,但如果在持续时间较长的低利率传统模式下,发行银行持有贷款直到付清。转型后"产生即分配式"贷款是经过集成处理然后通过证券化转售。新证券的诞生促进了来自国外的大量资本流入,其中很大一部分资金是通过所谓的"影子银行系统",这样的融资非常脆弱,因为它具有很高的短期属性(主要是短期融资)。这就形成了潜在的对于稳定支撑中长期项目的基础的损害,这是损害长期经济增长的机制之一。

另外,政府应对危机的政策手段存在负向有偏的依赖性和惯性。各国在危机发生后,首先想到和动用的救市工具往往是货币政策工具,这一方面与货币政策工具相比其他措施实施起来更容易、效果更直接、见效更快有关;另一方面是基于"货币是中性的"这一观点,也就是说,货币政策对经济只有短期影响,而无长期效应,因此在实施货币政策过程中,只需考虑其对经济的短期刺激作用,而无须考虑其对长期经济增长的影响。2008年金融危机后,欧美许多国家通过量化宽松和超低(甚至负)利率手段来刺激经济,但研究表明,长期持续的利率扭曲(实际利率向下偏离均衡利率)会造成收入分配的长期扭曲,从而导致财富积累差距悬殊,进而影响长期经济增长的潜在动力(陈昆亭、周炎和黄晶,2015)。而且从欧美的实践经验来看,这样的政策的有效性即便在短期来看也是非常值得商榷的。2008年至今已经十多年,欧洲大多数国家的经济仍然在低位徘徊。美国同样采用宽松的货币政策,短期来看经济显著复苏。但从长期来看,宽松的政策导致资产价格泡沫、债务杠杆上升、居民财富差距拉大、贸易保护主义盛行,为下一次金融危机埋下了隐患。

比较近百年来几次著名的经济金融危机,我们发现历次危机的导火索各不相同,比如,1929年的大萧条始于股市崩盘,1997年亚洲金融危机的导火索是泰国宣布汇率政策从固定汇率制转为浮动汇率制,引起了索罗斯等国际金融大鳄在外汇市场上的疯狂做空,2008年的国际金融危机源于美国次贷市场的崩溃,而2020年伊始的这场猝不及防的股市大崩溃以及可以预计的经济衰退甚至萧条,却是源于一次突如其来的新冠肺炎疫情,但透过这些繁杂的现象,我们发现危机背后的本质原因还是:(1)实体经济的衰退;(2)金融市场脆弱性的增加;(3)宽松的货币政策。我们观察到,实体经济的衰退是危机发生的最根本原因。经济衰退,各国政府出台宽松的货币政策进行刺激,导致信贷宽松、杠杆高企,增加了金融市场脆弱性,或许短期内经济在刺激下会呈现出一片虚假繁荣的景象,但任意一个微小的冲击都可能导致这种脆弱的繁荣的崩溃,经济再次衰退,政府进一步出台宽松的政策……由此形成恶性循环,各类金融经济危机也层出不穷。

以2008年国际金融危机为例。此次危机发生前,美国经济出现下行。2000年,美国科技泡沫破灭,2001年又遭受"9·11"恐怖袭击,经济承受了很大的压力,政府采取各种措施刺激经济,低息政策和宽松的信贷条件导致房地产市场泡沫,在金融衍生工具的不断创新刺激下,信贷链条越来越长,房地产信贷市场杠杆率高企。次贷市场本身占美国整体信贷市场的份额非常小,但最终却演变成席卷全球、愈演愈烈的国际金融危机,其根源是宽松的货币政策、实体经济和虚拟经济的失衡等。因此,经济金融危机源于实体经济的下滑,但背后通常隐藏着宽松的货币政策的影子。

在以美国为代表的西方经济体中,有偏的政策形成的本质原因是:在资本主义经济中,政策取向被资本利益集团左右而形成潜在的有偏性,由此造成了政策的有偏的惯性和依赖性。在高度金融化的经济中,美国"向下的负向螺旋式"萧条不可避免,这种局面在现有资本主义经济体系下,单纯地依靠货币政策和财政政策手段难以寻得出路(美国学界关于3.0版货币政策讨论已久,但至今仍莫衷一是)。

现在,全球经济又一次面临严峻挑战,全球各国央行也开启了新一轮宽松的货币政策,但在全球大范围的负利率背景下,货币政策还能有多大的空间?是否还是有效的?美国再次实施大规模的量化宽松,叠加中美贸易争端的影响,我国又该如何应对?

10.4 我国的发展方针和政策取向

美国经济萧条拖累全球经济陷入中长期滞胀"陷阱"。近年来美国经济在持续的萧条过程中,危机不断发生。为了转嫁危机的影响,美国利用美元的国际化地位,大行量化宽松政策,对全球财富进行掠夺。2008年的金融危机中,美国利用"大而不能倒"的逻辑实施量化宽松政策扶持银行体系,结果是:作为美国银行业主要竞争对手的英、法、德的银行2020年的股价分别比2007年下跌76%、60%、90%;而美国的主要银行股价到2019年则分别长了3到4倍。同时,中国经济自2008年之后持续了30年的增长势头被扭转,增速持续走低,至今仍未恢复,欧洲经济也同样低迷,而美国则借机实现了一段短暂的复苏。2020年后新冠肺炎疫情的大流行大概率会诱发美国经济再次陷入深度萧条。在此背景下,我国应如何吸取经验教训,采取有力措施防止我国经济再次被美国拖累是当前乃至以后相当长时间内都极端重要的问题。为此我们提出如下两方面的建议。

10.4.1 坚持价值体系长期稳定的规则性政策

当前,如何引领发展中经济从美国造成的全球经济"负向增长旋涡"中突围是我国面临的紧迫问题。通过分析总结美国经济负向螺旋形成的内在机理,我们认识到在资本主义私有制经济中,在金融资本集团统治下(制造业资本已经沦为金融资本的打工者),政策的制定首先是以资本集团的利益为主,因此政策体系存在长期负向有偏的潜在必然性。这种政策取向会引致结构性失衡、不平等加剧,成为引致长期经济萧条的基础诱因。而应对危机的非常规的货币政策又成为进一步恶化这种局面的推手。在我国以社会主义公有制为主体的经济体系中,社会主义公共资本占社会财富的主体部分,其基本职能是服务于全体人民,因此主观上政策制定不存在向下有偏的倾向。因此我国的社会主义体制具有抑制有偏政策的制度优势。但合理制定政策仍需要政策制定部门正确认识到避免短视和有偏性是政策制定的基本要求,并能够坚定地遵守基本的原则。那么应该遵守什么样的原则呢?我们认为一个基本的原则就是保持长期价值体系的稳定。

为什么要坚持价值体系稳定呢?

(1)长期透明价值稳定一致的政策规则是长期政策可预期的充分必要条件。可预期的政策规则是确保经济各部门(供给、需求、金融中介、下级政府等)做出理性科学有效决策的必要条件,是应对各种重大疫情灾难冲击的

最优手段。宏观经济总体的有效性是建立在各个微观个体、基础单位、部门的决策行为有效的基础之上的,宏观经济管理的最高目标也应是确保个体和总体的有效性。随机的政策变化和不可预期的规则下的政策行为,其本身就是一种扰动源,只能加大经济的不稳定,只能扭曲资源配置的有效性,最终降低经济政策的信誉,造成经济总体运行效率的巨大损失。而确保政策的可预期性从社会管理层面是抑制恐慌情绪的最佳途径,从经济金融秩序管理角度同样被专家学者强调为最重要的手段。

（2）**长期稳定的规则性货币政策是确保长期投资信心的要求**。家庭和个人的发展需要稳定可信的环境,国家的发展同样需要长期的社会稳定,以保证投资的恒心、信心和决心。大国经济的发展尤其需要更多更长期的投资,源源不断地推动社会经济持续进步。没有长期有效稳定的规则性政策来保证长期投资项目的稳定利益,无论国有企业还是民营企业都不可能保证投资的持续性,好的资本会流失,好的项目会流标,好的前景会葬送。

10.4.2　稳定价值体系,鼓励长期投资,实现经济可持续增长

支持长期项目投资的能力决定了一个经济是否能实现长期可持续增长。长期投资项目是实现长期可持续增长的关键。因而,任何经济要实现长期可持续增长,都必须实现对长期项目的稳定持续的金融支持。以美国为代表的西方金融体系的发展越来越复杂,看似越来越完善,实际上越来越不能够承担稳定地支撑长期项目的重任,金融体系内在的脆弱性特征已经成为诱发全球金融经济体系风险和危机的潜在根源,进而成为制约长期增长的重要因素。

第一,为什么对长期项目投资的支撑如此重要呢？（1）基础理论的重大突破是引领长期可持续增长的关键力量,重大基础性创新理论的突破严格依赖于持续的基础性理论的积累和人才梯队的储备,而这需要长期持续的资金支持,是一个国家最重要的长期投资项目之一。历史无数次证明,推动人类文明进程的重大技术突破都建立在基础理论突破的基础上,能够拯救人类于重大灾难的创新依赖于强大的基础知识储备和尖端的研发团队。这些都是建立在长期发展项目的稳健持续建设的基础上。（2）越是重大的项目投资周期越长,其产出也越持久。在长期可持续增长的链条中,产出持

久、增长稳定的项目是确保经济长期可持续增长的中流砥柱,是避免短期性项目收益集中出现"大小年"而形成剧烈波动的压舱石。(3)长期项目一般是许多中短期项目发展的基础,缺乏这类保障性项目,会导致短期经济发展的不稳固。因而,形成能够稳定支撑长期项目发展的投融资环境和体系是长期可持续发展的重要因素。

第二,什么样的环境或体系可以支撑稳定的长期投资项目,进而支撑长期增长呢? 长期投资项目最大的风险是投资环境不稳定,中途出现原投资计划之外的难以应对的变化,由此引起原投资计划无法顺利实现。因而,最重要的条件就是要确保长期的价值体系是稳定的。很显然,商品经济中价值和价格体系不稳定的情形下,未来风险性和预期成本、收益都难以精确估算,从而投资策略和计划无法设定,则投资就不会发生。即便是已经投资的项目,因为难以预估的持续有偏的扰动稍微长期一点,就可能造成项目投资中途失败。反之,在价值体系稳定的经济中,长期投资项目具备对长期形势的稳定预期,可以建立相对准确科学的计划,计划执行中不易发生严重偏离,因而,计划容易成功。在这样的环境中,长期投资计划更容易落实。其结果是,越是价值体系稳定的经济,越容易形成良性的投融资契合机制,约束成本更低,成功率更高,综合的长期均衡增长率也必然更高。同时,价值体系稳定的经济对中短期项目同样有更好的激励。这样的环境中,中短期项目同样会有更低的融资成本、更宽广的融资体量和更高的成功率,因而同样有利于对长期增长的贡献。所以,综合来看,价值体系越稳定,越有利于长期经济增长。

大灾需重策。面对当前全球性的新冠疫情大流行与金融危机的险情,正是借势推动重大改革、完善升级的良机。近年我国经济增长速度下降过快确实不是增长能力不足,实乃有效需求增长乏力。建立长期稳定的价值体系及其信誉机制,必将成为拉动需求信心的重要基础保证,进而成为长期可持续增长的基础保证。

参考文献

[1] 白重恩,路江涌,陶志刚.国有企业改制效果的实证研究[J].经济研究,2006(08):4-13.

[2] 白重恩,钱震杰.谁在挤占居民的收入:中国国民收入分配格局分析[J].中国社会科学,2009a(5):99-115+206.

[3] 白重恩,钱震杰.我国资本收入份额影响因素及变化原因分析:基于省际面板数据的研究[J].清华大学学报(哲学社会科学版),2009b,24(4):137-147+160.

[4] 白重恩,张琼.中国资本回报率及其影响分析[J].世界经济,2014(10):3-28.

[5] 白重恩,张琼.中国经济增长潜力研究[J].新金融评论,2016(5):530.

[6] 陈昆亭,龚六堂.实际经济周期理论的发展综述[C].中国会议,2007年山东大学"海右"博士生学术论坛论文集,2007:355-366.

[7] 陈昆亭,龚六堂.中国经济增长的周期与波动的研究:引入人力资本后的RBC模型[J].经济学(季刊),2004(03):803-818.

[8] 陈昆亭,周炎,黄晶.利率冲击的周期与增长效应分析[J].经济研究,2015,50(06):59-73.

[9] 陈昆亭,周炎.有限需求、市场约束与经济增长[J].管理世界,2020,36(04):39-53.

[10] 陈昆亭,周炎,姜神怡.内生人力资本机制与人口政策效应[J].世界经济,2008(4):37-46.

[11] 陈昆亭,周炎.文化与发展:大分流的形成[J].制度经济学研究,2007(02):141-165.

[12] 陈昆亭,周炎.创新补偿性与内生可持续性增长理论研究[J].经济研究,2017,52(7):34-48.

[13] 陈昆亭,周炎.富国之路:长期经济增长的一致理论[J].经济研究,2008(2):19-32.

[14] 陈彦斌,周业安.中国商业周期的福利成本[J].世界经济,2006(2):11-19.

[15] 杜清源,龚六堂.带有"金融加速器"的RBC模型[J].金融研究,2005(4):16-30.

[16] 范剑平,2016中国经济形势预测[R/OL].(2016-02-17)[2016-03-01].https://

wenku.baidu.com/view/ee5c37952e3f5727a4e96246.html.

[17] 龚刚,杨光.从功能性收入看中国收入分配的不平等[J].中国社会科学,2010(2):54-68+221.

[18] 龚刚.论新常态下的供给侧改革[J].南开学报,2016(2):13-20.

[19] 贺聪,项燕彪,陈一稀.我国均衡利率的估算[J].经济研究,2013(08):107-119.

[20] 洪银兴.消费需求、消费力、消费经济和经济增长[J].中国经济问题,2013(1):3-8.

[21] 多亚尔,高夫.人的需要理论[M].汪淳波,张宝莹,译.北京:商务印书馆,2008.

[22] 李稻葵,刘霖林,王红领.GDP中劳动份额演变的U型规律[J].经济研究,2009(1):70-82.

[23] 李宏有.康县农村劳动力资源及外出务工人员情况调查[J].甘肃农业,2013(23):23-25.

[24] 李文溥,陈贵富.工资水平、劳动力供求结构与产业发展型式:以福建省为例[J].厦门大学学报(哲学社会科学版),2010(05):5-13.

[25] 李文溥,李静,谢攀,等.2014—2015年中国宏观经济再展望[J].厦门大学学报,哲学社会科学版,2014(6):17-25.

[26] 李扬.全球债务浪潮汹汹,风险管理面临新挑战[Z/OL].(2020-02-05)[2022-03-23].https://www.sohu.com/a/370858235_188245.

[27] 李扬,殷剑峰.中国高储蓄率问题探究:1992—2003年中国资金流量表的分析[J].经济研究,2007(6):14-26.

[28] 梁斌,李庆云.中国房地产价格波动与货币政策分析:基于贝叶斯估计的动态随机一般均衡模型[J].经济科学,2011(3):17-33.

[29] 林毅夫,陈斌开.发展战略、城市化与中国城乡收入差距[J].中国社会科学,2013(4):81-104.

[30] 刘安禹,白雪梅.名义利率,金融加速器与中国的经济波动:对包含异质厂商金融加速器模型的Bayesian估计[C].第三届中国统计学年会,2011:21-22.

[31] 卢二坡,王泽填.短期波动对长期增长的效应:基于省际面板数据的经验证据[J].统计研究,2007(6):32-36.

[32] 罗德明,李晔,史晋川.要素市场扭曲、资源错置与生产率[J].经济研究,2012,000(003):4-14.

[33] 吕朝凤,黄梅波.习惯形成,借贷约束与中国经济周期特征:基于RBC模型的实证分析[J].金融研究,2011(9):1-13.

[34] 梅冬州,龚六堂.货币错配,汇率升值和经济波动[J].数量经济技术经济研究,

2011(6):37-51.

[35] 沈坤荣,刘东皇.是何因素制约着中国居民消费[J].经济学家,2012(01):5-14.

[36] 石柱鲜,邓创,刘俊生,等.中国的自然利率与经济增长、通货膨胀的关系[J].世界经济,2006(4):12-21.

[37] 孙豪.消费主导型大国:特征、测度及政策[J].社会科学,2015(10):36-46.

[38] 谭政勋,魏琳.信贷扩张,房价波动对金融稳定的影响[J].当代经济,2010(9):44-51.

[39] 汪川.弗里德曼规则还是泰勒规则:信贷周期下的我国货币政策选择[J].金融评论,2011a(2):82-92.

[40] 汪川.货币政策的信贷渠道:基于"金融加速器模型"的中国经济周期分析[J].国际金融研究,2011b(1):35-43.

[41] 吴玉鸣.中国区域农业生产要素的投入产出弹性测算:基于空间计量经济模型的实证[J].中国农村经济,2010:25-37.

[42] 徐忠,张雪春,丁志杰,等.公共财政与中国国民收入的高储蓄倾向[J].中国社会科学,2010(6):93-107.

[43] 许伟,陈斌开.银行信贷与中国经济波动:1993—2005[J].经济学季刊,2009,8(3):969-992.

[44] 周炎,陈昆亭.金融经济周期模型拟合中国经济的效果检验[J].管理世界,2012a(06):17 29.

[45] 周炎,陈昆亭.金融经济周期理论研究动态[J].经济学动态,2014(7):128-139.

[46] 周炎,陈昆亭.利差,准备金率与货币增速:政策效率分析[J].经济研究,2012b(7):22-34.

[47] ACEMOGLU D. Directed technological change[J]. Review of Economic Studies, 2002, 69: 781-809.

[48] ACEMOGLU D P, BURSZTYN A L, HEMOUS D. The environment and directed technical change[J]. American Economic Review, 2012, 102(1): 131-166.

[49] AGHION P, ANGELETOS M, BANERJEE A, et al. Volatility and growth: credit constraints and productivity-enhancing investment[Z], National Bureau of Economic Research Working Paper, 2005.

[50] AGHION P, DURLAUF S. Handbook of Economic Growth[M]. Amsterdam: ELSEVIER, 2005.

[51] AGHION P, HOWITT P, A model of growth through creative destruction[J]. Economet-

rica, 1992, 60: 323-702.

[52] AGHION P, HOWITT P. Endogenous growth theory[M]. Cambridge, Mass: MIT Press, 1998.

[53] AHITUV A. Be fruitful or multiply: on the interplay between fertility and economic development[J]. Journal of Population Economics, 2001, 14: 51-71.

[54] ARROW K J, INTRILIGATOR M D, HILDENBRAND W, et al. Handbook of mathematical economics[J]. Economic Journal, 1997, 94(373): i-xvii, 1071-1519.

[55] ARTETA C, KOSE A, STOCKER M, et al. Negative interest rate policies: sources and implications[Z]. Policy Research Working Paper Series, 2016.

[56] ASHRAF Q, GALOR O. Cultural assimilation, cultural diffusion and the origin of the wealth of nations[J]. Social Science Electronic Publishing, 2007(8): 1-49.

[57] ASHRAF Q, GALOR O. Dynamics and stagnation in the Malthusian epoch[J]. American Economic Review, 2011, 101(5): 2003-2041.

[58] AURISSERGUES E. The missing corporate investment, are low interest rate to blame? [Z]. HAL-SHS Working Papers, 2016.

[59] AZIZ J, LI X. China's changing trade elasticities[J]. China and World Economy, 2008, 16(3): 1-21.

[60] BAIER S L, DWYER P G, TAMURA R. How important are capital and total factor productivity for economic growth? [J]. Economic Inquiry, 2006, 44: 23-49.

[61] BAKSHI G, CHEN Z. The spirit of capitalism and stock-market prices[J]. American Economic Review, 1996, 86: 133-157.

[62] BARRO R J. Convergence[J]. Journal of Political Economy, 1992, 100: 223-251.

[63] BARRO R J. Economic growth in a cross section of countries[J]. Quarterly Journal of Economics, 1991, 106(2): 407-443.

[64] BARRO R J, LEE J W. International measures of schooling years and schooling quality[J]. American Economic Review, 1996, 86(2): 218-223.

[65] BARRO R J, SALA-I-MARTIN X. Economic Growth, 2nd ed. [M]. Cambridge: MIT Press, 2004.

[66] BARRO R J, SALA-I-MARTIN X. Regional growth and migration: a Japan-U. S. comparison[J]. Journal of the Japanese and International Economies, 1992, 6(4): 312-346.

[67] BARRO R J, SALA-I-MARTIN X. Technological diffusion, convergence and growth[R]. NBER Working Paper 1995, 5151.

[68] BAUMOL W. Productivity growth, convergence, and welfare[J]. American Economic Review, 1986, 76: 1072-1085.

[69] BECKER G S, BARRO R J. A reformulation of the economic theory of fertility[J]. Quarterly Journal of Economics, 1988, 53: 1-25.

[70] BECKER G S, MURPHY K M, TAMURA R F. Human capital, fertility, and economic growth[J]. Journal of Political Economy, 1990, 98(5): 12-37.

[71] BECKWITH L. Relationships between attributes of mothers and their infants' IQ scores[J]. Child Development, 1971, 42(4): 1083-1097.

[72] BELONGIA M T, IRELAND P N. Targeting constant money growth at the zero lower bound[J]. International Journal of Central Banking, 2018, 14(2): 159-204.

[73] BENHABIB J, FARMER R E A. Indeterminacy and increasing returns[J]. Journal of Economic Theory, 1994, 63(1): 19-41.

[74] BENHABIB J, FARMER R E A. Indeterminacy and sector specific externalities[J]. Journal of Monetary Economics, 1996, 37(3): 397-419.

[75] BENHABIB J, FARMER R E A. Indeterminacy and sunspots in Macroeconomics[J]. Handbook of macroeconomics, 1999, 1: 387-448.

[76] BENHABIB J, NISHIMURA K. Endogenous fertility and growth[M]. //BECKER R, et al. In general equilibrium, growth, and trade II. San Diego: Academic Press, 1993: 237-247.

[77] BENHABIB J, PERLI R. Uniqueness and indeterminacy: on the dynamics of endogenous growth[J]. Journal of Economic Theory, June 1994, 63(1): 113-142.

[78] BERNANKE B S, GURKAYNAK R S. Is growth exogenous? Taking Mankiw, Romer, and Weil seriously [J]. NBER Macroeconomics Annual, 2001, 16: 11-57.

[79] BERNANKE B S. Irreversibility, uncertainty, and cyclical investment[J]. Quarterly Journal of Economics, 1983, 98: 85-106.

[80] BIRDSALL N, SINDING S W. How and why population matters: new findings, new issues[M]//Population Matters: Demographic Change, Economic Growth, and Poverty in the Developing World, Oxford: Oxford University Press, 2001.

[81] BLACKBURN K. Can stabilization policy reduce long-run growth[J]. Economic Journal, 1999, 109: 67-77.

[82] BLACKBURN K, GALINDER R. Growth, volatility and learning[J]. Economics Letters, 2003, 79: 417-421.

[83] BLACKBURN K, PELLONI A. Growth, cycles and stabilization policy[J]. Oxford Economic Papers, 2005, 57: 262-282.

[84] BLACKBURN K, PELLONI A. On the relationship between growth and volatility[J]. Economics Letters, 2004, 83: 123-127.

[85] BLACK F. Business cycles and equilibrium[M]. Cambridge, MA: Blackwell, 1987.

[86] BLOOM D E, CANNING D. Cumulative causality, economic growth, and the demographic transition[M]//Population Matters: Demographic Change, Economic Growth, and Poverty in the Developing World, Oxford: Oxford University Press, 2001.

[87] BOSWORTH B P. Saving and investment in a global economy[M]. Washington, D. C.: Brookings Institution, 1993.

[88] BOUBAKER S, GOUNOPOULOS D, NGUYEN D K, et al. Assessing the effects of unconventional monetary policy and low interest rates on pension fund risk incentives[J]. Journal of Banking & Finance, 2017, 77: 35-52.

[89] BRANDER J A, DOWRICK S. The role of fertility and population in economic growth[J]. Journal of Population Economics, 1994, 7: 1-25.

[90] BRANDER J A, TAYLOR M. The simple economics of Easter Island: a Ricardo Malthus Model of renewable resource use[J]. American Economic Review, 1998, 88(1): 119-138.

[91] BRETSCHGER L. Is the environment compatible with growth? Adopting an integrated framework for sustainability[J]. Annual Review of Resource Economics, 2017, 9(1): 12-19.

[92] BRETSCHGER L. Population growth and natural resource scarcity: long-run development under seemingly unfavourable conditions[J]. Scandinavian Journal of Economics, 2013, 115(3): 722-755.

[93] BRUECKNER M, SCHWANDT H. Income and population growth[J]. Economic Journal, 2013, 125(589): 1653-1676.

[94] BRUNNERMEIER M. Deciphering the liquidity and credit crunch 2007-2008[J]. Journal of Economic Perspectives, 2009, 23(1): 77-100.

[95] BRUNNERMEIER M, OEHMKE M. Bubbles, financial crises, and systemic risk[J]. Handbook of the Economics of Finance, 2013, 2: 1221-1288.

[96] CAI F, WANG D. Demographic transition and economic growth in China[M]. Beijing: Chinese Academy of Social Sciences, 2006.

[97] CAPORALE T. MCKIERNAN B. The Fischer black hypothesis: some time-series evidence[J]. Southern Economic Journal, 1998, 64: 765-771.

[98] CAPORALE T, MCKIERNAN B. The relationship between output variability and growth: evidence from post war UK data[J]. Scottish Journal of Political Economy, 1996, 43: 229-236.

[99] CARROL C D, OVERLAND J, WEIL D N. Saving and growth with habit formation[J]. American Economic Review, 2000, 90(3): 341-355.

[100] CEBIROGLU G, UNGER S. On the relationship of money supply, consumer demand and debt[J]. Social Science Electronic Publishing, 2017, 2: 1-15.

[101] CERRA V, SAXENA S C. Growth dynamics: the myth of economic recovery[J]. American Economic Review, March 2008, 98(1): 439-457.

[102] CHENERY H B, TAYLOR L. Development patterns: among countries and over time[J]. The Review of Economics and Statistics, 1968: 391-416.

[103] CHEN K. Analysis of the Great Divergence under a Unified Endogenous Growth Model[J]. Annals of Economics and Finance, Society for AEF, 2012, 13(2): 317-353.

[104] CHETTY R, SZEIDL A. Consumption commitments and habit formation[J]. Econometrica, 2016, 84(2): 855-890.

[105] CHRISTIANO L J, MOTTO R, MASSIMO R. Financial factors in economic fluctuations[Z]. ECB Working Paper, 2010:1192.

[106] CLAESSENS S M, KOSE A, TERRONES M E. Financial cycles: what? how? when? [Z]. IMF Working Paper, 2011:076.

[107] COLE H, MAILATH G, POSTLEWAITE A. Social norms, savings behavior, and growth[J]. Journal of Political Economy, 1992, 100: 1092-1125.

[108] CONNOLLY M, PERETTO P F. Industry and the family: two engines of growth[J]. Journal of Economic Growth, 2003, 8(1): 115-148.

[109] CORRIVEAU L. Entrepreneurs, growth, and cycles[D]. London, Ontario: University of Western Ontario, 1991.

[110] DEARDORFF A V. Fragmentation in simple trade models[M]//Comparative Advantage, Growth, and the Gains from Trade and Globalization: A Festschrift in Honor of Alan V Deardorff. Singapore: World Scientific, 2011: 165-181.

[111] DEATON A S, PAXSON C H. Saving, growth and aging in Taiwan[M]//Studies in the Economics of Aging. Chicago: University of Chicago Press, 1994: 331-362.

[112] DELONG J B. Productivity growth, convergence, and welfare: comment[J]. American Economic Review, 1988, 78(5): 1138-1154.

[113] DINOPOULOS E, THOMPSON P. Endogenous growth in a cross-section of countries[J]. Journal of International Economics, 2000, 51(2): 335-362.

[114] DINOPOULOS E, THOMPSON P. Schumpeterian growth without scale effects[J]. Journal of Economic Growth, 1998, 3(4): 313-335.

[115] EDGE R M, KILEY M T, LAFORTE J P. Natural rate measures in an estimated DSGE model of the U. S. economy[J]. Journal of Economic Dynamics and Control, 2008, 32(8): 2512-2535.

[116] ERVIK A O. IQ and the wealth of nations[J]. Economic Journal, 2003, 113(488): F406-F407.

[117] EVANS P. Using cross-country variances to evaluate growth theories[J]. Journal of Economic Dynamics and Control, 1996, 20: 1027-1049.

[118] FAGAN G, LOTHIAN J R, MCNELIS P D. Was the gold standard really destabilizing[J]. Journal of Applied Econometrics, 2013, 28: 231-249.

[119] FERGUSON R W. Equilibrium real interest rate: theory and application [Z/OL]. (2004-10-29)[2022-08-30]. bio.org/review/r041108c.pdf.

[120] FIASCHI D, LAVEZZI A M. Distribution dynamics and nonlinear growth[J]. Journal of Economic Growth, 2003, 8(4): 379-401.

[121] FRANKEL M. The production function in allocation and growth: a synthesis [J]. American Economic Review, 1962, 52(5): 995-1022.

[122] FUKUYAMA F. Culture and economic development: cultural concerns[M].// International Encyclopedia of the Social and Behavioral Sciences. Amsterdam:Elsevier, 2001, 3130-3134.

[123] GALOR O. Convergence? Inferences from theoretical models[J]. The Economic Journal, 1996, 106: 1056-1069.

[124] GALOR O. From stagnation to growth: Unified Growth Theory[J]. Handbook of Economic Growth, 2005, 1: 171-293.

[125] GALOR O, MOAV O. Das human kapital: a theory of the demise of the class structure[J]. Review of Economics Studies, 2006, 73: 85-117.

[126] GALOR O, MOAV O. From physical to human capital accumulation: inequality and the process of development[J]. The Review of Economic Studies, 2004, 71(4): 1001-1026.

[127] GALOR O, MOUNTFORD A. Trade, demographic transition, and the great divergence: why are a third of people Indian or Chinese[Z]. CEPR Discussion Papers, 2003.

[128] GALOR O, MOUNTFORD A. Trading population for productivity[J]. SSRN Electronic Journal, 2004, 75(4): 1143-1179.

[129] GALOR O. Unified Growth Theory[M]. Princeton: Princeton University Press, 2011.

[130] GALOR O, WEIL D N. Population, technology, and growth[J]. American Economic Review, 2000, 90(4): 806-828.

[131] GERTLER M, KARADI P. A model of Unconventional Monetary Policy[J]. Journal of Monetary Economics, 2011, 58(1): 17-34.

[132] GERTLER M, KIYOTAKI N, QUERALTO A. Financial crises, bank risk exposure and government financial policy[J]. Journal of Monetary Economics, 2012, (33): S17-S34.

[133] GINO G, FABRIZIO Z. Horizontal innovation in the theory of growth and development[J]. Handbook of Economic Growth, 2005, 1: 111-170.

[134] GRIER K B, HENRY O T, OLEKALNS N. The asymmetric effects of uncertainty on inflation and output growth[J]. Journal of Applied Econometrics, 2004, 19(5), 551-565.

[135] GRIER K B, TULLOCK G. An empirical analysis of cross-national economic growth: 1951-1980[J]. Journal of Monetary Economics, 1989, 24(2): 259-276.

[136] GRINOLS E L, TURNOVSKY S J. Risk, optimal government finance and monetary policies in a growing economy[J]. Economica, 1998, 65(259): 401-427.

[137] GRISSE C, KROGSTRUP S, SCHUMACHER S. Lower-bound beliefs and long-term interest rates[J]. International Journal of Central Banking, 2017, 13(3): 165-202.

[138] GROSSMAN G M, HELPMAN E. Quality ladders and product cycles[J]. Quarterly Journal of Economics, 1991, 106(2): 557-586.

[139] HA J. Eassays on economic growth through creative destruction[D]. PH. D Dissertation of Brown University, 2003.

[140] HALL D T, NOUGAIM K E. An examination of Maslow's need hierarchy in an organizational setting[J]. Organizational Behavior and Human Performance, 1968, 3(1): 12-35.

[141] HANNOUN H. Ultra-low or negative interest rates: what they mean for financial stability and growth[J]. Remarks at the Eurofi High-Level Seminar, 2015, 22: 1-10.

[142] HARAGUCHI N, REZONJA G. In search of general patterns of manufacturing development[Z]. Development Policy and Strategic Research Branch Working Paper, 2010.

[143] HARALD H, LAI S. Asset allocation and monetary policy: evidence from the Eurozone[J]. Electronic Journal, 2016, 120(2): 309-329.

[144] HAUSTER R M, PALLONI A. Adolescent IQ and survival in the Wisconsin Longitudinal Study[J]. The Journals of Gerontology: Series B, July 2011, 66B(1): i91-i101.

[145] HENRY O T, OLEKALNS N. The effect of recessions on the relationship between output variability and growth[J]. Southern Economic Journal, 2002, 68(3): 683-692.

[146] HERZER D, VOLLMER S. The long-run determinants of fertility: one century of demographic change 1900-1999[J]. Journal of Economic Growth, 2012, 17: 357-385.

[147] HETZEL R L. The monetary policy of the Federal Reserve: a history[M]. Cambridge: Cambridge University Press, 2008.

[148] HONDA Y. On the effects of a negative interest rate policy[J]. Review of Monetary and Financial Studies, 2017, 39: 67-75.

[149] HOUTHAKKER H S. On some determinants of saving in developed and under-developed countries[M]. Hampshire: Palgrave Macmillan UK, 1965.

[150] HOWITT P. Endogenous growth and cross-country income differences[J]. American Economic Review, 2000, 90: 829-846.

[151] HOWITT P, FOULKES D. R&D, implementation and stagnation: a Schumpeterian Theory of convergence clubs[Z]. National Bureau of Economic Research Working Paper, 2002.

[152] HOWITT P. Steady endogenous growth with population and R&D inputs growing[J]. Journal of Political Economy, 1999, 107: 715-730.

[153] IACOVIELLO M. Financial business cycles[Z]. International Finance Discussion Papers. 2014.

[154] INGLEHART R. Codebook for world values surveys[R]. Ann Arbor, Mi: Institute for Social Research, 1994.

[155] INGLEHART R. Trust, well-being and democracy[C]. Paper presented at the Georgetown University Conference on Trust and Democracy, 1996.

[156] JENSEN A R. How much can we boost IO and scholastic achievement[J]. Harvard Educational Review, 1969, 39(1): 1-123.

[157] JERMANN U, QUADRINI V. Macroeconomic effects of financial shocks[J]. American Economic Review, 2012, 102: 238-271.

[158] JOBST A, LIN H. Negative interest rate policy (NIRP): Implications for monetary transmission and bank profitability in the Euro area[Z]. IMF Working Papers, 2016.

[159] JONES C. R&D-based models of economic growth[J]. Journal of Political Economy, 1995, 103(4): 759-784.

[160] JONES C. The past and future of economic growth: a semi-endogenous perspective[Z]. NBER Working Papers 29126, National Bureau of Economic Research, Inc. 2021.

[161] JONES C. The shape of production functions and the direction of technical change[J]. Quarterly Journal of Economics, 2005, 120(2): 517-549.

[162] JONES G, SCHNEIDER W J. Intelligence, human capital, and economic growth: an extreme bounds analysis[J]. Journal of Economic Growth, March 2006: 1-32.

[163] JUDSON R, ORPHANIDES A. Inflation, volatility and growth[J]. International Finance, 1999, 2(1): 117-138.

[164] JU J, LIN Y, WANG Y. Endowment structure, industrial dynamics, and economic growth[J]. Journal of Monetary Economics, 2015, (76): 244-263.

[165] JUSTINIANO A, PRIMICERI G E, Investment shocks and business cycles[J]. Journal of Monetary Economics, 2010, 57(2): 132-145.

[166] KELLEY A C, SCHMIDT R. Aggregate population and economic growth correlations: the role of the components of demographic change[J]. Demography, 1995, 32: 543-555.

[167] KELLEY A. The population debate in historical perspective: revisionism revised[Z]. Duke Economics Working Paper, 2001, No. 99-09.

[168] KNELLER R, YOUNG G. Business cycle volatility, uncertainty and long-run growth[J]. The Manchester School, 2001, 69(5):534-552.

[169] KOLLMANN R. Global banks, financial shocks and international business cycles: evidence from an estimated model[C]. CEPR Discussion Papers, 2012.

[170] KORMENDI R C, MEGUIRE P G. Macroeconomic determinants of growth: cross-country evidence[J]. Journal of Monetary Economics, 1985, 16(2): 141-163.

[171] KOSE M A, PRASAD E S, TERRONES M E. How do trade and financial integration affect the relationship between growth and volatility? [J]. Journal of International Economics, 2006, 69(1): 176-202.

[172] KREMER M. The O-ring theory of economic development[J]. Quarterly Journal of Eco-

nomics, 1993, 108(3): 551-575.

[173] KUIJS L. Investment and saving in China[R]. World Bank Policy Research Paper Series, 2005 (3633).

[174] KYDLAND F E, PRESCOTT E C. Time to build and aggregate fluctuations[J]. Econometrica, 1982, 50: 1345-1370.

[175] LAIDLER D. Economic ideas, the monetary order and the uneasy case for policy rules[J]. Journal of Macroeconomics, 2017, 54(PA): 12-23.

[176] LAUBACH T, WILLIAMS J C. Measuring the natural rate of interest[J]. Review of Economics and Statistics, 2003, 85(4): 1063-1070.

[177] LI H, ZHANG J. Do high birth rates hamper economic growth? [J]. Review of Economics and Statistics, 2007, 89: 110-117.

[178] LIN J Y. Marshall lectures: economic development and transition: thought, strategy, and viability[M]. London: Cambridge University Press, 2009.

[179] LUCAS R E J. On the mechanics of economic development[J]. Journal of Monetary Economics, 1988, 22: 3-42.

[180] LUCAS R E. The industrial revolution: past and future[Z]. Department of Economics, University of Chicago, Working paper, 1998.

[181] LYNN R, VANHANEN T. IQ and the wealth of nations[M]. Westport, Connecticut: Praeger, 2002.

[182] MADDISON A. The world economy[M]. Gurgaon: Academic Foundation, 2007.

[183] MALTHUS T R. An essay on the principle of population (1798)[M]. London: Pickering & Chatto Publishers, 1986.

[184] MANKIW N G, ROMER D, WEIL D N. A contribution to the empirics of economic growth[J]. Quarterly Journal of Economics, 1992, 107(2): 407-437.

[185] MASLOW A H. A theory of human motivation[J]. Psychological Review, 1943, 50: 370-396.

[186] MCGOWAN R J, JOHNSON D L. The mother-child relationship and other antecedents of childhood intelligence: a causal analysis[J]. Child Development, 1984, 55(3): 810-820.

[187] MILLER E. Differential intelligence and national income[J]. Journal of Social, Political & Economic Studies, 2002, 27: 413-524.

[188] MODIGLIANI F, RASCHE R, COOPER J P. Central bank policy, the money supply,

and the short-term rate of interest[J]. Journal of Money, Credit and Banking, 1970, 2(2): 166-218.

[189] NECHYBA T. Review of IQ and the wealth of nations[J]. Journal of Economic Literature, 2004, 42: 220-221.

[190] NETZÉN ÖRN. Negative interest rate & the level of household debt: a vector autoregressive approach in a European perspective[J/OL]. Economics, 2017(1), [2022-08-30]. https://www.mysciencework.com/publication/show/negative-interest-rate-level-household-debt-vector-autoregressive-approach-european-perspective-767565c9?search=1.

[191] PERETTO P F, CONNOLLY M. The Manhattan Metaphor[J]. Journal of Economic Growth, 2007, 12(4): 329-350.

[192] PERETTO P F. Resource abundance, growth and welfare: a Schumpeterian perspective[J]. Journal of Development Economics, 2012, 97: 142-155.

[193] PERETTO P F. Technological change and population growth[J]. Journal of Economic Growth, 1998, 3(4): 283-311.

[194] PERETTO P F, VALENTE S. Growth on a finite planet: resources, technology and population in the long run[J]. Journal of Economic Growth, 2015, 20(3): 305-331.

[195] PINDYCK R S. Irreversibility, uncertainty, and investment[J]. Journal of Economic Literature, September 1991, 29: 1110-1148.

[196] POLLAK R A. Additive utility functions and linear Engel curves[J]. Review of Economic Studies, 1971, 38(4): 401-414.

[197] POLLAK R A. Habit formation and dynamic demand functions[J]. Journal of Political Economy, 1970, 78(4): 745-763.

[198] POMERANZ K. Re-thinking the late imperial Chinese economy: development, disaggregation and decline, circa 1730-1930[J]. Itinerario, 2000, 24(3-4): 29-74.

[199] PRAET P. The ECB's monetary policy: past and present[R]. Speech at the Febelfin, 2017.

[200] PRESCOTT, E. Theory ahead of business cycle measurement[J]. Carnegie-Rochester Conference Series on Public Policy, 1986, 25: 11-44.

[201] QIAN N. Quantity-quality and the One Child Policy: the Only-Child disadvantage in school enrollment in rural China[Z]. NBER Working Papers 14973, 2009.

[202] RAMEY G, RAMEY V A. Cross-country evidence on the link between volatility and growth[J]. American Economic Review, 1995, 85(5): 1138-1151.

[203] RAMEY V, RAMEY G. Technology commitment and the cost of economic fluctuations[J]. National Bureau of Economic Research Working Paper, 1991(3755).

[204] ROMER P M. Endogenous technological change[J]. Journal of Political Economy, 1990, 98: 71-102.

[205] ROMER P M. Increasing returns and long-run growth[J]. Journal of Political Economy, 1986, 94: 1002-1037.

[206] SALA-I-MARTIN X. I just ran two million regressions[J]. American Economic Review, 1997, 87(2): 178-183.

[207] SCHÄFER A. Technological change, population dynamics, and natural resource depletion[J]. Mathematical Social Sciences, 2014, 71: 122-136.

[208] SEGERSTROM P S, ANANT T C A, DINNPOULOS E. A Schumpeterian model of the product life cycle[J]. American Economic Review, 1990, 80(5): 1077-1091.

[209] SEGERSTROM P S, Endogenous growth without scale effects[J]. American Economic Review, 1998, 88(5): 1290-1310.

[210] SELGINA G, SUMNER S. Guest editors' introduction: monetary rules for a post-crisis world[J]. Journal of Macroeconomics, 2017, 54: 1-6.

[211] SMITH D A. Third world cities in global perspective: the political economy of uneven urbanization[M]. Oxford: Westview Press, 1996.

[212] SMITH W T. Taxes, uncertainty, and long-term growth[J]. European Economic Review, November 1996, 40(8): 1647-1664.

[213] SONG Z. The long shadow of China's fiscal expansion [J]. Brookings Papers on Economic Activity, 2016: 129-165.

[214] SONG Z, WEI X. Risks in China's financial system[J]. Annual Review of Financial Economics. 2018(10): 261-286.

[215] STOCK J H, WATSON M W. Business cycle fluctuations in U. S. macroeconomic time series[M]. //Handbook of Macroeconomics, London: North Holland, 1999.

[216] STOKEY N L. A quantitative model of the British industrial revolution, 1780-1850[Z]. Department of Economics, University of Chicago, Working paper, 2002.

[217] STROUKAL D, KADEŘÁBKOVÁ B. Negative interest rates and housing bubbles [J]. Civil Engineering Journal, 2016,25(4): 1-8.

[218] STRULIK H, PRETTNER K, PRSKAWETZ A. The past and future of knowledge-based growth[J]. Journal of Economic Growth, 2013, 18: 411-437.

[219] TAMURA R. Fertility, human capital and the wealth of families[J]. Economic Theory, 1994, 4(4): 593-603.

[220] TURNOVSKY S J, CHATTOPADHYAY P. Volatility and growth in developing economies: some numerical results and empirical evidence[J]. Journal of International Economics, 2003, 59(2): 267-295.

[221] TURNOVSKY S J. Fiscal policy, elastic labor supply, and endogenous growth[J]. Journal of Monetary Economics, 2000, 45(1): 185-210.

[222] VOLKEN T. IQ and the wealth of nations[J]. European Sociological Review, 2003, 19: 411-412.

[223] WANG Y, TANG X. Human capital, industrial dynamics and skill premium institute of new structural economics[Z]. Peking University, working paper, 2019.

[224] WARR P G. Export promotion via industrial enclaves: the Philippines Bataan export processing zone[J]. Journal of Development Studies, 1987, 23: 220-241.

[225] WEBER M. The protestant ethic and the spirit of capitalism[M]. New York: Charles Scribner's Sons, 1958.

[226] WOODFORD M. Learning to believe in sunspots[J]. Econometrica, 1990, 58: 277-307.

[227] YOSHINO N, HESARY F T, MIYAMOTO H. The effectiveness of Japan's negative interest rate policy[J]. Credit and Capital Markets, 2017, 50(2): 189-212.

[228] YOUNG A. Growth without scale effects[J]. Journal of Political Economy, 1998, 106: 41-46.

[229] ZARNOWITZ V, MOORE G. Major changes in cyclical behavior[J]. // The American Business Cycle, ed. R. Gordon, Chicago: University of Chicago Press. 1986: 519-582.

[230] ZOU H F. The spirit of capitalism and long-run growth[J]. European Journal of Political Economy, 1994, 10: 279-293.

[231] ZOU H F. The spirit of capitalism and savings behavior[J]. Journal of Economic Behavior, 1995, 28: 131-143.

[232] ZOU H F. The spirit of capitalism, social status, money, and accumulation[J]. Journal of Economics, 1998, 68: 219-233.